Zu diesem Buch

Früher war man weitgehend der Überzeugung, männliche und weibliche Verhaltensweisen seien naturgegeben, das heißt, von der Natur in unseren Erbanlagen festgelegt. Erziehung diene lediglich dazu, dem genetisch vorher bestimmten Verhalten auch zu der nötigen Ausprägung zu verhelfen.

Heute kann man vielfach die gegenteilige Meinung hören: Jede Gesellschaft lege fest, was als männlich und weiblich zu verstehen sei und schreibe diese Normen dem Kind vor wie ein Regisseur dem Schauspieler eine bestimmte Rolle. Das Kind, vordem neutral, spiele dann sein Leben lang diese Geschlechterrolle.

Die Wahrheit liegt, wie so oft, in der Mitte, meint der Biologe und Pädagoge Ekkehard Kloehn. Um das zu beweisen, macht er eine Bestandsaufnahme dessen, was gemeinhin als geschlechtstypisches männliches und weibliches Verhalten verstanden wird. Daß da häufig «Volksmeinung» und Realität weit auseinanderklaffen, macht Ekkehard Kloehn mit vielen Beispielen deutlich.

Die Rollenbeschreibung männlich–weiblich war noch nie so fragwürdig wie heute. Die daraus resultierende Unsicherheit birgt die Chance eines Neubeginns im Verhältnis zwischen Mann und Frau, aber auch das Risiko zunehmender Ängste, Aggressionen, Mißverständnisse. Ekkehard Kloehn läßt uns erkennen, wie zerstörerisch sich jede Polarisierung auswirken wird und wie notwendig es ist, daß sich Mann und Frau wieder aufeinander zubewegen. Daß das Aufeinanderzubewegen nur dann gelingt, wenn der Mann den ersten Schritt tut, nämlich von seinem Dominanz-Podest herabsteigt, liegt für Kloehn auf der Hand. Sein leicht lesbares und mit vielen Beispielen illustriertes Buch ist eine mit Sachkenntnis und Humor geschriebene Aufforderung an beide Seiten, den Geschlechterkrieg in vorsichtigen Waffenstillstandsverhandlungen zu beenden.

Dr. Ekkehard Kloehn, geb. 1939, ist Studiendirektor am Institut für Praxis und Theorie der Schule in Lübeck, daneben freier Publizist u. a. für «Die Zeit». Er leitete jahrelang die Fernsehredaktion «Naturwissenschaft und Technik» im NDR, war Herausgeber der Reihe «Bilder aus der Wissenschaft» (1. Programm/ARD)

Als rororo lieferbar: «Schwierige Kinder. Woher Verhaltensstörungen kommen und was man dagegen tut» (rororo sachbuch 7400).

Ekkehard Kloehn

# Typisch weiblich? Typisch männlich?

Geschlechterkrieg oder
neues Verständnis von Mann und Frau

rororo
Rowohlt

Addi, Christa, Hannes, Heinrich:
Vielen Dank!

15.–17. Tausend Oktober 1984

Umschlagentwurf Jan Buchholz/Reni Hinsch
Veröffentlicht im Rowohlt Taschenbuch Verlag GmbH,
Reinbek bei Hamburg, April 1982

Gesamtherstellung Clausen & Bosse, Leck
Printed in Germany
980-ISBN 3 499 17484 7

# Inhalt

# Das PROBLEM: Droht das große Mißverständnis?

## Geschlechterschule?

Der Mann und die Frau stehen am Fenster. Sie sehen ihren draußen spielenden Kindern zu.
Die Tochter und ihre Freundin haben sich eine Höhle aus Decken gebaut. Darin wohnen sie als Prinzessinnen, alte Gardinenreste über T-Shirt und Jeans. Der Sohn kommt mit zwei Freunden zurück von der Straße, wo sie mit Plastikschwertern, Wasserpistolen und großem Geschrei gegen Bankräuber gekämpft haben. Die PVC-Polizisten werfen ihre Gerätschaften ins Gras und beginnen mit dem herumliegenden Ball zu bolzen. Es dauert nicht lange, bis der Ball gegen die Mauern des Prinzessinnen Schlosses knallt.
»Ihr doofen Kerle, haut bloß ab!«
»Blöde Weiber! Wie seht ihr denn aus?«
Es wird laut. Aber nicht sehr lange. Denn nach ein paar Minuten holen die Mädchen aus dem Kinderzimmer Arzt-Spielzeug. Die Jungen liegen als verwundete Ritter im Gras, und die Prinzessinnen sind zu Krankenschwestern geworden. Da wird verbunden, gestöhnt, gespritzt und geschluckt.
Na prima! freuen sich Vater und Mutter über das gemeinsame Spiel. Gar nichts prima aber finden die zwei jüngeren Freunde der Eltern, die grad mal auf einen Sprung hereinschauen und dem Kinderspiel ebenfalls interessiert zugesehen haben:
»Da habt ihr das alte Rollenverhalten von Mann und Frau ja ganz schön neu produziert. Die müden Herren Krieger lassen sich von den Damen pflegen. Und Prinzessinnen gar, so eine Verdum-

mung! So kann man das Mädchen rechtzeitig an seine künftige Ausbeutung durch den Mann gewöhnen!«
»Wieso, unsere Kinder können spielen, was ihnen Spaß macht!« protestieren die Eltern.
»Na, jetzt ist die Sache sowieso schon fast gelaufen«, beharrt der Freund, »in dem Alter haben die Kinder die Geschlechterschule so weitgehend verinnerlicht, so daß sie Jungen- oder Mädcheneigenschaften entwickeln, als kämen diese von innen heraus und seien ihnen nicht von außen zudiktiert. Ihr habt ihnen doch bestimmt verschiedenes Spielzeug geschenkt!«
»Nein«, sagt die Frau, »anfangs haben wir uns bemüht, ihnen das gleiche zu schenken: Puppen *und* Bausteine, Kuscheltiere *und* Bälle, aber dann, nach zwei, drei Jahren fingen sie an, verschiedene Interessen zu zeigen...«
Der Mann sagt: »Die Kleine tobt auch schon mal draußen rum. Aber trotzdem spielt sie lieber Verkleiden, Tanzen und so. Sie malt und bastelt lieber, als sich beim Cowboyspiel blutige Knie zu holen. Und der Junge schämt sich zwar seiner Kuscheltiere nicht, aber seine Lieblingsbeschäftigungen sind doch Tobespiele, bei denen er mit seinen Freunden gegen irgend jemand gewinnen kann.
Wir haben ihm kein Kriegsspielzeug gekauft. Sie haben einfach Knüppel genommen und damit geschossen. Und nun hat er sich von seinem Taschengeld eine Ritterrüstung gekauft. Soll ich ihm die etwa wegnehmen und ihn zwingen, lieber Bilder zu malen?«
»Oder unsere Tochter zum Fußball zwingen?«, fragt die Frau. »Sie mag nun mal lieber was anderes, Gummitwist zum Beispiel, Hula-Hoop-Reifen, Ball-gegen-die-Wand und so, mehr Rhythmisch-Tänzerisches.«
Die Freunde bleiben skeptisch.
»Mit den Mädchen wird nun mal mehr geschmust, Jungen werden härter angefaßt. Oder habt ihr nie gesagt: Ein richtiger Junge weint doch nicht? Ein richtiges Mädchen macht sich nicht dreckig?
Hier bei euch, im Garten hinterm Haus, sehen Plastikritter und Gardinenprinzessin zwar noch niedlich aus. Aber in zwanzig

Jahren wird für die beiden ein anderer Schuh daraus: Da macht der Herr Karriere oder bringt das Geld in der Kneipe durch. Und die Prinzessin, mehr oder weniger verdummt, unterbezahlt, ausgenutzt, mindestens aber in ihren Möglichkeiten gebremst, darf ihren Lebenssinn in der Arbeit für Mann und Kinder sehen.
Ihr solltet eure Erziehung wirklich bewußter und nachdrücklicher gegen die Übernahme herkömmlicher Geschlechterrollen ausrichten, sonst schleichen sie sich hinterrücks in eure Kinder ein, und ihr haltet das dann noch für naturbedingt und unabänderlich.«
Ärgerlich machen die Freunde die Tür hinter sich zu, und ärgerlich bleiben die Eltern zurück. Aber die so unvermittelt aufgetauchten Fragen lassen sie nicht mehr los. Sie setzen sich hin, lesen, sammeln, beobachten, werten aus. Und dabei entsteht schließlich ein Buch.
Vielleicht kann es helfen, aus der gegenwärtigen Rollenkrise der Geschlechter nicht in Mißverständnisse, Unsicherheit und Resignation abzurutschen. Vielleicht trägt es mit dazu bei, daß Mann und Frau die Krise als Chance nutzen und zu einem besseren Verständnis des eigenen und des anderen Geschlechts finden.

## Männlich – weiblich? Ja, aber ...

In der Diskussion um die Geschlechter werden allzu leicht vier Begriffe verwechselt, die wir hier von Anfang an auseinanderhalten wollen:
- das subjektive Geschlecht (= Geschlechtsidentität)
- die sexuelle Orientierung
- geschlechtstypische Verhaltensweisen
- Geschlechterrolle

## Subjektives Geschlecht und sexuelle Orientierung

Stellen Sie sich vor: vor einem Spiegel sitzen Sie selbst, eine Frau.

Ihr Blick mustert Ihr Gesicht. Falten? Ein Mann müßte man sein, denken Sie. Dem macht das nicht so viel aus.
Da erstarren Ihre Hände in der Bewegung des Kämmens. Ihre Augen werden schreckensweit. Schwarze Härchen sprießen unübersehbar auf Kinn und Wange. Auf den Oberarmen, auf den Schenkeln: überall dieselben widerwärtigen Borsten. Und Ihr Gesicht: Ist das nicht irgendwie eckiger? Sind Kinn und Backenknochen nicht markanter geworden? Zeichnen sich da auf Schultern und Armen nicht deutlich Muskelpakete ab? Entsetzt springen Sie auf. Das kann doch nicht wahr sein: Ich kann und will mich doch nicht so mir nichts dir nichts in einen Mann verwandeln!
Oder: Sie, ein Mann, springen morgens aus dem Bett, gähnen und strecken sich die Bettschwere aus dem Leib. Sie finden es ganz schön anstrengend, ein Mann zu sein. Um sich Mut für den kommenden Tag zu machen, trommeln Sie sich nach alter Affenart auf die Brust. Aber wie elektrisiert zucken Ihre Hände von der Brust fort. Das ist kein Männerspeck mehr, Ergebnis ungehemmter Kalorienzufuhr, das ist ein richtiger Frauenbusen. Die Haare auf der Brust – weg. Ihre Stoppeln im Gesicht – zu weichem Flaum verkümmert. Die Hüften – mollig rund. Nein! pressen Sie mit viel zu hoher Stimme hervor, nein! das nicht!
Gruselszenen aus einem Psychothriller? Nicht ganz! Zwar wird Ihnen solch schaurig Abenteuer mit großer Sicherheit erspart bleiben. Nichtsdestoweniger kommt es hin und wieder durch Störungen des Hormonhaushalts zu vergleichbaren Erscheinungen. So können beim Jungen in der Reifezeit die Hoden zuviel biologisch aktives Östrogen herstellen. Daraufhin wachsen ihm Brüste – unter Umständen bis zu den Ausmaßen eines ansehnlichen weiblichen Busens. Der Junge reagiert bezeichnenderweise in der Realität genauso wie der Leser eben in der Vorstellung: Er ist entsetzt. Er will diese »Dinger da«, diese Mißbildungen, nicht und versteckt sie vor der Welt, solange es geht. Schließlich muß der Arzt sie möglichst schnell wegoperieren.
Nicht anders möchte das junge Mädchen oder die Frau die verhaßten männlichen Kennzeichen (tiefe Stimme, vergrößerte Klitoris, Ausbleiben der Menstruation, stärkere Körperbehaa-

rung) loswerden, die ihren Körper »verunstalten«, wenn durch eine Störung der Nebennierenrinde oder der Eierstöcke zuviele Androgene gebildet werden.
Etwas ganz Merkwürdiges wird uns hier deutlich. Gleich, welche hormonellen und physiologischen Veränderungen in unserem Körper vor sich gehen, gleich, wie oft wir neidisch zu Eigenschaften oder Privilegien des anderen Geschlechts hinüberschielen, gleich, wie verunsichert wir in unserem eigenen Verhalten als Mann oder Frau sind – wir fühlen uns trotz allem so intensiv als *Sie* oder *Er*, daß uns schon die Möglichkeit, dieses Gefühl zu verlieren, geradezu als Bedrohung unserer Existenz vorkommt. Unser Ich ist kein Neutrum, das sein Selbstgefühl als *Sie* oder *Er* so einfach wie ein Kleidungsstück wechseln könnte. Es *ist nur* als *Sie* oder *Er*.
Dieses Gefühl heißt »subjektives Geschlecht« (= Geschlechtsidentität) und muß – wie beispielsweise Transsexuelle deutlich machen – nicht unbedingt mit dem »objektiven« Geschlecht der Erbanlagen, der Hormone oder der Geschlechtsorgane übereinstimmen. Das subjektive Geschlecht ist uns nicht angeboren. Durch eindeutige, wissenschaftliche Beobachtungen[1] weiß man heute, daß der Mensch sich bei ungestörter Entwicklung in den ersten zwei, drei Jahren fast unwiderruflich einprägt, sich als Junge oder als Mädchen zu fühlen. Niemand kann ihm danach das subjektive Geschlecht wieder ausreden oder es in Frage stellen, ohne ihn zu ängstigen oder aggressiv zu machen. Eher schon lassen sich, wie bei den Transsexuellen, die Geschlechtsorgane operativ dem subjektiven Geschlecht anpassen, als umgekehrt die Geschlechtsidentität durch Umschulung mit den Geschlechtsorganen in Einklang zu bringen ist.
Als ähnlich widerstandsfähig erweist sich die *sexuelle Orientierung*, die Ausrichtung des Menschen auf das, was ihn sexuell anzieht: auf einen gegen- oder gleichgeschlechtlichen Partner oder auf beide oder auf Tiere, auf leblose Objekte (z. B. Kleidungsstücke) oder bestimmte Situationen. Obwohl auch diese Vorlieben mit Sicherheit nicht angeboren, sondern stark durch Erziehungs- und Umweltbedingungen geprägt werden, sitzen sie

im Erwachsenen so fest, daß er auf jeden Bekehrungsversuch sauer reagiert, sei es nun, daß er als Homo auf heterosexuell umprogrammiert werden soll, sei es, daß er sich als Heterosexueller von »progressiven« Homos gedrängt sieht, seine »anachronistische« Heterosexualität zu überwinden.
Beides, das subjektive Geschlecht und die sexuelle Orientierung, wird uns nur am Rand beschäftigen.

## Geschlechtstypische Verhaltensweisen und Geschlechterrolle

Uns interessieren hier vielmehr Herkunft und Veränderbarkeit der sogenannten *geschlechtstypischen Verhaltensweisen.* Das sind Verhaltensformen, die häufiger bei dem einen oder anderen Geschlecht zu beobachten sind und die man »männlich« und »weiblich« nennt. Manchmal liest man hierfür auch den Begriff »geschlechtsspezifisch«. Das ist jedoch eigentlich eine falsche Vokabel, besagt sie doch, eine Verhaltensweise käme *nur* bei dem einen oder anderen Geschlecht vor. Außer den Funktionen von Zeugung, Gebären und Stillen gibt es aber gar keine so ausschließlich männlichen oder weiblichen Verhaltensformen.
Früher war man weitgehend der Meinung (und auch heute noch kann man sie hören), männliches und weibliches Verhalten sei »natürlich«, d. h. von der Natur mittels Erbanlagen in uns festgelegt. Inzwischen hat sich bei Soziologen und Feministen die gegenteilige Auffassung durchgesetzt: Jede Gesellschaft habe eine bestimmte Vorstellung von dem, was als männlich und weiblich zu akzeptieren sei, und schreibe diese ihre Normen dem heranwachsenden Kind vor wie ein Theaterregisseur seinem Schauspieler eine bestimmte Rolle. Das Kind spiele dann diese *Geschlechterrolle* und verinnerliche sie dabei unbewußt.
Die Meinung der meisten Menschen zu dieser Frage aber ist heute diffus und widersprüchlich und spiegelt große Unsicherheiten wider. Machen Sie selbst die Probe aufs Exempel. Sagen Sie bei einer Unterhaltung einen Satz, dem noch vor einiger Zeit kaum

jemand widersprochen hätte: »Ein richtiger Mann sollte sich durchsetzen können, müßte klar, nüchtern, an der Sache orientiert sein Ziel verfolgen – eine richtige Frau ist meist sensibler, eher in der Lage, ihre Mitmenschen zu verstehen und auf sie einzugehen, ist auch gefühlvoller.« Auch wenn keine Feministin in Hörweite ist, wird man Sie fragen, ob Sie denn noch immer nicht begriffen hätten, daß solche Festlegungen der Geschlechter auf gegensätzliche Eigenschaften inzwischen überholt seien.

»Gut«, sagen Sie, »in Ordnung, Leute, ihr habt mich überzeugt. Eigentlich bin ich auch dafür, daß Männer und Frauen sich gleich verhalten sollten.«

Naja! wird man Ihre Erkenntnis schleunigst wieder einschränken, zu weit sollte man nun auch wieder nicht gehen. Das wäre ja öde Gleichmacherei!

Ja, was denn nun eigentlich? Vive la difference? Oder Abbau von Verhaltensunterschieden zwischen den Geschlechtern?

Solcherlei Ungereimtheiten und Widersprüche tauchen nicht nur in harmlosem Partygeplänkel oder engagierten Diskussionen auf. Sie schlagen sich – wie unsere Eingangsgeschichte demonstriert – immer häufiger auch im Leben des einzelnen nieder, in seinem Selbstgefühl, seinen Partnerbeziehungen, seiner Einstellung zur Erziehung von Sohn und Tochter.

Die Rollenbeschreibung männlich – weiblich ist wie noch nie zuvor in der Geschichte der Menschheit unsicher und fragwürdig geworden. Das mag zur unbequemen, ja schmerzlichen Quelle von Konflikten werden, bringt aber die ganz große Chance mit sich: das Verhältnis zwischen Mann und Frau neu zu begreifen und menschlicher, d. h. freier von Unterdrückung und Zwängen, neu zu gestalten. Das ist keine Utopie. Vorsichtige Ansätze dazu sind heute erkennbar.

Aber: Jede Chance birgt auch ein Risiko. Wachsende Verunsicherung und damit verbundene Ängste und Aggressionen könnten auch das Gegenteil bewirken: die Zunahme von Mißverständnissen, Unterstellungen, Verdächtigungen zwischen den Geschlechtern, einen regelrechten Geschlechterkrieg. Anzeichen für eine solche Entwicklung sind noch deutlicher wahrzunehmen als die für die Entwicklung einer neuen, beide Geschlechter befriedigenden Partnerschaft.

Die Chance für eine Befreiung beider Geschlechter von verkrusteten, einengenden Vorstellungen wird um so eher vertan, je länger die namhaften Träger des Emanzipationsgedankens sich weigern, über die Ergebnisse der Soziologie und Sozialpsychologie hinaus auch die von Biologie und Verhaltensforschung, von Medizin und Neurophysiologie zur Frage des Geschlechterverhaltens zur Kenntnis zu nehmen und für ihre Forderungen mit zu nutzen.

In ihrer berechtigten Aversion gegen tatsächlich vorhandene, verkrüppelnde soziale Einflüsse auf das Verhalten der Geschlechter leugnen amerikanische und westeuropäische Feministinnen nun gleich jede Möglichkeit einer Mitwirkung des Faktors »Natur« bei der Ausformung des einen oder anderen Verhaltensunterschieds und werfen jedem, der das tut, Patriarchentum und Chauvinismus vor.

Allerdings sind Erfahrungen mit Leuten, die Verhaltensweisen von Mann und Frau aus der Natur ableiten oder bewerten wollen, in der Tat oft alles andere als vertrauenserweckend. Das muß auch der Biologe zugeben:

Es war wirklich nicht gerade eine Sternstunde der Wissenschaft, als der Leipziger Nervenarzt Dr. Paul Möbius Ende des vorigen Jahrhunderts in seinem berühmt gewordenen Buch ›Über den physiologischen Schwachsinn des Weibes‹ schrieb, man könne anatomisch beweisen,

»daß für das geistige Leben außerordentlich wichtige Gehirnteile, die Windungen des Stirn- und Schläfenlappens, beim Weibe schlechter entwickelt sind als beim Manne, und daß dieser Unterschied schon bei Geburt besteht ...

Wie Tiere seit undenklichen Zeiten immer dasselbe tun, so würde auch das menschliche Geschlecht, wenn es nur Weiber gäbe, in seinem Urzustande geblieben sein. Aller Fortschritt geht vom Mann aus.

Interesse [des Weibes, d. Verf.] an der Sache ist nur ausnahmsweise vorhanden. Übermäßige Gehirntätigkeit macht das Weib nicht nur verkehrt, sondern auch krank.«[2]

Schlimmer noch waren die Bemühungen Hitlers und seiner pseudowissenschaftlichen Helfer, die Bestimmung der Frau als Heldengebärmaschine aus dem »natürlichen« Kampf ums Dasein abzuleiten. Und schließlich sind moderne Kurzschlüsse von Aggression und Brutpflege bei Fischen auf entsprechende »natürliche« Anlagen beim Menschen, auf Kampftriebe beim Mann, auf Mutterinstinkte bei der Frau, auch nicht gerade geeignet, Mißtrauen gegen die Biologie abzubauen.

In Fällen wie den drei genannten wurde die Biologie, oder besser das, was man dafür ausgab, lediglich eingesetzt, um eigene (männliche) Macht-, Wirtschafts- und Prestigeinteressen besser kaschieren und zum unveränderlichen Naturgesetz ausrufen zu können. Das ist schlimme Manipulation.

Nicht weniger falsch jedoch ist es, wenn schreibende Feministen (-innen) ins andere Extrem flüchten und – ideologisch fixiert – so tun,

- als schwebten die Verhaltensweisen des Menschen im gänzlich naturfreien Raum, völlig unabhängig von Genen, neurophysiologischen Strukturen, Stoffwechselgeschehen und Hormonen;
- als käme das Menschenkind als unbeschriebenes Blatt zur Welt, auf dem die Männergesellschaft im Verlauf des Erziehungsprozesses nur ihre Regeln eintragen müsse, um alle Verhaltensweisen des Erwachsenen zu begründen;
- als brauche man diesen Regel-Text für Jungen und Mädchen nur gleich zu halten, und schon würden auch sämtliche Verhaltensweisen gleich;
- als habe es in der kontinuierlichen Entwicklung vom Einzeller zum Menschen irgendwo einen Bruch gegeben und als sei – geradezu eine alttestamentarische Vorstellung – plötzlich der Mensch da gewesen, mit einem gänzlich leeren und ungenutzten Computer als Gehirn, der – ohne die Vorprogramme seiner Tier-Vorfahren – nur auf die Neuprogrammierung durch die nun entstehende Menschengesellschaft wartete (wer aber hat eigentlich dieser das Programm gegeben?)

Man kann die Sonder-Errungenschaften der sehr lernfähigen menschlichen Neuen Großhirnrinde (Neocortex) nicht einfach wegbiologisieren, ohne den Menschen zu deformieren (wie Möbius und Hitler es taten). Aber man darf auf der anderen Seite auch nicht nachweisbare Einflüsse tieferliegender, älterer Gehirnteile schlicht wegsoziologisieren, weil sie einem nicht in das Bild einer machbaren Welt passen.

## Ein Blick auf unsere haarige Verwandtschaft

Gerade wenn wir das Verhalten der Geschlechter verstehen (und ändern) wollen, können wir den Menschen nicht einfach mit dem wohlfeilen Satz »Der Mensch ist doch kein Tier« von seiner Jahrmillionen alten Stammesgeschichte abschneiden. In der Entwicklungsreihe der Arten baut jede neue auf der vorangehenden auf. Auch seit sich vor etwa 10–20 Millionen Jahren eine vorzeitliche Affengruppe von ihren Stammesverwandten abgespalten und eine Sonderentwicklung begonnen hat, die vor etwa fünf Millionen Jahren den Affenmenschen und dann vor einer halben Million Jahren den Homo sapiens entstehen ließ, sind die Gehirnstrukturen der jeweiligen Vorfahren nicht einfach beseitigt und durch neue, ganz andere ersetzt worden. In der Evolution des Gehirns gibt es kein Skalpell, mit dem sich die Natur als Neurochirurg betätigt und überholte Strukturen durch einen sauberen Schnitt von den neuen trennt.
Viele Gehirnstrukturen unserer Wirbeltiervorfahren bis hinunter zu den Kriechtieren und tiefer sind durch die Jahrmillionen hindurch mitgeschleppt worden und lediglich durch neuerworbene Zellschichten, -schaltungen, -verbindungsstränge *überlagert* worden. Die alten Gehirnstrukturen könnte man mit sehr langlebigen Altenteilern in landwirtschaftlichen Betrieben vergleichen, die von den jüngeren Generationen zwar allmählich aus den meisten Entscheidungsprozessen abgedrängt werden, die aber sehr wohl noch immer einen gewissen Einfluß ausüben.
Wollen wir uns nicht in ideologischen Wolkenkuckucksheimen bewegen, müssen wir einen Blick hinüber zu der Gruppe riskieren, mit denen uns eine 80 Millionen Jahre gemeinsame Gehirnge-

schichte verbindet, zu den Primaten. Dann nämlich können wir manche Eigenart des anderen Geschlechts begreifen, einordnen, vielleicht auch sinnvolle Vorschläge zur Änderung entwickeln, wo wir sonst nur Fremdes, Abartiges, Dummes sehen und daher allzuleicht zur Schmähung greifen.[3]

Der Psychologe Ernest Borneman, auf den sich z.B. Alice Schwarzer und andere Feministinnen berufen, stellt sich die Frühzeit des Menschen so vor: Seit eh und je sei bei den Menschen der älteren und mittleren Steinzeit das Matriarchat verbreitet gewesen. Nicht die Männer, die Frauen hätten das Sagen gehabt und mit weicher Hand ein mildes Regiment über Väter und Söhne ausgeübt. Es habe noch keinerlei Arbeitsteilung (Mann = Jäger, Frau = Kinderaufzieherin) gegeben. Vielmehr sei man, gemeinsam Früchte und Wurzeln sammelnd, gleichberechtigt durch Steppen und Wälder gezogen:

»Die Führung der Horde lag jedoch mit großer Wahrscheinlichkeit in der Hand von Frauen, denn da Rudel wilder Tiere, im Gegensatz zu der im Patriarchat verbreiteten Ansicht, vorwiegend von einem weiblichen Leittier geführt werden, können wir annehmen, daß auch diese menschlichen Rudel von Frauen geleitet wurden.«[4]

Sehr spät erst, vor etwa fünf- bis sechstausend Jahren – gemessen an der Menschheitsgeschichte sozusagen erst kürzlich – hätten dann die Männer in einer (wörtlich!) »jungsteinzeitlichen Revolution« die matriarchalische Gleichheit, Friedlichkeit, Freiheit und den Gruppenbesitz abgeschafft, um an deren Stelle die männlichen Erfindungen Unterdrückung, Privateigentum, Ausbeutung und Krieg zu verbreiten. Zeichen und hervorragendes Machtmittel dieser Männerherrschaft: der Penis.

Klar, wenn das so ist: eine Million Jahre und länger Gleichberechtigung, gar Macht der Frau über den Mann und dann so ein läppischer Zeitraum von fünftausend Jahren Männergewalt – da muß es doch ein Leichtes sein, dieses kurze Zwischenspiel von Blut und Perversion zu beenden (etwa durch eine Gegenrevolution) und zur alten Gleichberechtigung und zur Weisheit der Mütter zurückzufinden, die sich einst bewährt hatten.

Solche Wunschvorstellungen aber sind falsch und darüber hinaus gefährlich für die Frauenbefreiungsbewegung. Sollte sich nämlich herausstellen, daß eine flotte Gegenrevolution doch nicht so nachhaltig zum Erfolg führt und daß die Widerstände von allen Seiten stärker sind als vermutet, stärker auch, als daß man sie einfach mit dem Interesse der Männergesellschaft an der Erhaltung ihrer annektierten Macht erklären könnte, dann drohen Enttäuschung, Resignation, Rückfall in alte Verhältnisse.

Um den wirklichen Schwierigkeitsgrad des Versuchs der Frauenbefreiung zu ermessen und ihr erfolgreichere und realistischere Mittel an die Hand zu geben (nicht, um sie zu hintertreiben!), blicken wir etwas ausführlicher hinüber zum Verhalten von Weibchen und Männchen bei unseren haarigen Vettern.

Ernest Bornemans Schlußfolgerung von weiblichen Leittieren auf altsteinzeitliche Hordenführerinnen zeugt von einiger Unkenntnis biologischer Zusammenhänge. Er mag an die Leitkühe bei Paarhufern gedacht haben. Aber abgesehen davon, daß schon bei den Unpaarhufern (Pferd, Esel, Zebra) meist ein Leithengst führt: Die Huftiere haben sich schon in der Kreidezeit vor fast 100 Millionen Jahren von der Entwicklungslinie gelöst, auf der wir mit den heute lebenden Affen noch eine fast 80 Millionen Jahre gemeinsame Geschichte von Körper und Verhalten durchmachten. Wenn also ein Blick ins Tierreich zu brauchbaren Rückschlüssen auf das Verhalten von Menschen führen soll, dann darf man es nicht bei Kuh oder Hirsch bewenden lassen, weil sie einem so gut in die eigene Argumentation hineinpassen, sondern muß sich schon um unsere nächsten Verwandten, die Altweltaffen, bemühen.

Besonders aufschlußreich sind für uns die Beobachtungen an Schimpansen, weil ihr Erbgut dem unserigen am nächsten verwandt ist, und an Pavianen, weil sie heute noch unter ähnlichen Umweltbedingungen leben wie unsere direkten Vorfahren durch viele Millionen Jahre hindurch: in der Steppe. Und dort nun sieht es leider ganz anders aus. Wohin man blickt – von einer »Leitäffin« ist weit und breit keine Spur. Im Zusammenleben der Geschlechter sind zwar die verschiedensten Formen entwickelt: die Einehe bei Gibbon, die Haremswirtschaft beim Pavian, Promiskuität beim Schimpansen. Mal gibt sich das Männchen despotisch als Diktator (Mantelpavian), mal als jovialer Herrscher (Gorilla), der, solange es genug davon gibt, Nahrung und Weibchen auch mal großzügig mit Schwächeren teilt. Nie aber ist die Männchenherrschaft über die Weibchen bei Pavianen, Gorilla oder Schimpansen auch nur in Frage gestellt. Der Affenmann erringt und verteidigt seine Vormachtstellung einfach deswegen, weil er nach Dominanz geradezu giert und aggressiver und meist auch kräftiger als das Weibchen ist. Sogar die uns am nächsten stehenden Schimpansenweibchen, die sich viel freier bewegen können als zum Beispiel die Damen des Mantelpavian-Harems und die nicht wie diese dermaßen mit Schlägen und Strafbissen von ihren Herren und Meistern traktiert werden, zeigen gegenüber dem Schimpansenmann, oft auch schon dem Schimpansen-Jungmann gegenüber, die Demut des Rangniederen.

Schimpansenmännchen fressen zuerst und das Beste. Sie ergreifen, wenn ein Weibchen im Verlauf ihres Monatszyklus in ihre »liebesbereite« Phase gekommen ist, auch die Initiative für den Geschlechtsverkehr. Auf das Zeichen des Männchens hin (Zweigeschütteln, Fellsträuben, Anstarren oder ähnliche Signale aus dem Imponier-Repertoire) nähert sich das Weibchen und präsentiert sein Hinterteil als Zeichen seiner Paarungsbereitschaft. Nach den höheren können auch die niederen Männchen der Gruppe an die Reihe kommen, die oft geradezu Schlange stehen. Das ganze erinnert fast an eine Massenvergewaltigung, bei der das Weibchen keinerlei Erregung, geschweige denn einen Orgasmus erlebt. Nicht selten zwingt ein Männchen ein Weibchen, während der Zeit seiner Paarungsbereitschaft nur mit ihm herumzuziehen und so nur ihm zur Verfügung zu stehen. Sobald es jedoch nur eine Chance zur Flucht sieht, macht es sich meist aus dem Staub.

Die englische Zoologin Jane van Lawick-Goodall, die jahrelang unter Schimpansen am Tanganjikasee gelebt hat, konnte beobachten, daß bereits die Schimpansenjungen

- spontan wilder und rauher spielen als Schimpansenmädchen,
- häufiger als ihre weiblichen Altersgenossen miteinander raufen,

– wesentlich öfter voreinander Imponiergehabe entfalten: Eindruck heischend daherstolzieren, Äste rütteln, mit Zweigen wild herumfuhrwerken,
– viel früher als die jungen Mädchen beginnen, ihre Artgenossen anzudrohen und anzugreifen.

Weder die Mutter noch die Gruppe dressieren den Jungen ihre Rauhbeinigkeit an. Im Gegenteil: Gerade bei seinen frühen Imponierveranstaltungen hat der Schimpansenjunge mit rücksichtslosen Gegenangriffen der älteren Männchen zu rechnen. Dennoch *muß* er sie immer wieder – trotz des Gegendrucks der »Gesellschaft« – von Zeit zu Zeit demonstrieren. Die kleinste Frustration (etwa von weitem ein höheres Männchen fressen zu sehen und – natürlich – nichts abzubekommen) reicht, um in den heranwachsenden Männchen »eine solche Spannung zusammenzubrauen, daß sie sich mit einer Imponier-Veranstaltung Luft machen müssen, bei der sie mit großem Getöse durch das Dickicht stürmen und Zweige hinter sich herschleppen. Aber selbst diese Reaktion kann zu einer Bestrafung durch eines der großen Männchen führen.«[5]

Wiewohl noch jahrelang – wie auch ihre Schwestern – gemeinsam mit der Mutter herumziehend, lösen sich die jungen Männchen doch früher von ihr und machen räumlich und zeitlich immer ausgedehntere Ausflüge. Trotz ihrer schmerzhaften Erfahrung fühlen sie sich immer stärker zu den erwachsenen Männchen hingezogen, scheint doch ihr »Bedürfnis nach freundlicher Berührung durch das Männchen, das eben erst gedroht oder sie gar angegriffen hat, geradezu zwanghaft«.[6]

Affen können und müssen im Verlauf ihrer ersten Lebensjahre erstaunlich viel lernen. Denn auch ihre Großhirnrinde ist schon sehr lernfähig. Daß jedoch Affenknaben die größere Lust am Toben, Imponieren, Drohen und Raufen nicht erst durch eine geschlechtsspezifische Erziehung erwerben müssen, sondern schon im Mutterleib einprogrammiert bekommen, legten Versuche amerikanischer Hormon- und Verhaltensforscher schon in den sechziger Jahren nahe. Die Wissenschaftler setzten trächtige Rhesusaffenweibchen unter hohe Dosen männlicher Sexualhor-

mone.[7] Das Ergebnis war eindeutig. Die von den behandelten Äffinnen geborenen Weibchen verhielten sich im Jugendalter auffallend männlich-aggressiv. Sie bevorzugten wildes Herumtoben und Jagen, drohten im Spiel viel häufiger als ihre Artgenossinnen und zeigten spielerisch die männliche Paarungsbewegung, das »Aufreiten«, weit öfter als die entsprechende weibliche Geste des Hinterteil-Präsentierens.
Das Repertoire einschüchternder Signale beim Primaten ist groß: Schimpansen starren sich an, sträuben ihre Haare, trommeln auf Baumstämme, schütteln Zweige, schleppen Äste, schleudern Steine – alles, um den Rivalen einzuschüchtern.
Wenn es die Männer packt, ziehen sich die Weibchen schleunigst aus der Gefahrenzone auf Bäume zurück. Dabei kann sich das männliche Imponiergehabe sogar gegen Naturgewalten richten. Bei kräftigem Unwetter und Gewitter kann es vorkommen, daß die Männchen versuchen, mit Imponiergebrüll den Krach der Naturgewalten zu übertönen. Dabei wiegen sie sich rhythmisch von einem Fuß auf den andern, rasen umher, schütteln und schleudern Zweige. Dieser »Kriegstanz« kann bis zu zwanzig Minuten dauern. Weibchen und Jungtiere verfolgen das Spektakel von den Bäumen aus.
Wenn ein männlicher Schimpanse sehr aggressiv gestimmt ist, scheinen seine Dominanz- und Kampfimpulse sein Gehirn so zu überfluten, daß er alles andere um sich herum nicht mehr in gewohnter Weise wahrnehmen und verarbeiten kann. Jane van Lawick-Goodall beschreibt, wie ein Schimpansenbaby zu dicht an zwei kämpfende Männchen gerät. Es wird von dem einen der beiden, dem sonst babyfreundlichen Anführer der Gruppe, gegriffen und geschleift und geschüttelt, als ob es ein Zweig zum Imponieren sei. Zweifellos ließ die ausgelöste Dominanz- und Aggressionsmotivation das Männchen in diesem Augenblick vergessen, was eigentlich ein Baby ist.
Wozu mag eine solche, uns widersinnig erscheinende Imponierlust des Männchens überhaupt gut sein? Nun – sie hat wirklich einen Sinn im Tierreich: Gegen eigene Artgenossen gerichtet, hilft sie, für genügend große Abstände zwischen den Individuen oder

den Gruppen zu sorgen und zu garantieren, daß ein Lebensraum nicht übervölkert wird. Solche Aggression schafft Raum, Zwischenraum, Existenzgrundlage. Starke Tiere beanspruchen mehr Raum, was sich vorteilhaft für ihre Nachkommenschaft erweist. Sie kommen im allgemeinen auch eher zur Fortpflanzung als unterlegene Tiere, und das zahlt sich für die Erhaltung der Art aus. Tiere mit festem Revier kennzeichnen ihren Raum mit den unterschiedlichsten Signalen – akustisch, optisch oder durch Duftmarken. Säuger nutzen zur Gebietsabgrenzung nicht selten einfach ihren Harn. Gebietsmarkierungen gleich welcher Art sind Warnschilder: »Sie betreten hier meinen, für mich notwendigen Lebensraum und müssen sofort mit meinem Angriff rechnen.«

Nun ist die Revierabgrenzung für Primaten nicht ganz so einfach. Erstens leben sie in Gruppen, was sich für die Feindwarnung und -bekämpfung, die Nahrungssuche und die Kinderaufzucht als vorteilhaft erwiesen hat. Dadurch aber ist die Gefahr gegeben, daß sich die Individuen einander zu sehr ins Gehege kommen. Zweitens ziehen die höheren Primaten ständig umher, Paviane zum Beispiel fünf bis acht Kilometer täglich, Gorillas nur wenige hundert Meter. Sie naschen mal hier, rasten mal dort und bereiten für jede Nacht neue Schlafstellen. Dabei durchstreifen sie zwar bestimmte bevorzugte Areale. Dennoch ist klar, daß bei einer solchen Lebensweise die Markierung eines persönlichen Lebensraumes nichts nützen würde. Daher tragen die Primaten bewegliche »Revierabgrenzungen« mit sich herum. Es sind dies die Dominanz- und Unterwürfigkeitssignale, die ihre Stellung in der Hierarchie der Gruppe verraten und damit klarstellen, wieviel Platz und welche Rechte, vor allem auch in Beziehung auf die Fortpflanzung, das betreffende Tier für sich beansprucht.

Eine solche recht beständige, wenn auch nicht starre, Hierarchie ist für Gruppenwesen wie die Primaten um so vorteilhafter, als sie die kraftraubenden Kämpfe um Nahrung, Platz und Weibchen auf ein Mindestmaß reduziert. Echte Auseinandersetzungen sind nur noch nötig, wenn Herausforderer oder jüngere Männchen mit dem Mut zum Risiko ihre Stellung in der Gruppe verbessern wollen. Für den Normalfall reicht ein kurzes, flüchtiges Andro-

hen (etwa Fellsträuben beim Schimpansen, Zähnefletschen beim Pavian), um ein ausfällig gewordenes Gruppenmitglied schnell in seine Schranken zu verweisen.
Am besten erforscht ist die Gemeinschaftsordnung im Gruppenleben der Steppenpaviane. Die vorwiegend von pflanzlicher Kost lebenden Allesfresser durchstreifen in Horden von 40–60 Mitgliedern die Steppen und Savannen Afrikas. Dabei gibt es, von der Mutter-Kind-Beziehung abgesehen, keine Versorger und keine Ernährten. Jeder sucht sich beim gemeinsamen Herumziehen seine eigene Mahlzeit. Die räumliche Anordnung der Gruppenmitglieder bei Rast und Wanderung verrät viel von dem Aufbau der Hierarchie:
Ganz an den Rand gedrängt leben die rangtiefsten Männchen, Halbwüchsige, denen der Aufstieg im System noch nicht geglückt ist, und ältere, die die Hoffnung darauf bereits begraben haben. Dann, dichter am Zentrum der Macht, folgen nach innen die aussichtsreicheren Anwärter auf Aufnahme in die Führungsgruppe. Diese besteht aus bis zu sechs starken, erfahrenen Männchen, die sich normalerweise im Kern der Gruppe aufhalten, Weibchen und Kinder in ihrer unmittelbaren Nähe. Der Vorteil dieser Hordenstruktur liegt in dieser (Raubtier-) gefahrenumlauerten Gegend auf der Hand. Die außen agierenden Rangniederen bekommen als erste Feindberührung und warnen rechtzeitig. Die stärkeren Männchen schützen wirkungsvoll Weibchen und Kinder und stoßen, wenn es die Situation erfordert, nach vorn und vertreiben gemeinsam, oft schon durch das Vorweisen ihrer eindrucksvollen Reißzähne, sogar Löwen und Leoparden.
Die Bosse haben weitere Aufgaben. Sie bestimmen Aufbruch, Wege und Ende der Wanderung. Gleichzeitig sind sie Ordnungshüter und Vermittler bei Streitereien zwischen Rangniederen. Dabei schützen sie die Schwächeren.
Die Weibchen können untereinander auch im Rang abgestuft sein, nie aber ist diese Hierarchie so deutlich und stabil wie bei den Männchen. Allein schon durch ihre zyklische Paarungsbereitschaft kommt es zu Dominanzschwankungen, da das Weibchen den Rang des sich mit ihm paarenden Männchens einnimmt. Sie

dominiert über sonst ihr »vorgesetzte« Weibchen so lange, wie sie von einem der Bosse beansprucht wird. Außerdem werden die Weibchen, solange sie Junge haben, von den starken Männchen vor Angriffen geschützt und treten so aus der Rangordnung ganz heraus. Vor allem: Es fehlen bei jüngeren Weibchen die aufreibenden Bemühungen, in die zentrale Führungsschicht vorzustoßen – sie werden ja auch gar nicht erst aus dem Zentrum an die Peripherie der Gruppe verdrängt, wie das mit ihren männlichen Altersgenossen geschieht.

Am Rande der Gesellschaft üben die Jungmänner zunächst untereinander bei Spiel und Rauferei ihre Durchsetzungsfähigkeit und versuchen dann mit zunehmendem Alter, in immer nachdrücklicheren Vorstößen, ihren Weg nach oben. Das Vorgehen junger Schimpansenmännchen ist genauer beobachtet worden: Sie erlauben sich zuerst nur, vor rangniederen älteren Männchen zu drohen. Stärkeren gegenüber nähern sie sich nur sehr vorsichtig, indem sie devot Demut signalisieren und dann, bei Erfolg, sich anbiedern, ihnen das Fell zu pflegen.

Gelingt den jungen Männchen der Weg nach oben nicht, bleiben sie an die risikoreiche Peripherie verbannt oder verlassen die Gruppe, um den Aufstieg in einer fremden Horde oder das Überleben als Einzeltier zu versuchen, was beides gleichermaßen nicht ungefährlicher ist. Die Sterblichkeitsquote unter den jungen Rangniederen ist daher erstaunlich hoch: 50 Prozent!

Wir haben hier eindeutig einen Ausleseprozeß vor uns, »der nicht nur die stärksten Männchen begünstigt, sondern auch die selbstsichersten, zielstrebigsten, raffiniertesten«[8].

Die Bevorzugung dominanzfreudiger männlicher Individuen bei ihrem Weg nach oben wirkt sich günstig auf die Weitergabe ihrer Erbanlagen aus. Denn bei den höheren Primaten haben die Ranghohen im allgemeinen größere Chancen, Nachkommen zu zeugen. Die einzelnen Arten haben verschiedene Methoden entwikkelt, um die Primatengleichung »viel Macht = viel Nachwuchs« aufgehen zu lassen.

Bei den Steppenpavianen wird scheinbar »freie Liebe« praktiziert. Doch gibt es eine entscheidende Auflage. Bevor die Empfängnisbereitschaft in der Brunstperiode ihren Höhepunkt erreicht hat, läßt sich das paarungsbereite Weibchen zuerst von dem Rangniederen bespringen, um sich dann, bei steigender Empfänglichkeit, »nach oben zu lieben«, bis es dann an seinen fruchtbarsten Tagen ausschließlich von einem der Gruppenführer beansprucht wird, der es dann in dieser Zeit allein begatten darf und mit großer Wahrscheinlichkeit befruchtet. Die Schimpansin wird nur alle fünf bis sieben Jahre (lange Kinderaufzucht!) ein paar Wochen lang brünstig. In dieser für sie sehr strapaziösen Zeit folgen ihr die Männchen der Gruppe, um – einer nach dem anderen – mit ihr zu kopulieren. Aber auch bei diesem System haben die Ranghöchsten die größte Aussicht, sich genetisch zu »verewigen«: Sie sind meist die ersten, und die Rangniederen und Jüngeren müssen so lange warten, bis die Höheren nicht mehr motiviert genug sind, um sie von dem Weibchen zu verjagen.

Die Rangordnung der Primaten leistet also im wesentlichen zweierlei: Sie fördert die Auslese der zielstrebigsten, durchsetzungsfähigsten, kampfbereitesten – kurz, der dominanzfreudigsten Männchen. Und sie ermöglicht überhaupt erst ein effektives, für die Arten vorteilhaftes Gruppenleben, weil sie ein Übermaß an Auseinandersetzungen verhindert, die sonst das dichte Zusammenleben in der Horde unweigerlich nach sich ziehen würde.

Damit das System der Rangordnung funktionieren konnte, sind in der Stammesgeschichte dieser Tiergruppe feste, vererbte Gehirnschaltungen entwickelt worden, die ein verläßliches Ineinandergreifen von Droh- und Demutssignalen und dazugehörenden Reaktionen garantieren.

Primaten-Drohsignale, die einen ernsthafteren Kampf mit Verletzungsgefahr unnötig machen, laufen im Prinzip darauf hinaus, Eindruck zu schinden. Und zwar durch

- Größer-Wirken (Aufrichten, Fellsträuben),
- Krach-Machen (Trommeln, Schreien),
- Scheinbare Vorbereitungen zu echtem Verletzungskampf (Anstarren, Zähne-Fletschen, Arme-Schütteln, Springen, Steine-Schleudern).

Im Gegensatz dazu zielen die aggressionsmildernden Demuts- und Beschwichtigungssignale darauf ab
- sich klein zu machen,
- unbeteiligt zu wirken (wegschauen),
- beim Gegner das Bedürfnis nach Fellpflege auszulösen (Hand-Ausstrecken),
- dem Gegner sein Hinterteil zu präsentieren, das heißt, scheinbar wie ein Weibchen zur Kopulation aufzufordern.

Diese zuletzt genannte Geste wird vom Dominanten, vorausgesetzt, er akzeptiert sie, dadurch beantwortet, daß er beruhigend mit der Hand nach dem sich Anbietenden faßt, ihm das Hinterteil tätschelt oder gar aufreitet und ein paar flüchtige männliche Kopulationsbewegungen macht. Allerdings kommt es dabei nicht zur Einführung des Penis. Das unterstreicht, daß es sich nicht um eine lustbetonte Sexualhandlung, vielmehr ausschließlich um eine Machtdemonstration handelt. Darüber hinaus beobachtet man bei einigen Affen regelrechte Wutkopulationen und Wuterektionen, die erkennen lassen, wie Bewegungselemente aus dem männlichen Sexualverhalten als Signale in den Dienst des Aggressions- und Dominanzverhaltens gestellt worden sind.

Auch das Präsentieren als Demutsgebärde ist aus dem einen Verhaltensbereich, dem Sexualverhalten des Weibchens, »hinübergerutscht« in den ganz anderen der sozialen Auseinandersetzung. Sie wird sowohl von Weibchen als auch von Demut signalisierenden Männchen gezeigt; wie auch hin und wieder im Tierreich dominante Weibchen – allerdings seltener als Männchen – aufreiten, um Macht zu demonstrieren. »Regelmäßig dienen«, stellt der Verhaltensforscher Wolfgang Wickler fest, »das weibliche Auffordern zur Paarung als Unterlegenheits-, Elemente des männlichen Paarungsverhaltens als Überlegenheitsgesten«[9].

Wickler hat bei seinen Studien an Affen ein weiteres Signal aus dem Verhaltensbereich Drohen – Unterwerfen entdeckt, das bislang fälschlich als sexualitätsbezogen verstanden worden ist: das auffällige Vorzeigen des Penis. Während der Paviantrupp im unübersichtlichen Gelände verteilt ist und sich aufs Nahrungssammeln konzentriert, sitzen einige männliche Tiere auf erhöh-

tem Posten und schauen umher. Die Hinterbeine halten sie auffällig gespreizt. Dadurch leuchtet der rötliche Penis, vor dem dunklen Fell ranghoher Männchen besonders deutlich abgehoben, jedem entgegen, der sich vom Rand her der Gruppe nähert. Bei Meerkatzen ist die Signalwirkung der »Wachesitzenden« noch durch die Farbenprächtigkeit der männlichen Genitalregion verstärkt: Der Hodensack ist hellblau, der Penis knallrot. Ein nicht zu übersehendes Signal, vor allem bei Penisbewegungen und Erektion, wie sie bei den Wachesitzenden nicht selten beobachtet werden, wenn sich ein fremder Artgenosse der Gruppe nähert.
Damit ist auch schon die Frage beantwortet, wer der Empfänger des Penis-Signals sein soll. Auf keinen Fall artfremde Feinde, denn vor denen machen sich diese merkwürdigen Wächter lautlos aus dem Staub. Sobald sich aber ein Trupp fremder Artgenossen nähert, treten die Wächter in Aktion und warnen die Gruppe vor den Ankömmlingen.
Die Verhaltensforschung führt das Penis-Drohen auf die stammesgeschichtlich alte Wege- und Platzmarkierung mit Harn zurück, die primitive Halbaffen mit festen Territorien noch durchführen. Das Verhalten des Totenkopfäffchens stellt eine Zwischenstufe zwischen dem primitiven Platzmarkieren und dem entwickelten Penisdemonstrieren dar. Das Äffchen bedroht seinen Rivalen mit erigiertem Penis, aus dem gelegentlich noch ein Urintröpfchen tritt. Bei höheren Formen wird das Vorzeigen des erigierten Penis dann die wichtigste Dominanzgeste, wobei kein Urin mehr ausgespritzt wird.
Der Penis als Drohsignal bei Primaten hat also primär gar keine sexuelle Komponente. Vielmehr wird es – als fest vererbtes Zeichen – im Gehirn des Artgenossen-Empfängers als Nachricht entschlüsselt: »Achtung: Gefahr durch Fremde.« Umgekehrt konnte die Verhaltensforschung auch eine Rückwirkung von Angst und Fluchtbereitschaft auf die männlichen Geschlechtsorgane von Primaten nachweisen. Wenn Rhesusaffenmännchen gerade einen Kampf mit Artgenossen verloren haben, wandern die Hoden vorübergehend nach oben in den Leistenkanal, und der Hodensack bleibt als leere Hautfalte zurück.

Zur Frage, wieweit männliches Dominanzverhalten und weibliche Unterwürfigkeit angeboren oder Ergebnisse »gesellschaftlicher Verhältnisse« sind, gibt es bei den Pavianen interessante Beobachtungen.

In nahrungsreichen Steppen Ostafrikas leben die *Steppenpaviane*, deren Weibchen sich frei und ungebunden in der Gruppe bewegen und sich während ihrer monatlichen Brunstperioden »nach oben lieben«. Nicht weit von ihnen entfernt fristen in dürren Halbwüsten die *Mantelpaviane* ihr karges Dasein, organisiert in strenger Haremswirtschaft. Kleine »Ein-Mann-Gruppen«, bestehend aus dem dominanten, starken Pascha, den Haremsdamen und unter Umständen einem jüngeren »Stellvertreter« (ohne sexuelle Anrechte), verteilen sich tagsüber weitläufig über ihren dürftigen Lebensraum, um auch den letzten Winkel nach Nahrung intensiver absuchen zu können, als es einem eng beieinander bleibenden Verband möglich wäre. Abends finden sich die Gruppen wieder auf den Schlaffelsen zusammen. Die ganze Zeit sind die Weibchen um den Pascha versammelt, demütig und devot. Jeder Ausbruchsversuch wird von den herrischen Männchen mit deftigen Prügeln und Strafbissen geahndet.

Der Wissenschaftler Hans Kummer wollte wissen, ob das so auffällig unterschiedliche Verhalten der Weibchen beider Arten angeboren oder lediglich eine Folge ihrer gesellschaftlichen Stellung sei, und führte berühmt gewordene Versuche durch.[10]

Kummer versetzte Steppenpavianweibchen zu den Mantelpavianen und Weibchen aus dem Mantelpavian-Harem zu den großzügigeren Steppenpavianen. Das überraschende Ergebnis: Die Steppenpavianweibchen wurden sofort von den Paschas deren Harem einverleibt und nahmen – unter schmerzhafter Nachhilfe durch die Männchen – sehr schnell ein devotes, ängstliches Haremsdamen-Benehmen an. Dagegen bewegten sich die Mantelpavianweibchen in ihrer liberaleren Umgebung bald so frei und sexuell ungebunden, als hätten sie sich nie anders verhalten.

Die Interpretation ist eindeutig: Weibliches Demutsverhalten ist nicht angeboren, vielmehr stellt es sich als Reaktion auf die

Unterdrückung durch die Männchen ein: mehr männl[...] pression → mehr eingeengtes Verhalten des Weibchens; we[...] männliche Repression → weniger eingeengtes Verhalten [...] Weibchens.

Gestattet die (Männchen-) Umgebung dem Weibchen einen größeren Spielraum, entwickelt es Verhaltensweisen, die es vorher nicht in diesem Maße oder überhaupt nicht gezeigt hat und die ein beobachtender Biologe zur Zeit der Weibchenunterdrückung allzuleicht als nur für das Männchen typisch diagnostiziert hätte: Das freiere Weibchen muß seinen Blick nicht immer wieder auf seinen Pascha richten, kann mehrere Sexualpartner wählen, kann seine eigenen Wege bestimmen, kann sich unter bestimmten Umständen (s. u.) mit anderen Weibchen zu männerlosen Sammeltrupps zusammenfinden. Was aber ist mit dem männlichen Dominanzverhalten? Ist es angeboren oder nur eine Reaktion auf äußere Umstände? Sind etwa jene miesen Paschamanieren der Mantelpaviane nur die direkte Folge des kargen Lebensraumes, die relativ großzügigeren Umgangsformen der Steppenpaviane das direkte Ergebnis ihrer wirtschaftlich besseren Versorgung?

Am Rande der nahrungsreichen Areale des Steppenpavians wird die Gegend zunehmend karger. Die Steppenpaviane in dieser Grenzregion bilden bezeichnenderweise tagsüber kleinere Suchtrupps, stellen also die Technik ihres Nahrungserwerbs durchaus auf die härteren ökonomischen Bedingungen ein. Nicht aber ändern sie ihr Dominanz- und Sexualverhalten. Sie zwingen die Weibchen nicht, diesem oder jenem Trupp zu folgen. Die Weibchen wechseln die Kleingruppen und bilden darüber hinaus männerlose Weibchentrupps.

Außerdem leben in diesem interessanten Grenzgebiet Mischlingsgruppen aus Steppen- und Mantelpavianbastarden. Interessanterweise zeigen die Männchen dieser Horden zwar im Ansatz noch das herrische Bedürfnis ihrer Mantelpavian-Vorväter, Weibchen in einem Harem an sich zu binden, jedoch sind sie nicht mehr wie ihre reinrassigen Vorväter in der Lage, die Weibchen so einzuschüchtern, daß sie geschlossen beim Pascha bleiben. So wechseln die Weibchen von Harem zu Harem, und manches

… nur noch auf ein einziges Weibchen aufpassen … esseln.[11]

… bachtungen, zumal, wenn wir die Aufzeichnun- … wick-Goodalls über die spontanen Raufereien der … inglinge wie auch die Laborergebnisse der Hor- … hinzunehmen, läßt sich auf die Frage »männliches Dominanzstreben: mehr vererbt oder mehr anerzogen?« folgende Antwort geben: Bei den Männchen höherer Primaten liegt deutlich eine angeborene Bereitschaft vor, sich anderen Artgenossen, schwächeren Männchen und Weibchen, gegenüber hervorzutun. Das kann bei den einzelnen Arten mehr oder weniger tyrannisch geschehen, kann zu straff organisierten oder lockeren Rangordnungen, zur Alleinherrschaft oder zur Führungsgruppe führen. Die Motivation zum Dominanz-Wettbewerb wird zwar mit Sicherheit durch äußere Umstände gesteigert oder gehemmt (etwa durch die Stellung der Mutter, Krankheit usw.). Immer aber ist dieser innere Druck, sich nach oben zu raufen und zu drohen, bei der Mehrzahl der Männchen größer als bei der Mehrzahl der Weibchen.

Alles beginnt mit der etwas stärkeren Neigung männlicher Halbwüchsiger, ihr vererbtes Arsenal an Drohsignalen vom Anstarren übers Fellsträuben bis hin zum Zähnefletschen, Aufrichten und Astschütteln häufiger und mit größerer Risikobereitschaft als die weiblichen Geschwister einzusetzen. Die Folge dieser kleinen Verschiedenheit in einem Verhaltensspielraum sind dann das eingeengte Verhaltensspektrum des Weibchens, die Dominanz der Männchen, deren stabilere Hierarchie und ihre Privilegien. Das ausgeprägtere Dominanzstreben der Männchen hat sich für das Hordenleben der Primaten in Urwald und Steppe als vorteilhaft für die Arterhaltung erwiesen, anders wäre es nie zu einem positiven Auslesekriterium bei der Fortpflanzung geworden.

## Seit es Menschen gibt: Einengung der Frau

Vierzig Kindergesichter, angestrengt, mit hochroten Wangen, verbissen die einen, locker und entspannt andere, mal glucksendes

Gekicher, mal ein abwehrendes »Laß das«. Alle konzentriert über ihre Zeichenkartons gebeugt. Je ein Junge und ein Mädchen sind gemeinsam mit einer Zeichnung beschäftigt. Die beiden Partner haben, jeder für sich, nur eine bestimmt Farbe zur Verfügung, grün die Jungen, blau die Mädchen. »Malt ein Bild zusammen!« hatte die Kindergärtnerin gesagt.
Sie war damit unserer Bitte gefolgt, den »Draw-a-picture-together«-Test für unsere Fernsehaufnahmen nachzustellen, den der Psychologe Omark vor einigen Jahren mit Vier- bis Zehnjährigen durchgeführt hatte.[12] Wir sind gespannt, ob das Ergebnis des Amerikaners so einfach zu wiederholen war. Nach einer Weile kommen die Kinder nach vorn. Das Ergebnis ist eindeutig. Das Grün der Jungen dominiert auf den allermeisten Zeichnungen über das Blau der Mädchen – und zwar sowohl bei den Anteilen der Konturengebung als auch der Flächendeckung. Ungläubig schaut die Kindergärtnerin auf die Zeichnungen: »Dabei zeichnen viele Mädchen besser als eine Reihe von Jungen!«
Das selbstbewußte Verhalten eines kleinen Mädchens, das sich mit einem Strich ein »Revier« abgrenzt, bringt uns auf eine Idee: Wir lassen den Test mit der entscheidenden Änderung wiederholen: In der Mitte des Kartons hindert eine dicke Strich-Grenze die Maler daran, über die eigene Hälfte hinaus in das Gebiet des anderen hineinzuzeichnen. Und siehe da: Durch die Barriere vor dem drängenden Führungsanspruch der Jungen geschützt, entwickeln die kleinen Mädchen Kreativität, Phantasie und Großzügigkeit, die der der Jungen zumindest ebenbürtig sind.
Die ›Gesellschaft für angewandte Sozialpsychologie‹ interviewte Alleinlebende in der Bundesrepublik über ihr Lebensgefühl und ihre Lebensgestaltung.[13] Hannelore, eine Dreißigerin, sagt Jahre nach ihrer Scheidung: »Früher ließ ich mich durch die Umstände leben und war passiv und klammerte mich an den Partner. Heute lebe ich intensiver und nehme alles um mich herum intensiver wahr.« Da werden – laut Interviews – über Volkshochschulkurse, Arbeitsgemeinschaften oder Selbsterfahrungsgruppen neue Aktivitäten begonnen, neue Bekanntschaften geknüpft; Witwen fangen an, Tennis zu spielen, zu reiten. Es ist erstaunlich, welche

Energien Frauen in sich entdecken können, nachdem – um mit unserem Kindergarten-Experiment zu sprechen – eine Grenzlinie zwischen ihren Entfaltungsmöglichkeiten und den Ansprüchen männlicher Partner gezogen ist. Wie wir noch sehen werden, reagiert die Mehrzahl geschiedener und verwitweter Männer bezeichnenderweise nicht so positiv auf die Trennung. Bei ihnen steigt die Risikorate für psychische Erkrankungen, Selbstmord und Tod durch Krankheit steil in die Höhe.

Das Menschenweibchen gewinnt nach der Trennung vom Menschenmännchen einen größeren Verhaltensspielraum als umgekehrt. Wem fallen da nicht die Mantelpavianweibchen ein, die – befreit von ihren dominanten Paschas – Verhaltensweisen an den Tag legten, die man ihnen in dem Maße vorher nicht zugetraut hätte. Auch bei der Menschenfrau sind weite Bereiche ihres möglichen Verhaltensspielraums durch männliche Dominanz abgeschnitten, und vieles von dem, was wir als »natürlich« und »weiblich« wahrnehmen, ist – wie bei den Mantelpavianen – nur das Ergebnis der alten Unterdrückung der Primatenfrau durch den Primatenmann. Entgegen aller Hypothesen über weibliche Hordenleiterinnen bei den Steinzeitjägern, trotz aller Wunschträume und Mythen von Amazonenstaaten, trotz aller Ausnahmen von Kleopatras, Katharinas und Indira Gandhis: die Menschenweibchen sind seit unserer Abspaltung von den haarigen Vettern, getreu unserem Primatenerbe männlichen Dominanzstrebens während der Jahrmillionen unserer Vorgeschichte kräftig unterdrückt worden. Die alten Dominanzgesten sind nahezu unverändert in unser Verhaltensprogramm mit aufgenommen und verfehlen nach wie vor nicht ihre einschüchternde Wirkung auf die »Unterlegenen«:

- Körpergröße und Aufrichten,
- »stolz« geblähte Brust (Orden) und breite Schultern (Watteeinsätze, Epauletten),
- tiefe, laute Stimme,
- Brüllen,
- Anstarren,
- Zähne-Zeigen (wütend-gespannt oder aggressiv-zähneblek-

kendes Lächeln; vgl. Politiker-Lächeln),
- lautstarkes »Argumentieren« mit flacher Hand, geballter Faust oder gar mit einem ausgezogenen Schuh auf Tischplatten und Rednerpulten (anstelle von Baumstämmen),
- das Herumfuchteln – je nach Zeitalter und Umgebung – mit Peitsche, Zepter, Taktstock, Gummiknüppel, Kugelschreiber, »drohendem« Zeigefinger, der geballten Faust der Linken oder dem gestreckten Arm der Rechten, ja noch mit dem Krückstock des Alten (anstelle von Ästen und Zweigen).

Wie das aggressivere männliche Affenjunge entsprechende Drohsignale in seinen rauhbeinigen Tobereien häufiger einsetzt als seine Altersgenossin, so sind auch die Menschenmännchen von Jugend an wesentlich mehr darauf aus, solches Imponiergehabe anzuwenden, um sich in der Gruppe nach oben zu boxen. Auf der ganzen Welt und zu allen Zeiten hat diese unterschiedliche Verhaltensbereitschaft bislang im großen und ganzen die Unterdrücäkung des weiblichen Geschlechts aufrechterhalten. Über Zähnefletschen und Prügel hinaus, mit denen der Affenmann seinen Herren-Anspruch immer wieder neu durchsetzen muß, erlaubt die Sprache dem Menschenmann zudem, in ausformulierten Normen und Gesetzen den Führungsanspruch »moralisch« zu fixieren. Wenn der altchinesische Philosoph Konfuzius schrieb: »Die Frau muß sich ihrem Mann in Demut unterwerfen, damit sie keinen eigenen Willen, sondern vollkommenen Gehorsam zeigt«[14], so paßt das genauso lückenlos in das Unterdrückungsschema unserer Primaten-Vorfahren wie das, was über 2000 Jahre später ein christlicher Ratgeber den Bräuten empfahl: »Unterwerfung ist deine Pflicht ... Dein Ehemann ist durch Gottes und der Menschen Gesetze dein Vorgesetzter.«[15] Die neuerworbene menschliche Sprache als Trägerin des Millionen Jahre alten Primitiv-Programms aus tieferen Gehirnschichten!

Heute drängt den Mann vieles, diese alte Weibchenunterdrükkung zu überwinden. Ökonomische, gesellschaftliche, politische Verhältnisse haben sich grundlegend geändert. Mancher Mann begreift, daß es besser sei, seine Vorherrschaft zugunsten echter Gleichberechtigung abzuschaffen. Dennoch haben solche be-

wußten Prozesse – soweit überhaupt vorhanden – die erdrükkende Mehrheit der Männer nur dazu gebracht, die Methoden ihres alten Herrentums zu verfeinern und die Dominanzverhältnisse ein wenig zu kaschieren. Am Stammtisch und im Bundestag sprechen sie sich für die Gleichrangigkeit beider Geschlechter aus. In Interviews äußern sie ihre Hochachtung vor der Arbeit der Frau in Haushalt und Beruf. 78 % der bundesdeutschen Männer hätten nichts gegen einen weiblichen Bundeskanzler.[16]
Doch wenn es praktische Konsequenzen aus solch hehren Worten zu ziehen gilt, bricht ganz unverhohlen das alte Primatenerbe durch. Die Vorstellung, die eigene Frau könnte mehr Geld verdienen oder gar eine beruflich höhere Position einnehmen als die befragten Ehemänner, können nur 42 % ertragen: Eine Frau als Bundeskanzler ist eben beruhigend weit weg und außerdem unrealistisch. Die Mehrheit der Männer gab zu, sie würde auf solche Zustände mit Verletzung des Selbstbewußtseins, gar mit Schuldgefühlen reagieren. Auf jeden Fall würden sie versuchen, die Situation zu ändern und wieder Oberwasser (!) zu gewinnen.
Noch deutlicher wird der entlarvende Theorie-Praxis-Bruch, wenn man den Männern mit Hausarbeit kommt. Sie stufen die Tätigkeit einer Hausfrau sehr hoch ein: direkt hinter Ärztin und Lehrerin, noch vor Chefsekretärin und Filialleiterin. Nur, bei der Frage »Hausarbeit durch den Mann, während die Frau das Geld verdient?« lassen die Herren die Masken fallen. Da fragen sie sich plötzlich, ob denn der Hausfrauenberuf »auch ein befriedigender« sei, und: »Ich kann mir nicht vorstellen, daß ich lediglich in der Hausarbeit aufgehen möchte.« Auf sich bezogen, »sehen sie diese Tätigkeit als reizlos und beinahe verächtlich an«, resümiert die Soziologin Helge Pross ihre Untersuchung.[17]
Auch marxistische Forderungen nach der Gleichstellung aller Menschen haben in der Praxis bislang vor der Hälfte der Menschheit haltgemacht. Helge Pross spricht darum von der Internationale der Männer, die sich einig sei: Hausarbeit ist Sache der Frauen. In der dogmatischen Sowjetunion, wo sich Parteifunktionär und Arbeiter zu Hause von ihren (meist berufstätigen) Frauen bedienen lassen, sieht das nicht viel anders aus als in der

avantgardistischen Linken der Bundesrepublik, in der die 26jährige Soziologin Sonja S. die wenig ermutigenden Erfahrungen gemacht hat:

»Auf der einen Seite reden sie von der Revolution, auf der anderen halten sie die Frauen in der übelsten Abhängigkeit. Auch bei den Linken müssen Frauen sich, wie überall in dieser Gesellschaft, durch die Betthierarchien hochdienen. Wenn du mit einem dicken linken Macker schläfst, dann bist du was. Sonst eben nicht ... Die zerbrechen sich den Kopf über Vietnam, Chile und das Proletariat, wie aber ihre eigenen Beziehungen aussehen – danach wird nicht gefragt.«[18]

Die neue subtile Technik, offiziell zwar die Gleichberechtigung der Menschen, auch der Frauen, auszurufen, in der Realität des eigenen Lebens und der eigenen Interessen aber alles beim alten zu lassen, vergleicht Helge Pross mit der Errichtung einer porösen Mauer, die die weiblichen Bemühungen um Selbständigkeit, Unabhängigkeit, Gleichberechtigung stark eingrenzt, allerdings nicht unüberwindlich ist und ein paar Vorzeige-Ausnahmen zuläßt.[19]

Die Mauer steht. Aber so viele Frauen wie noch nie in der Geschichte unserer Art haben begonnen, gegen sie Sturm zu laufen. Feministinnen wollen die alten Fesseln des Primaten-Mannes endgültig abschütteln, um den Verhaltensspielraum ausfüllen und die Persönlichkeit entwickeln zu können, zu denen die Frauen ohne Männerherrschaft in der Lage wären.

*Dieses Ziel ist richtig und erreichbar.* Die folgenden Kapitel legen Zusammenhänge offen und unterbreiten Vorschläge, die die Sache der Frauen unterstützen. Sie identifizieren sich aber nicht mit der *Argumentation und Taktik,* die bislang auf feministischer Seite angewendet worden sind. Auch wenn man etwas Richtiges will, darf man die Wichtigkeit der Methode nicht unterschätzen. Ein falsches »Wie« hat immer schon das überzeugendste »Was« unerreichbar werden lassen. Ein ermüdender Lehrer hindert die gelangweilte Klasse auch nicht mit dem wichtigsten Stoff am Einschlafen. Und ein Redner kann fest damit rechnen, daß eine skeptische Zuhörerschaft ein paar wissenschaftliche Fehler seiner Ausführungen rigoros nutzen wird, um auf die Unhaltbarkeit seiner guten Sache zu schließen.

## »Kampf gegen den Mann!«

Auf den groben Klotz männlichen Dominanzverhaltens den groben Keil militanter Gegenwehr zu setzen, haben sich viele Feministinnen entschlossen: Das Redaktionskollektiv des Verlages ›Frauenoffensive‹ fordert den »existenziellen Kampf gegen das Patriarchat«. Alice Schwarzer wünscht den Frauen mehr Aggressivität. Die Amerikanerin Susan Sontag ruft »militante Frauengruppen« auf, »Aktionen zu wagen«, in denen sie sich als »hysterische Xanthippen« hervortun sollten: »um so wirksamer und politischer werden ihre Aktionen sein.« Ursula Scheu (»Wir werden nicht als Mädchen geboren, wir werden dazu gemacht«) will in diesem Sinne auch die physische Durchsetzungskraft der Frauen trainiert wissen:

»Dazu wäre beispielsweise Ringen ein sehr wichtiger Sport, durch den sie lernen könnten, sich gegen andere körperlich zu wehren und zu kämpfen. Zwar unter Spielbedingungen, doch mit dem Ziel, es auch außerhalb einer Spielsituation einsetzen zu können.«

Die Feministinnen-Parole FRAU, SCHLAG ZURÜCK auf Mauern und Fassaden bundesdeutscher Großstädte bringt all das auf eine schlagkräftige Kurzform – und, wie inzwischen veröffentlichten Statistiken, Untersuchungen, Zeitungsmeldungen zu entnehmen ist, sie wird auch so verstanden. »Zwischen den Geschlechtern eskaliert die Gewalt«, vermeldet denn auch ›Der Spiegel‹ und beruft sich dabei auf jüngste Beobachtungen amerikanischer und deutscher Wissenschaftler.[20]

Natürlich ist es wichtig und gut, Frauen durch Körpertraining stärker zu machen. Judo beispielsweise vermag dem körperlich Schwächeren viel Selbstbewußtsein zu geben und so zum Abbau seiner Abhängigkeitsgefühle beizutragen. Aber Ringen? Es ist doch wohl mehr als fragwürdig, den Frauen einzureden, sie könnten, wenn sie nur wollten, körperlich so stark wie Männer sein (vgl. S. 139), und sie brauchten den Männern nur die Faust zu zeigen, um die Probleme zwischen sich und ihnen zu lösen. Die Zahl von 1445 mißhandelten Frauen und Kindern, die allein 1977 im Berliner Frauenhaus Zuflucht vor dem prügelnden Mann und

Vater suchten, wird in den nächsten Jahren mit Sicherheit nicht geringer sein, wenn man die Frau ermutigt, sich auf Ringkämpfe mit dem Wüterich einzulassen und auf das altbekannte Nudelholz zurückzugreifen.

Doch die Hauptstrategie feministischen Kampfes zielt tiefer als auf den Einsatz von Bizeps und Fäusten: auf das körperliche Zentrum der Männlichkeit, auf die Funktion des Penis. Von Shere Hite bis zur ›emma‹-Redaktion sehen militante Feministinnen im männlichen Geschlechtsorgan und seiner Sexualfunktion Mittel und Verkörperung männlichen Machtanspruchs schlechthin. Wenn ein Mann seinen Penis in die Scheide seiner Partnerin führt, so hat das nach Alice Schwarzer nichts mit Liebe zu tun. Es ist vielmehr die »zwanghafte Zelebrierung männlicher Potenz« und geschieht aus reiner »Penetrationswut« heraus. »Hier wird der Geschlechterkampf entschieden. Ganz offen geht es bei den diktierten sexuellen Normen [= Beischlaf zwischen Mann und Frau, d. Verf.] um die Unterwerfung der Frau und die Machtausübung des Mannes.« In fast allen von Alice Schwarzer zur Dokumentation[21] ihrer Auffassung beigefügten Frauenprotokollen ist daher vom Leiden am Koitus, genauer am Penis, die Rede.

Das Redaktionskollektiv ›Frauenoffensive‹ ermutigt die erniedrigte Frau lyrisch: »Durch List hat er dich versklavt, dich, die du groß, stark und mutig warst... Aber die Zeit naht, da du die Schlange unter deinem Absatz zertreten wirst.«[22]

Kein Zweifel, was hier mit »Schlange« gemeint ist: Der Penis als Machtknüppel, der der Frau zeigen soll, wer eigentlich Herr im Haus ist. Zu ähnlichen Erkenntnissen kommt Shere Hite in ihrem Report weiblichen Sexualempfindens. Und der Illustrator eines Buches über die Auswirkungen des Feminismus auf Männer meint dasselbe, wenn er auf der Titelabbildung aus einem geöffneten Hosenschlitz eine geballte Faust herausdrohen läßt und das ganze, als überholt, mit dicken, roten Strichen durchkreuzt.[23]

Nun ist all dies biologisch gar nicht einmal so abwegig. Allerdings, und das ist das Komplizierte daran, ist es auch nicht ganz richtig. Zunächst einmal zum richtigen Kern: Wir haben feststellen können, daß der Penis bei vielen Primaten tatsächlich als Drohgeste eigener Machtansprüche gegen fremde Artgenossen oder Rivalen eingesetzt wird. Wie die vergleichende Verhaltensforschung zeigt[24], hat sich das Verständnis für dieses Signal und die Bereitschaft, es auszusenden, auch beim Menschen erhalten und wird hin und wieder, mehr oder weniger deutlich, aktiviert.

Den »Wachesitzern« bei Meerkatzen und Pavianen durchaus vergleichbar, standen im griechisch-römischen Altertum merkwürdige Wächterfiguren an Haus- und Tempeleingängen, mannshohe, viereckige Steinpfeiler mit einem bärtigen Männerkopf und einem erigierten Penis. Diese Hermen standen mit dem Rücken zum beschützten Bereich und »drohten« mit dem Penis nach außen – genauso wie erstaunlich ähnlich gebaute Holzwächter, die heute noch auf Celebes, Borneo und Timor, mit Penis und Gesicht nach außen, neben Hauseingänge gestellt werden. Ähnliche Penis-Droher finden wir auf Bali, den Nikobaren, in Japan, im chinesisch-koreanischen Raum und in Mittelamerika. Die Figuren können soweit abstrahiert werden, daß Gesicht und Körper als unwesentlich fortgelassen werden und die ganze Skulptur nur noch aus einem großen Penis besteht.

Religionen machten sich das Verständnis des Penissymbols zunutze. Die ranghöchsten Götter der alten Ägypter, Inder und Mayas werden nicht selten mit erigiertem Glied abgebildet. Die Männermode, voran die kriegerische, hat sich nicht zurückgehalten. Im 15. und 16. Jahrhundert protzten geschmückte »Hosenlatze« auf Landsknechthosen und besonders hervorgehobene »Schamkapseln« auf Ritterrüstungen den Gegner an. Degen und Dolchgriffe, unter Galauniformen hervorimponierend, zeigen nicht selten die verräterische Eichelkuppe. Am weitesten auf diesem Gebiet haben es viele Naturvölker Afrikas, Zentralasiens, Südamerikas und Melanesiens gebracht. Eine Reihe von Papua-Stämmen Neuguineas zum Beispiel trägt, ansonsten nackt, auffällige leuchtend bemalte Penisfutterale, manchmal so lang, daß sie über die Schulter ragen.

Chinesischer Penisstein oder Papua-Penisfutteral – unterhalb von variierenden Einflüssen des menschlichen Neocortex (Neue Großhirnrinde) ist das dunkle Verständnis für das alte Signal

*Penisform = Drohung* erhalten geblieben.

Über die beschriebenen Veränderungen in verschiedenen Kulturen hinaus kann das Gehirn des Menschen die bei unseren Primaten-Vorfahren vererbten Signalprogramme abstrahieren, generalisieren, symbolisieren. Aus der komplexeren Form und Kontur eines erigierten Penis filtert es die wesentlichen Merkmale »lang«, »schmal«, »aufragend« heraus (Abstraktion), findet sie in anderen Erscheinungen und Gegenständen vom Knüppel bis zum Zeigefinger, vom Wolkenturm bis zur Klippe wieder (Generalisierung) und faßt sie unter einem generalisierenden Oberbegriff als »bedrohlich« zusammen. Das ist auch der Grund, weshalb manche Menschen einen hochaufragenden Berggipfel als »drohend« empfinden können, nicht aber einen noch so tiefen See oder Morast. Die Tiefe, das Loch, den Abgrund erleben wir schlimmstenfalls als unheimlich, unfaßbar.

Umgekehrt baut unser Neocortex die als bedrohlich analysierten Elemente wieder zu – diesmal künstlichen – Drohsignalen zusammen (Symbolik): zu Menhir, Obelisk und Turm, zu Schlips und Fahnenstange, zu Zepter und Feldzeichen. Und parallel zu unserer »Höherentwicklung« vom Droher zum Artgenossen-Töter wurden aus den Imponier-Werkzeugen Zweig und Ast nacheinander die Mord-Werkzeuge Keule, Lanze, Speer, Pfeil, Armbrust, Gewehr, Panzerfaust und Rakete, die unter der Oberfläche ihres tödlichen Hauptzwecks sehr wohl noch die Bedeutung des Penis-Androhens mit sich führen. Auf Militarparaden werden eben keine Napalm- und Wasserstoffbomben gezeigt – man droht lieber mit Panzerkanonen und Gewehrläufen.

Dem Altvater der Psychoanalyse, Sigmund Freud, ist als erstem der Verdacht gekommen, daß der Mensch mit dergestalt länglichen Formen unbewußt auch immer den Penis mit meint und mit versteht. Allerdings hat Freud die Symbolik als nur-sexuelle verengt und mißverstanden. Doch er konnte ja nicht wissen, was die Biologie erst jetzt entschlüsselt hat: daß der Penis als Lustorgan wenig zu tun hat mit seiner zweiten Aufgabe als Dominanzsignal.

Die niederen Halbaffen gebrauchen ihn in seiner Funktion als

Harnausscheider, um ihr Revier abzugrenzen. Als im Verlauf der Stammesgeschichte die Primaten sich von den bodenorientierten Geruchstieren zu den baumbewohnenden Augentieren mit Gruppenleben und ohne festes Revier entwickelten, nutzte die Natur bereits vorhandene Nervenleitungen und -verschaltungen, um dem Penis innerhalb der neuentwickelten optischen Dominanzsignale auch eine Droh- und Abgrenzungsaufgabe zu übertragen.

Das bedeutet: Machtanspruchssignal und Ausübung männlichen Sexualverhaltens treffen nur »zufällig« im selben Organ aufeinander, weil Harnleiter und Samengang im letzten Abschnitt nicht getrennt sind. Sie werden aber von ganz verschiedenen Verhaltenszentren gesteuert.

Entsprechend sind auch das Dominanz-Aufreiten des Affen aus dem motorischen Ablauf männlichen Sexualverhaltens, das Demut-Präsentieren aus der Motorik weiblichen Sexualverhaltens »entlehnt« worden, *ohne daß Dominanz – beziehungsweise Demut-Motivation auf der einen Seite und Sexualmotivation auf der anderen identisch wären.* Ein Pavianboß, der bei der morgendlichen Begrüßung erst einmal alle untergebenen Männchen besteigt, ist sexuell nicht im geringsten motiviert. Er will seine Leute nur informieren: »Ihr habt hoffentlich über Nacht nicht vergessen, wer hier das Sagen hat!« Ein Schimpanse, der in der Pose weiblicher Paarungsaufforderung präsentiert, hat nicht die geringste Lust, wirklich kopuliert zu werden.

Überhaupt werden bei Tier und Mensch häufig einzelne Elemente aus einem Verhaltensbereich in einen zweiten übernommen, wobei sie neue Bedeutungsgehalte übernehmen, die mit der Motivation des ersten Bereichs nichts zu tun zu haben brauchen. So ist der Kuß zweier Liebender aus der Mutter-Kind-Beziehung, genauer: der Mund-zu-Mund-Fütterung, übernommen worden, das Streicheln aus der gegenseitigen Fellpflege der Primaten-Gruppenmitglieder. Deutlicher als bei Penisdrohen, Dominanz-Aufreiten und Demut-Präsentieren kann man bei diesen Beispielen erkennen, daß ein Verhaltenselement, im Lauf der Stammesgeschichte einem ersten Funktionsbereich entnommen, in einem zweiten als Signal eingesetzt werden kann, ohne daß die Motivation des ersten auch nur entfernt eine Rolle spielt. Ein Küssender wäre wohl nicht schlecht erstaunt, schöbe ihm seine Partnerin beim Kuß wirklich gekauten Nahrungsbrei mit der Zunge zwischen die Kiefer. Oder wenn er den Eindruck haben müßte, sie suche beim Streicheln seiner Haut tatsächlich nach Hautschuppen und Parasiten.

Von all dem konnte Sigmund Freud nichts wissen, und so sah er dort nur sexuelle Motivation, wo die Symbolik eigentlich mehr „Macht“ und „Drohung“ meinte. Und wenn Psychologen heute auf die in der modernen Werbung unterschwellig verborgenen Sexualbotschaften hinweisen, so machen sie nicht selten denselben Fehler wie der alte Analytiker und übersehen den latenten Appell vieler Werbefotos an Machtwünsche. Der für eine Zigarettenmarke reitende Cowboy wird so fotografiert, daß sein Sattelknauf sich wie ein überdimensionaler Penis vor dem Horizont abhebt; Bierflaschen, Zigaretten, Billardstäbe, Angelruten, Regenschirm, ja Motorräder, Hochhäuser, Autos – all das kann, aus der richtigen Perspektive aufgenommen, dem Käufer Machtgewinn durch das angepriesene Produkt suggerieren. Entsprechend gilt: Im rasanten Porsche des betuchten Jungunternehmers und in der hochtourigen Honda eines Rockers Phallussymbole zu sehen, ist nur dann richtig, wenn man nicht so sehr eine sexuelle, als vielmehr die machtverkündende Botschaft meint. Er ist ein mächtiger Mann! verkündet das Motoren*gedröhn* (vgl. *Lärm* imponierender Schimpansen) des dauererigierten, *vorbeiflitzenden* (vgl. äffisches Zweige*werfen*) »Krafteis« den Artgenossen.

Um auf den richtigen feministischen Ansatz zurückzukommen: Zu Recht spüren die zitierten Feministinnen »irgendwie« eine Drohgebärde aus dem erigierten Penis heraus. Warum sollte das angeborene Verständnis alter Primatensignale nicht auch bei ihnen funktionieren? Zu Recht auch suchen sie Wege, sich gegen die sie einengende Dominanzleidenschaft des Mannes zu wehren. Fatalerweise aber halten sie die Primaten-Machtgeste und die davon ganz unabhängige Sexualfunktion des Gliedes nicht auseinander, setzen beides gleich und übersehen, daß beide von ganz

verschiedenen Gehirngebieten gesteuert, von völlig unterschiedlichen Motivationen getragen sein können. So verklagen sie den am Machtverhältnis zwischen Mann und Frau »unschuldigen« Sexualakt zwischen beiden als *Quelle* der Unterdrückung der Frau. Die »Penetration« diene der »zwanghaften Zelebrierung männlicher Potenz«: Die Männer hängen so an der »Penetration«, weil sie ihnen das »Sexmonopol über Frauen« sichert. »Und nur das Sexmonopol sichert den Männern das private Monopol, das Fundament des öffentlichen Monopols der Männergesellschaft über Frauen ist.« Der Penis stelle »die Weichen für die tiefe Abhängigkeit und schamlose Ausbeutung von Frauen durch Männer im privaten und öffentlichen Bereich ... Darum ist Sexualität nicht privat, sondern politisch. Und darum ist die ausschließliche Heterosexualität ein entscheidendes Machtmittel der Männer im Geschlechterkampf.«[25]
Damit ist die weitere Kampfrichtung vorgegeben. »Erschütterung des männlichen Sexmonopols«[26] meint: Die Frau muß bei ihren sexuellen Bedürfnissen vom dominanzträchtigen Penis unabhängig werden. Und das heißt nichts weiter als: Verdrängung des penistragenden Mannes durch die penislose Geschlechtsgenossin. Lesbische Liebe also.
Amerikanerinnen werben schon seit Anfang der siebziger Jahre für die »Schwesternliebe« als politisches Kampfmittel. Janis Kelly begründet die »Notwendigkeit homosexueller Erfahrung« für Frauen: »Alle heterosexuellen Beziehungen sind durch die Unausgewogenheit der Macht zwischen Mann und Frau korrumpiert.«[27]
Unter dem Titel ›Lesbisch sein als Politik‹ druckt das Feministenblatt ›emma‹ den Aufruf zweier Amerikanerinnen, in dem es noch deutlicher heißt: »Lesbisch sein also heißt, die Frau an die erste Stelle zu setzen. Darum trifft der Lesbianismus die männliche Vorherrschaft im Kern. Politisch bewußt und organisiert könnte Lesbianismus die Speerspitze im Kampf gegen die Männerherrschaft sein!«[28]
›emma‹ stellt zur Ermutigung Frauen vor, die von hetero- zu homosexuellem Verhalten fanden. Karin N. (32) berichtet:

»Ohne die Frauenbewegung wäre ich nie darauf gekommen, Beziehungen zu Frauen zu haben ... und bin ich sehr stolz auf meine Homosexualität. Schließlich bin ich es mit dem Bewußtsein geworden, daß die Liebe zu einer Frau nicht nur möglich, sondern sogar wünschenswert ist – bedeutet das doch auch die Überwindung der Selbstverachtung, der Frauenverachtung.« Der Wechsel vom männlichen Partner zur Geschlechtsgenossin im Bett sei ihr »rasch und selbstverständlich« gelungen, und nicht nur ihr: »Da bin ich nicht die einzige. Das grassiert in der Bewegung.«[29]
»Bewegungslesbe« nennt die ›emma‹-Redaktion denn auch anerkennend Karin N. und freut sich: »Sie werden immer mehr.«
Und genau das muß mehr als bezweifelt werden. Ein in den nächsten Jahren wahrscheinlich steigender Anteil von Frauen und Männern, die sich offen zu ihrer Homosexualität bekennen, ist auf die Zahl derer zurückzuführen, die bei der Liberalisierung der öffentlichen Meinung über die Sexualität keinen Grund sehen, sich zu verstecken. (Und das ist auch in Ordnung so.) Auf keinen Fall aber werden die Massen echter Heterosexueller – von ein paar experimentierfreudigen Avantgardisten abgesehen – aus »politischen Gründen« ihrem andersgeschlechtlichen Partner den Rükken kehren. Nicht einmal Shere Hite konnte umhin zuzugeben, daß 87% der von ihr befragten Frauen die vaginale Penetration so übel nicht fanden und im klassischen Geschlechtsverkehr »Nähe«, »Geborgenheit«, »ungehinderte Aufmerksamkeit ihres Partners« und »große Zuneigung« empfanden. Diese eindeutige Zahl zeigt, daß die Vaginismen und Penisängste der Schwarzerschen Protokolle eben doch nicht repräsentativ sind, sondern Randgruppen betreffen. Es ist zu erwarten, daß die vielen Frauen, auf die die Befreiungsbewegung eigentlich nicht verzichten könnte, vor den Botschaften »Lesbenliebe macht frei« und Kampf »gegen den eigenen Mann«[30] mißtrauisch zurückzucken. Nicht Avantgardistinnen, nicht Randgruppenfrauen, sondern die allzuleicht übersehenen Mittelschichtfrauen sind es, die den Gedanken der Frauenbefreiung in die Tat umsetzen könnten. Denn in ihren Händen liegt nach der Pross'schen Untersuchung die aktive Erziehung der Kinder. Sie stellen die geistige Verbindung zwi-

schen Außenwelt (z. B. Schule) und Familie her, sind offen für freiere, kindgerechtere Formen der Sozialisation und sind so die wirklich mächtigen Träger möglichen Fortschritts.[31] Aber diese Frauen sind realistisch, praktisch und begreifen bei solchen Kampfparolen sehr schnell, daß die Gleichberechtigung beider Geschlechter nicht im Krieg gegeneinander zu erreichen ist.

Ein militanter Druck gegen den Mann treibt den Angegriffenen in die Ecke und läßt ihm keine Chance, als sich verteidigen und »siegen« zu wollen oder resignierend zu »unterliegen«. Beides aber bringt die Sache der Gleichberechtigung keinen Schritt näher.

Der feministische Rundschlag, der sinnvollerweise gezielt den Abbau männlichen Dominanzstrebens bewirken sollte, aus oben erläuterten Mißverständnissen heraus jedoch die ganze Sexualität des Mannes trifft, bedroht seine Identität, sein subjektives Geschlecht. Und das ist mehr als eine beliebige geschlechtstypische Eigenart. Seine Sexualität ist ein unlösbarer Bestandteil seines Ichs. Er kann seine Geschlechtsidentität nicht ablegen wie ein überflüssiges Kleidungsstück. Wie ihr Ich nur als *Sie*, so existiert sein Ich nur als *Er*. Darum muß der Mann die feministische Offensive als gegen sein Ich gerichtet verstehen, wenn sie »nur« seine Sexualität schlechthin, von der Form seiner Erregbarkeit bis zur Physiologie seines Orgasmus, für überflüssig und gefährlich erklärt. Und auf solche Bedrohung seiner Identität reagiert er mit Aggression. Oder mit Angst, die lähmend auf seine Sexualität zurückwirkt. Den Vorgängen durchaus vergleichbar, die wir auf Seite 29 bei Rhesusaffen beobachten konnten, werden bei Männern unter Angsteinfluß Größe und Gewicht der Hoden sowie die Funktion der darin enthaltenen Zellschichten deutlich verringert.

Männliche Impotenz ist in den letzten Jahren häufiger beobachtet worden. Sicherlich hat der Anstieg viele Ursachen. Fragt man aber die Männer selbst danach, wie es der New Yorker Psychiater Anthony Pietropinto in einer Studie zum Selbstbildnis der Männer getan hat, so geben sie als Gründe für die Unfähigkeit an, einen Geschlechtsverkehr zu Ende zu führen:

– »Wenn die Frau nicht zu reagieren scheint« (45,6%)
– »Wenn ich mit ihr gestritten habe.« (18,2%)[32]
Der Mann ist sich also wohl bewußt, daß das Gefühl, abgelehnt zu werden, negativ auf seine Sexualfunktion zurückwirkt. Wie sollte er dann das kollektive »Hau-ab!« der Feministinnen nicht als Bedrohung seines Selbst empfinden? Mit der Angst im Nacken, als entbehrlich und gefährlich einstweilen (wie lange?) ausgesperrt zu werden – wie könnte er da Lernprozesse beginnen und sich ein neues Rollenverständnis aneignen?
Kein Kind lernt »besseres« Verhalten, wenn die wütende Mutter es in den dunklen Keller sperrt, damit es »über seine Fehler nachdenken« soll. Kein Mann lernt, sein Dominanzstreben abzubauen und sich um eine gleichberechtigte Partnerschaft mit seiner Partnerin zu bemühen, wenn das gesamte weibliche Geschlecht für ein paar Jahre sozusagen in ein riesiges »Frauenhaus« entschwindet und – mit der Schwarzerschen Mahnung »dann wird er sich anstrengen müssen« – die Tür hinter sich zuknallt. Im Unterschied zum ausgesperrten Kind allerdings wird der ins Abseits ignorierter Überflüssigkeit geschobene Mann von seiner Angst um seine Identität getrieben werden, die »Kellertür« und einiges andere mehr einzuschlagen und hinter schon Erreichtes zurückzufallen.
In den Protokollen italienischer Linksintellektueller, die vom Ziel her den Feminismus bejahen und sich bemühen, mit den Rückwirkungen seiner Methoden auf ihr Selbstgefühl fertigzuwerden, deutet sich einiges von solchen Angst-Aggressionen an.[33]
Und Anthony Pietropinto fragt in seiner Untersuchung die Männer »Was halten Sie von den Frauen von heute?« Einer antwortet: »kastrierende Mütter«. Er mag wortwörtlich die Speerspitze (S. 44) feministischer Militanz direkt auf seinen ihm so wichtigen Körperteil gerichtet sehen. Wie andere Antworten (»moralisch viel zu lose«, »zu ich-bezogen«, »zu promiskuitiv«) zeigen, sind von dieser Einstellung nur wenige Rück-Schritte nötig, um wieder bei jenem Ausbund aggressiver Mordskerlhaltung zu landen, zu der es gehört, die Frauen als blöd, gefühlsduselig, unzuverlässig, sexuell unersättlich und käuflich, kurz als »blöde Fotzen«[34]

herabzusetzen. Im spanischen und amerikanischen Sprachraum bezeichnet man diesen Typ frauenverachtender Männlichkeit als *Macho.* Für den Macho sind alle Frauen mit Ausnahme der Mutter und der nächsten weiblichen Verwandten »Huren«. Die »anständigen« Ausnahmefrauen aber werden gleichsam in den Heiligenstand erhoben.

Die neurotische Unfähigkeit, sein und das andere Geschlecht angemessen einschätzen zu können, hat nicht selten ihre Ursache in der Jugendzeit des Macho. Der Heranwachsende macht die schockierende Erfahrung, daß seine erwachende und als verboten und schmutzig erlebte Sexualität auf das Weibliche im allgemeinen anspricht, zu dem auch seine verehrte Mutter gehört. Um dennoch seine Sexualität überhaupt aushalten zu können, zu retten, sieht er sich gezwungen, die Frauen in zwei Gruppen einzuteilen. Die einen dürfen Ziel seiner sexuellen Wünsche sein, sind also niedrig und verachtenswert, die anderen, die Reinen und Heiligen, sind durch einen tiefen Graben von allem getrennt, was mit Sexus auch nur entfernt zu tun hat. Psychiater Pietropinto spricht in diesem Fall vom Huren-Madonnen-Komplex, mit dem viele Männer fertig werden müssen und den sie in der Tat auch mehr oder weniger gut bewältigen.

Doch eben die Autorinnen, die die Frauen mit der berechtigten Parole »Nicht Huren und nicht engelrein – Frauen woll'n wir endlich sein!« auf die Straße schicken, vertiefen durch die Wahl einer verfehlten Methode oft gerade den angegriffenen Machismus. Werfen sie doch manchen bereits ansprechbar gewordenen Halbpatriarchen und manchen Änderungswilligen genau auf diese Haltung zurück.

## »Ohne Geschlechterdrill keine Verhaltensunterschiede«?

»Die heute bestehenden Unterschiede zwischen Frauen und Männern – psychisch und physiologisch – sind rein gesellschaftlich bedingt.«[35] In immer neuen Variationen wird diese Formel feministischen Veröffentlichungen beigefügt. Jungen und Mädchen kämen, so heißt es mit dem gleichen Verhaltenspotential zur Welt; dann verkrüppele die Gesellschaft das, was zu einem androgynen (= männlich-weiblichen) Neutral- und Totalmenschen hätte werden können, zu einem »zur weiblichen Hälfte verstümmelten Menschen«.[36]

Um diese Auffassung wissenschaftlich zu belegen, zieht Alice Schwarzer einen berühmt gewordenen Unglücksfall in einer amerikanischen Klinik heran: Bei der Beschneidung eines sieben Monate alten Zwillingspaares wird durch eine Panne bei der Operation das Glied eines der beiden Säuglinge zerstört. Auf Anraten der Ärzte wird das Kind als Mädchen erzogen und werden seine Geschlechtsorgane operativ verweiblicht. Das Not-Experiment gelingt: Das von seinem Erbgut zum Jungen bestimmte Kind entwickelt ein subjektives weibliches Geschlecht, fühlt sich voll als Mädchen und zeigt auch einige »typisch« weibliche Verhaltensweisen (Ordentlichkeit, Sauberkeit, Freude an hübschen Kleidern und Frisuren) und unterscheidet sich darin deutlich von seinem Bruder.

Ein Paradebeweis für die feministische Auffassung von der Anerziehbarkeit der geschlechtstypischen Verhaltensweisen, so scheint es. Alice Schwarzer zieht das Fazit: »Die Gebärfähigkeit ist auch der einzige Unterschied, der zwischen Mann und Frau bleibt.«[37] Doch Frau Schwarzers Berufung auf diesen Fall hat einen häßlichen Schönheitsfehler. Sie bricht die Wiedergabe des Berichts der protokollierenden Wissenschaftlerin genau an der Stelle ab, an der diese mit der Aufzählung der anerzogenen Mädcheneigenschaften fertig ist und nun zu den Verhaltensweisen des Kindes kommt, die die Mutter trotz aller Bemühungen nicht unterdrücken konnte. Im Original heißt es:

»Das Mädchen hatte viele tomboyhafte (= jungenhafte, d. Verf.) Verhaltensweisen. Sie war aktiv, energisch, dickköpfig und in Mädchengruppen dominant. Ihre Mutter versuchte, das Tomboy-Verhalten zu mildern: ›Natürlich wollte ich ihr beibringen, nicht so wild zu sein ... Sie scheint auch nicht mehr ganz so wild wie er zu sein ... Und natürlich habe ich sie ermutigt, so zu sein. Ich bringe ihr mehr bei, höflich und ruhig zu sein. Ich wollte immer, daß sie diese Tugenden hat. *Aber ich schaffte es nie.* Ich will sehen, ob ich es hinkriege, daß sie sich ruhiger und damenhafter benimmt.‹«[38]

Da ist es wieder: Rauhbeinertum, wilde Spiele, Dominanzstreben. Verhaltenseigenarten, die bei Schimpansenjungen spontan und erziehungsunabhängig auftreten und die bei Rhesusaffen von der Hormongeschichte im Mutterleib abhängig sind. Und schon im ersten und bedeutendsten Fall eines Menschen, der für die mögliche Verhaltensgleichheit von Mann und Frau angeführt wird, treffen wir auf den deutlichsten Hinweis, daß die Neigung zum Toben, Raufen und Sich-Hochboxen vielleicht doch nicht so ganz Biologie-unabhängig ist.

Fatal ist das feministische Dogma einer möglichen und zu erstrebenden *totalen* Verhaltensgleichheit von Mann und Frau deswegen, weil es wissenschaftlich unhaltbar ist und deswegen leicht von patriarchalischen Gegnern der Gleichberechtigung genutzt werden kann, das sinnvolle und erreichbare Ziel, die Geschlechter *ähnlicher* werden zu lassen, zu hintertreiben.

Wenn wir wirklich die Emanzipation von Mann und Frau auf breiter Ebene erreichen wollen, dürfen wir uns nicht den Blick auf das Machbare durch ideologische Wunschträume vernebeln lassen. Deshalb beginnen wir mit einer realistischen Bestandsaufnahme der heute vorzufindenden geschlechtstypischen Verhaltensweisen, fragen dann nach deren Hintergründen und kommen erst zum Schluß zu möglichen Änderungsvorschlägen.

# Die BESTANDSAUFNAHME: Wie verhalten sich Männer und Frauen?

Ohne anfangs gleich nach sexistischen Einflüssen oder biologischen Grundlagen zu fahnden, wollen wir uns zunächst einen Überblick darüber verschaffen, wie sich Mann und Frau *heute* und *bei uns*, also in westlichen Ländern, verhalten: eine Übersicht sozusagen über die Symptome des männlichen und weiblichen Erscheinungsbildes. In diesem Kapitel wird also nur beschrieben, noch nicht analysiert und nicht therapiert. Dann erst wollen wir uns von »außen« vorsichtig nach »innen« zu den Ursachen dieser Verhaltensweisen vorantasten, um schließlich nach möglichen Änderungen zu fragen.

## Geschlechts»typische« Verhaltensweisen

Genaugenommen gibt es *die* Männer und *die* Frauen gar nicht, jedenfalls nicht, wenn man sich darunter zwei Gruppen mit jeweils verschiedenen und klar voneinander zu trennenden Eigenschaften und Verhaltensweisen vorstellt. Wir finden männliche Qualitäten auch auf der weiblichen, weibliche auch auf der männlichen Seite. »Männlich« und »weiblich« sagt nur etwas darüber aus, bei welchem der beiden Geschlechter wir die eine oder andere Beobachtung häufiger machen können.
Das gilt sogar bereits für unsere Verwandten, die Affen, deren Verhalten doch in ungleich stärkerem Maße genetisch fixiert ist. Es gibt auch bei ihnen keine »Verhaltensmuster, die unter allen Umständen nur von je einem Geschlecht ausgeführt werden können, wenn wir einmal von den basalen reproduktionsbiologi-

schen Funktionen der Zeugung, des Austragens, Gebärens und Säugens absehen«. »Verschieden bis sehr verschieden sind dagegen die Häufigkeiten, mit denen Männchen und Weibchen bestimmte Verhaltensweisen in ›normalen‹ Kontexten ausführen.«[39] Männchen und Weibchen verfügen also über gleiche Verhaltensprogramme, rufen diese aber verschieden häufig ab.
Dieses Verteilungsprinzip »männlich« – »weiblich« gilt auch für einige Qualitäten aus dem eher körperlichen Bereich. Schon der banal scheinende Satz »Der Mann ist körperlich stärker als die Frau« stimmt also nicht ganz genau. Bestimmt man in einer großen Anzahl von Männern und Frauen die stärksten hundert, wird man unter ihnen nicht nur Männer finden. Neben 93 Männern behaupten sich durchschnittlich sieben Frauen (sieben schwächeren Männern gegenüber) als körperlich überlegen.
In der Graphik werden die Verhältnisse deutlicher.

Bei den beiden Extremen »sehr schwach« und »sehr stark« sind jeweils nur wenige Vertreter meist nur des einen Geschlechts zu finden. Dichter beieinander, aber noch durch einen klar wahrnehmbaren Abstand getrennt, liegen die Meßergebnisse für die großen Mehrheiten der Geschlechter. Solche Leistungen werden im allgemeinen »normal« genannt.

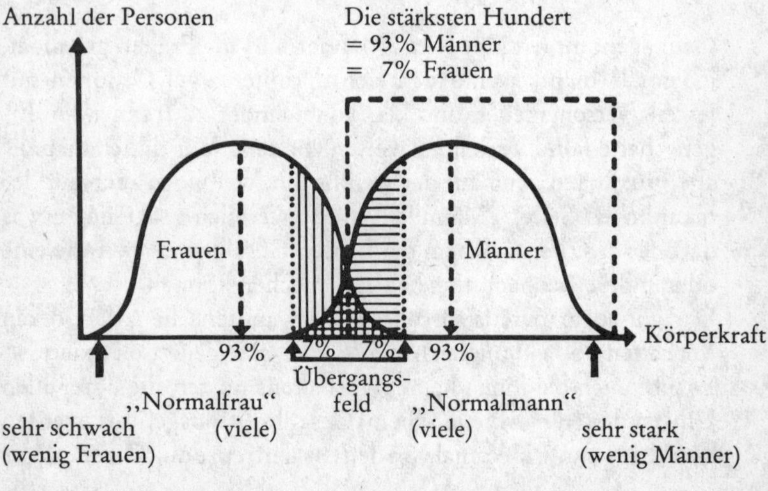

Von hier aus gibt es von beiden Seiten einen fließenden Übergang ins Leistungsgebiet des anderen Geschlechts. Das Übergangsfeld der Eigenschaft »Körperkraft« der Durchschnittsbevölkerung ist mit 7% noch recht klein, und die beiden Normalwerte liegen ziemlich weit auseinander. Schon wenn man die Vergleichskurven der Körperkraft von Spitzensportlern aufstellt, rücken die Normalwerte zusammen (ohne allerdings ganz gleich zu werden). Für andere Verhaltensweisen, die bei den Geschlechtern verschieden ausgeprägt sein können, – z. B. Aggression, Leseleistung, Interesse an anderen Menschen usw. – sind die verbindenden Übergangszonen noch wesentlich größer.

Die Normalwerte für verschiedene Verhaltensweisen von Männern und Frauen geben den Maßstab dafür an, was wir gemeinhin als »männlich« und »weiblich« erleben und auch so bezeichnen. Darüber hinausgehende, in den jeweiligen Extrembereich vorstoßende Qualitäten sind »supermännlich« oder »superweiblich«. Im Übergangsfeld erhält das von Frauen gezeigte Verhalten eine maskuline, das von Männern eine feminine Färbung, wobei die Betreffenden an ihrem subjektiven Geschlecht auch nicht den geringsten Zweifel hegen.

Wenn also im folgenden von »den« Männern und »den« Frauen die Rede ist, dann ist das lediglich die vereinfachte Form einer statistischen Aussage. Sie verrät nichts über das einzelne Individuum, das sehr wohl eine (oder mehrere) beim anderen Geschlecht häufiger anzutreffende Verhaltensqualität haben kann, ohne deswegen »unnormal«, »unnatürlich« oder »asexuell« zu sein. Diese Anmerkung kann für das Verständnis des folgenden Kapitels gar nicht wichtig genug genommen werden.

Um ein Beispiel zu nennen: Wenn es auf S. 60 heißt, Jungen spielen lieber in Gruppen, Mädchen lieber mit einer »besten Freundin«, dann müßte es korrekter heißen: Es gibt mehr Jungen als Mädchen, die gerne in Gruppen spielen, und mehr Mädchen als Jungen, die lieber mit einer besten Freundin spielen. Da eine solche Redeweise aber sehr umständlich ist, wurde die vereinfachte Kurzformel Jungen–Mädchen gewählt. Achtung also vor Mißverständnissen!

An Neugeborenen hat man in den letzten zwanzig Jahren versucht festzustellen, ob sich die Geschlechter in ihrer taktilen Körperempfindsamkeit unterscheiden. Man hat unter anderem ihre Reaktionen nach dem Wegziehen der Decke oder nach dem Anblasen mit einer feinen Luftdüse beobachtet, hat mit dünnen Nylonfäden die Fußsohlen berührt, um die Reizschwelle zu bestimmen, von der ab das Baby mit einer reflexhaften Fußbewegung reagierte, und man hat die elektrische Leitfähigkeit der Haut gemessen. Die Ergebnisse waren nicht gerade überwältigend, aber es deuteten sich Tendenzen an. Viele Versuche brachten zwar keine Unterschiede zutage. Wo aber unterschiedliche Empfindsamkeiten gemessen wurden, da stellten sich die Mädchen als hautsensibler heraus.[40] Ein Vorsprung der Mädchen auf diesem Gebiet, sei er auch noch so klein, dürfte seine Konsequenzen für das Geschehen zwischen Mutter und Kind haben. Er könnte ein Grund dafür sein, daß sich Mädchen leichter als ihre männlichen Altersgenossen durch Streicheln und Auf-dem-Arm-Halten beruhigen lassen, wofür manche Beobachtungen sprechen.[41]
Auch in der Wahrnehmung von Geruchs- und Geschmacksreizen scheinen die Frauen »die Nase vorn zu haben«. Sie nehmen gewisse Gerüche schon in kleineren Dosen als der Mann wahr und schmecken z. B. Bitterstoffe in Bereichen, in denen der Mann keine Wahrnehmung hat. Weibliche Neugeborene beginnen intensiver als vorher zu saugen, wenn man ihr Getränk ein wenig süßt – Jungen saugen weiter, als ob sie nichts merkten.[42]
In der Fähigkeit, optische und akustische Reize aufzunehmen und darauf zu reagieren, hat man bei Kindern meistens keine Unterschiede messen können. Allerdings läßt sich aus Untersuchungen ein sehr kleiner Vorsprung des Mädchens im akustischen, des Jungen im optischen Bereich herauslesen. Anhand vorliegender Ergebnisse kommt auch der 1979 erschienene Band ›Geschlechterunterschiede‹ des deutschen Lehrbuchs für Differentielle Psychologie zu dem Schluß, daß »Buben besser auf visuelle, Mädchen besser auf auditive Signale ansprechen.«[43]

Beim Erwachsenen werden die Unterschiede deutlicher. So entstehen beispielsweise im Gehirn des Mannes längere Nachbilder. Auch ist der Mann empfänglicher für bestimmte optische Bewegungseffekte.[44]

## Wer ist »aktiver«?

Beobachten wir einen Mann und eine Frau beim Lenken eines Autos. Wenn beide so steuern, wie es genaue Messungen statistisch erwarten lassen, wird er den Wagen mit weniger, dafür aber gröberen Lenkrad-Ausschlägen in der Spur halten. Sie dagegen lenkt mehr »mit Fingerspitzengefühl«, mit mehreren kleinen Feinkorrekturen. Das Ergebnis der unterschiedlichen Lenkweise: Die Frau hält den Wagen besser in der Spur und fährt – in der Sprache der Ralley-Fahrer – den »saubereren Strich«.
In vielen Tests, in denen es um Geschicklichkeit, Schnelligkeit und Koordination der Finger geht, liegen Mädchen und Frauen vorn.[45] Wenn dagegen reine Grobmotorik gefordert ist, sind die Männer nicht zu schlagen. Sie führen grobmotorische Bewegungen schneller aus als Frauen und koordinieren sie stärker. Das ist seit über zwanzig Jahren bekannt und bisher nicht widerlegt worden.[46] Dort, wo grob- *und* feinmotorische Bewegungen gleichermaßen im Spiel sind, bei vielen Tätigkeiten der ganzen Hand beispielsweise, sind dagegen keine Unterschiede in der Koordinationsfähigkeit zu finden.
Viele Beobachtungen des Spielverhaltens im ersten Lebensjahr haben keine Unterschiede feststellen können; Bauklötze, Stofftierchen, Ringe oder was Eltern Babys in dem Alter anzubieten pflegen, wird von beiden Geschlechtern gleichermaßen angenommen oder abgelehnt. Aber kurze Zeit danach deuten sich doch Vorlieben an, die die Motorik betreffen.
In der Motorik des spielenden Kleinkindes fallen recht früh Unterschiede zwischen Jungen und Mädchen auf. Die Goldberg-Studie von 1969 beschreibt das Spielverhalten von 13 Monate alten Kindern: Bei freier Wahl spielten die Jungen mehr mit

»Nicht-Spielzeugen« wie Türgriffen, Bodenkacheln, elektrischen Steckern und neigten eher dazu, mit ihnen herumzustoßen, zu hämmern und Krach zu machen. Mädchen bevorzugten »richtiges« Spielzeug, mit dem sie mehr manipulierten und dessen Einzelstücke sie auch spielerisch kombinierten.[47]
Ohne daß die mitbeobachteten Mütter das Verhalten ihres Kindes irgendwie beeinflußten, spielten 13–14 Monate alte Jungen deutlich länger als Mädchen mit Roboter-Spielzeug.[48] Und bei der Wahl zwischen einem für das Kind unbekannten, neuartigen Objekt und einem kleinen Spielzeughündchen beachteten 15 Monate alte Mädchen häufiger als gleichaltrige Jungen das Hündchen, die Jungen mehr als die Mädchen den fremden Gegenstand.[49]
Bei den Zwei- bis Vierjährigen werden die Vorlieben dann unübersehbar: Bei den Jungen liegt das Schwergewicht auf dem grobmotorischen Hantieren, Schieben und Stoßen mit Testkörpern (Bausteine, Schiebespielzeug, Transport-Laster, Züge usw.), bei den Mädchen mehr beim formenden Umgang mit Weichmaterial wie Lehm, Teig, Farben, Papier, Klebe, Buntstiften, Schere und Perlen. Mädchen in dem Alter schaukeln und rutschen lieber als Jungen. Und sie spielen häufiger mit Puppen.[50]
Wohlgemerkt: Jungen malen, spielen mit Puppen und schaukeln auch, und Mädchen schieben ebenso Spielzeuglaster durch den Sand. Hier sind Häufigkeit, Zeitdauer und Intensität der einzelnen Spielarten im Frei-Spiel beobachtet und verglichen worden. Die Ergebnisse deuten also nur Schwerpunkte der Beschäftigungsvorlieben an. Außerdem gibt es eine Anzahl von neutralen Spielen (Puzzles, Murmeln, musikalische Aktivitäten usw.), bei denen man gar keine Unterschiede feststellen konnte.
Nach dem vierten Lebensjahr differenzieren sich die Aktivitäten männlich/weiblich noch stärker: Jungen greifen gern zu Spielzeugwaffen, Baumaschinen, Radspielzeug; Spielzeug jedenfalls, das in irgendeiner Weise grobmotorisch schiebend, stoßend oder »kämpferisch« einzusetzen ist. Mädchen zeigen demgegenüber deutliche Präferenzen für mehr künstlerische, feinmotorische und rhythmische Aktivitäten.

Etwa nach dem zehnten Lebensjahr verstärken sich die Unterschiede weiter durch die Zunahme kämpferischer Elemente beim Spiel der Jungen: Sie bevorzugen Spiele, in denen sie körperlich kräftig aneinandergeraten, in denen Auseinandersetzungen zwischen männlichen Feinden dargestellt werden (Räuber-Polizist, Cowboy-Indianer), in denen Gruppenbildungen möglich sind und bei denen Objekte, welcher Art auch immer, durch die Luft geschleudert werden können.

Die Mädchen spielen von dieser Altersgruppe an gern Spiele, die eher »ruhige« Aktivitäten beinhalten, bei denen das Schwergewicht auf verbalen Vorgängen, ritualisierten und nicht-kämpferischen Parteien liegt, in denen gesungen wird und rhythmische Bewegung möglich ist.

Der Psychoanalytiker Erik Erikson[51] hat dreihundert Jungen und Mädchen zwischen zehn und zwölf aufgefordert, Regisseur zu spielen und mit bereitstehenden Bauklötzen, Puppen, Tieren, Autos usw. eine für sie spannende Szene aus einem ausgedachten Film darzustellen. Das Ergebnis der zweijährigen Untersuchung: Die Jungen bauten meistens Häuser und Türme mit eindrucksvollen, wehrhaften Außenfassaden. Menschen und Tiere hielten sich draußen auf. Häufig wurden Katastrophen (Massen-Karambolagen) und Zusammenstöße zwischen Menschen gestaltet. Die Mädchen dagegen beschäftigten sich mehr mit Innenszenen, Menschen und Tiere befanden sich drinnen und saßen oder standen friedlich beieinander.

Beim Achtzehnjährigen haben sich Interessenschwerpunkte herausgebildet, die bei Jungen öfter auf den Gebieten Technik, Technologie, Landwirtschaft (amerikanische Untersuchung!), bei Mädchen häufiger auf sozialen, pädagogischen und religiösen Feldern liegen.

Durchgängig ist also eine bei beiden Geschlechtern verschiedene Spielmotorik zu beobachten: Stoß, Beseitigung von Widerständen unter körperlichem Krafteinsatz beim Jungen – Rhythmus, fein koordinierte Bewegungsfolgen beim Mädchen. Allzu leicht wird dieser Unterschied mißverstanden: Jungen seien aktiver, Mädchen passiver, heißt es. Dafür aber haben die bislang durchgeführten Beobachtungen überhaupt keinen Anhaltspunkt gefunden. Eher trifft schon der Gegensatz impulsiv – beständig die Verhältnisse. Die Jungen neigen eher dazu, in plötzlichen und spontanen Energieausbrüchen ihre ganze Kraft einzusetzen und auf ein Ziel hin auszurichten. Die Mädchen sitzen in der Zeit, in der der Junge »handelt«, aber keineswegs einfallslos und faul herum. »Ihr Spiel,« schreiben E. Maccoby und C. Jacklin[52], ist leiser, unauffälliger, aber genauso organisiert und geplant wie das der Jungen, möglicherweise sogar noch mehr.« Ab zweieinhalb Jahren bereits haben sich in einigen Tests Mädchen als die Ausdauernderen erwiesen, die nicht so oft wie Jungen von einer Aktivität zur anderen wechseln und die auch mehr Geduld aufbringen, eine Aufgabe (z. B. Puzzle) zu lösen.

Die Impulsivität der Jungen hat ihre »guten« und ihre »schlechten« Seiten. Sie ist wohl der Grund dafür, daß die Jungen zwischen drei und sechs mehr Explorationsverhalten zeigen, d. h. wie neugierige kleine Forscher mehr in unbekannte Gefilde vorstoßen und unbekannte Gegenstände untersuchen. (Dieser Unterschied verschwindet aber im Schulalter!) Auf der anderen Seite ist die männliche Impulsivität dafür verantwortlich zu machen, daß Jungen im Kindergarten- und Vorschulalter weniger als Mädchen in der Lage sind, auf kleinere, sofort erhaltene Belohnungen zugunsten größerer, später erreichbarer Belohnungen zu verzichten. Diese Zusammenhänge mögen auch eine Rolle für die niedrigere Frustrationstoleranz der Jungen spielen, die auf Einschränkungen ihrer Aktivitäten leichter als Mädchen mit Weinen oder Wutausbrüchen reagieren.

Wir sehen, daß der Gegensatz zwischen Impulsivität und Stoß sowie Beständigkeit und Ausdauer nicht auf den körperlichen Bereich beschränkt ist. Allerdings wird er hier besonders deutlich, auch im Erwachsenensport. In allen Sportarten, in denen es darauf ankommt, möglichst schnell möglichst viel Energie aufzubringen und in einem kurzen Lauf, einem Wurf, einem Stoß zu konzentrieren, waren und sind die Männer den Frauen eindeutig überlegen. Überall aber, wo Ausdauer entscheidend ist, beginnen die inzwischen genauso hart wie Männer trainierenden Frauen, sich an die Leistungen der Männer heranzuarbeiten und sie – wenn der Ausdauerfaktor nur wichtig genug ist – sogar zu überholen. So erreichen Spitzensportlerinnen heute beim Speerwurf nur 75% der männlichen Leistung, beim 100-Yard-Lauf 85%, beim 400 m Freistilschwimmen aber bereits etwa 95%. Den Rekord im Kanalschwimmen schließlich hält Lynn Cox, eine Amerikanerin, die eine Stunde schneller ist als der schnellste Mann.

Und 1973 gewann eine Frau, Natalie Cullimore, einen 160 km-Lauf (nach 18 Stunden!) mit einem Vorsprung von zwei Stunden vor dem einzigen Mann, der durchgehalten hatte.

Ähnliche Einbrüche bahnen sich auch in anderen, bislang für Domänen der Männer gehaltenen Gebieten an. Beim Bergsteigen beispielsweise: 1975 erklomm eine Japanerin als erste Frau den Mount Everest, und inzwischen bestürmen reine Frauen-Seilschaften andere Achttausender des Himalaja. Immer sind Leistungsbereiche betroffen, in denen körperliche Ausdauer und psychische Selbstüberwindung eine Rolle spielen. Bei den »Explosions«-Sportarten Kurzstrecke, Stoß, Wurf, Sprung bleiben die Männer weiter in Führung.

Man kann also nicht davon sprechen, daß ein Geschlecht aktiver als das andere sei. Wohl aber gibt es einen folgenreichen Unterschied in der Aktivität, wenn Gleichaltrige anwesend sind. Mädchen spielen allein oder in Gruppen mit demselben Energieaufwand. Bei Jungen aber ist eine drastische Aktivitätssteigerung der Grobmotorik zu verzeichnen, wenn zum einzeln spielenden Jungen gleichaltrige oder etwas ältere hinzukommen.[53]

Auch Aufgabenbereitschaft und Leistung steigern sich bei Jungen (bis ins Studentenalter nachgewiesen!), wenn sie sich von Gleichaltrigen beobachtet fühlen oder gleichzeitig mit ihnen beschäftigt sind. Mädchen arbeiten allein mit demselben Einsatz wie in der Gruppe.[54]

Vom Vorschulalter an drängt sich dem Beobachter eine weitere, ganz auffällige Erscheinung im Gruppenverhalten auf: Die Jungen beginnen in größeren Gruppen zusammenzuspielen, wobei

es weniger um intim-persönliche Beziehungen untereinander als um die »Sache« selbst und das Errichten und Ausfechten von Rangordnungssystemen geht. Die Mädchen dagegen spielen mehr mit einer (oder zwei) besten Freundin(nen). Dabei kann man beobachten – und sie berichten es auch selbst –, wie wichtig ihnen dabei die gegenseitige Zuneigung und die persönliche Intimität der Beziehungen sind. Freundinnen tauschen tiefe Geheimnisse aus, Jungengangs rotten sich zusammen, um etwas zu unternehmen oder zu erreichen. In ihrer Werthaltung und in dem, was sie tun, sind Jungen von der Meinung ihrer Altersgenossen viel abhängiger als Mädchen.
Die Jungen spielen von der Vorpubertät an risikoreicher als Mädchen. Um das zu überprüfen, konstruierte der Psychologe P. Slovic eine »Risiko-Maschine«: Das Kind hatte die Wahl zwischen neun Hebeln. Acht von ihnen bedeuten den Gewinn eines Bonbons, einer den Verlust des Gesamtgewinns. Mit jedem weiteren Gewinn steigt also die Chance, wieder alles zu verlieren. Das Kind kann das Spiel abbrechen, wenn es das für richtig hält. Resultat: Bis elf gewinnen die Jungen genauso viele Bonbons wie die Mädchen. Danach aber verlieren sie gegen die Mädchen, weil sie – mit dem Mut zum Risiko – zu lange spielen und nicht früh genug aufhören können.[55]
Noch eindrucksvoller als aus solchen Testreihen spricht die größere Risikoneigung der Jungen aus einem über mehrere Jahre in der DDR geführten statistischen Vergleich: Die Zahl tödlich verunglückter Kinder und Jugendlicher ist für das männliche Geschlecht dreimal so hoch wie für das weibliche.[56]

## Wettbewerb und Dominanz

Wie den Jungen neben ihrer Risikobereitschaft auch ihre Lust am Wettbewerb in die Quere kommen kann, zeigt ein anderer Versuch:[57] Die beiden Spieler, zwei Jungen oder zwei Mädchen, sitzen sich gegenüber, zwischen sich eine Schale mit einem Bonbon, einer Murmel o. ä. Jeder kann sie zu sich herüberziehen, wenn der andere es zuläßt, und die Belohnung erhalten. Ziehen aber beide Spieler gleichzeitig, so teilt sich der Behälter, und die Belohnung geht an die »Kasse« verloren. An diesem Apparat verlieren die Jungenpaare schon im Kindergartenalter gegen Spielerinnen-Paare, weil sie öfter die Schale auseinanderreißen. Sie scheinen weniger bereit zu sein, auch dem Gegner einen Gewinn zu gönnen. Die Mädchen kooperieren schneller miteinander und vermeiden das Wettkampfverhalten zugunsten eines größeren Erfolgs für beide.

Daraus darf nicht abgeleitet werden, daß Jungen oder Männer überhaupt weniger kooperativ seien. Nur haben sie Schwierigkeiten, sich in solchen Wettkampf-Situationen »Mann gegen Mann« in den anderen so hineinzufühlen, wie es für eine sensible Kooperation nötig wäre. Sie entwickeln eine funktionierende Zusammenarbeit problemlos jedoch in Gruppen, die sich einem gemeinsamen Ziel verschrieben haben.

Wie wichtig die Anwesenheit Gleichaltriger für die Leistung des Jungen ist, zeigt sein Verhalten in Tests und bei der Lösung beliebiger Aufgaben: Wesentlich öfter als Mädchen sehen dabei die Jungen zu den anderen Kindern, um festzustellen, wie weit diese sind, und um dabei ihren augenblicklichen Stand abzuschätzen.[58] Auch lassen sich Jungen viel eher durch Mißerfolg-Rückmeldung von Gleichaltrigen in ihrem Verhalten beeinflussen, Mädchen dagegen reagieren mehr auf das von Erwachsenen.[59]

Wir hatten ja schon gesehen, daß auch die motorische Aktivität und die Energie, die auf die Lösung einer Aufgabe verwandt wird, beim Jungen deutlich ansteigt, wenn Gleichaltrige anwesend sind. Ist deren Anwesenheit mit der Bedingung verbunden, *gegen* sie spielen oder kämpfen zu müssen, hat das beim Mädchen sogar eine ausgesprochene Aktivitätshemmung zur Folge, beim Jungen nicht: Mädchen werden zum Beispiel deutlich vorsichtiger, wenn sie eine Gegnerin schlagen sollen, als wenn sie dieses Spiel für sich allein spielen.[60]

Eine richtiggehende Hemmung, sich mit ihrem Freund – auch nur im Spiel – auf ein Konkurrenzverhältnis einzulassen, ist für einen Teil der jungen Frauen nachgewiesen worden.[61]

Wenn einige Untersuchungen auch keine so großen Unterschiede im Wettbewerbsverhalten finden konnten, so sprechen doch die, die welche feststellten, dafür, daß die Männer wettbewerbsorientierter sind. Das gilt vor allem für Aufgaben und Bereiche, in denen schnelle Belohnung winkt.
Eine Belohnung ganz besonderer Art scheint schon für den Siebenjährigen ein hoher Rang in der Gruppe zu sein. Jungen hängen öfter Tagträumen vom eigenen Status nach. Wenn man sie auffordert, ihre eigene Rangstellung in der Gruppe einzuschätzen, neigen sie eher als Mädchen dazu, sich »nach oben« zu verschätzen. Sie sind sich also bewußt, daß der Punkt »Dominanz« ein ganz wesentlicher Teil ihrer Persönlichkeit ist. Die Hierarchien, die die Dominanzstellung des einzelnen in der Gruppe in einem Rangsystem unterbringen, sind bei Jungengruppen deutlicher ausgeprägt und erfreuen sich bei ihren Mitgliedern allgemeiner Zustimmung als in Mädchengruppen. Das haben vergleichende Beobachtungen an Hunderten von amerikanischen, schweizerischen und äthiopischen Kindern sehr klar belegt.[62]
Jungen und Männer sind Ranglisten-Liebhaber. Das sieht jede Ehefrau, deren Mann mit einer für sie oft unfaßbaren Leidenschaft den jeweiligen Stand von Fußball-, Handball- oder welcher Ranglisten auch immer verfolgt. Innerhalb der Gruppenhierarchie – am besten wieder an Jungengruppen direkt zu beobachten – fühlt sich jedes Mitglied gleichzeitig von zwei Motivationen getrieben: dem Willen, das Rangsystem als ganzes zu akzeptieren, und dem Drang, sich nach oben hin zu verbessern. Dadurch herrscht in der Gruppe eine latente Wettbewerbsstimmung, die aber im Augenblick einer gemeinsamen Aktion zugunsten kooperativen Verhaltens zurückgestellt werden kann.
Wenn wir unter Dominanz die Macht über andere verstehen, die sich auf Kraft und Gewalt stützt und bereit ist, beide für eigene Zwecke einzusetzen, dann haben Männer nicht nur festere Rangordnungssysteme als Frauen, sondern sind im allgemeinen auch »dominanter« als sie. Denn diese Form der Dominanz ist von der Aggressionsbereitschaft abhängig.

## Sind Männer wirklich aggressiver?

Daran gibt es nach allem, was hierzu an Beobachtungen, Versuchen und Tests vorliegt, überhaupt keinen Zweifel. Und es liegt sehr viel vor[63] – kaum ein Gebiet der vergleichenden Psychologie ist so ausgiebig erforscht wie das der Aggression. Was immer man beobachtet und gemessen hat:

- Rauhbeinertum und Raufen beim Spiel,
- rituelle Kämpfe,
- Drohverhalten in Mimik und Gestik,
- verbale Attacken,
- direkte Angriffe auf Sachen und Menschen,
- aggressive Phantasien,
- Bereitschaft, Schmerzen zuzufügen,

die Männer und die Jungen stellten sich stets als die aggressiveren heraus. Und das bereits von dem frühen Zeitpunkt an, von dem an Kinder beginnen, miteinander zu spielen – etwa mit zwei, zweieinhalb Jahren. Die Aggressionsbereitschaft der Jungen nimmt zwar im Lauf der Sozialisation ab, doch der männliche Vorsprung im Aggressionsverhalten ist bis ins Universitätsalter hinein ganz eindeutig nachzuweisen.

Ob man die Untersuchungen in Asien, Afrika, Europa oder Amerika durchführte: »Daß Jungen und Männer aggressiver sind als weibliche Personen, gehört zu den gesichertsten Erkenntnissen der Forschung über Geschlechtsunterschiede«, resümiert Dorothée Bierhoff-Alfermann 1977 das vorliegende Material.[64] Wo einige wenige Untersuchungen zu anderen Ergebnissen gekommen sind, haben sich diese bei Nachuntersuchungen als nicht stichhaltig herausgestellt.[65]

Oder sie betreffen den Typ sogenannter prosozialer Aggression: Mädchen können zum Beispiel aggressiver als Jungen werden, wenn es darum geht, sozial akzeptierte Ordnungen zu verteidigen, Frieden zu stiften, für Gerechtigkeit zu sorgen usw.[66]

Schon wenn gar kein wirklicher Gegner da ist, sondern »nur« eigenes Versagen die Versuchsperson ärgert, dann neigen sogar noch männliche Studenten dazu, ihren Zorn gegen ein tatsächlich oder nur vermutet frustrierendes Objekt zu richten, anstatt – wie die Frauen – den Fehler eher bei sich zu suchen. Den Männern scheint also der Angriff die beste Möglichkeit zu sein, ihr bedrohtes Ich zu verteidigen.[67]

Ähnliches zeigt sich auf ganz anderen Gebieten. Beim Autofahren beispielsweise, das die Männer noch immer meisterlicher als die Frauen zu beherrschen meinen. In groß angelegten Vergleichsuntersuchungen hat man die Fahrweise von Männern und Frauen und physiologische Meßwerte (Muskelzittern, EKG, Hautwiderstand) detailliert aufgezeichnet und mit Bord- und Großcomputern ausgewertet. Entgegen der Männermeinung lautete das Ergebnis: Frauen fahren sicherer, besser.

Auch hier kommt den Männern ihr höheres Aggressionspotential und ihre Neigung zur »Vorwärtsverteidigung« in die Quere. Während in kritischen Situationen Frauen eher das Gas wegnehmen, geben die Männer oft sogar noch zusätzlich Gas, selbst wenn ihnen »der Angstschweiß schon auf der Stirn« steht, wie es im Versuchsbericht heißt.[68] Frauen halten einen größeren Sicherheitsabstand ein, fahren nur halb so oft wie die Männer ganz dicht auf und lenken sensibler. So ist es verständlich, daß es sich bei den ganz großen »Sündern« in der Unfallstatistik (mindestens siebenmal auffällig gewordene Vielfachtäter) fast ausschließlich um Männer handelt.[69]

Auch daran, daß die Männer zweifellos die besseren und leidenschaftlicheren Witzerzähler sind, ist ihr höheres Aggressionspotential schuld. Denn Verhaltensforschung und Psychologie haben entdeckt, daß viele Witze, offen oder versteckt, aggressive (= andere erniedrigende) Elemente enthalten.

Wir wissen heute, daß sich aggressives Verhalten lernen läßt. Aber Jungen bringen eine größere Lernbereitschaft als Mädchen mit: Wenn man vier bis neun Jahre alten Kindern aggressive Szenen vorspielte, sei es auf Film (Trick oder real), Videosystemen oder durch Schauspieler, dann imitierten die Jungen in wesentlich stärkerem Maße die Aggressionen des Modells und übertrugen sie auf Puppen, Spielzeug oder die anwesende Mutter. Im Anschluß an die Vorführung aggressiver Handlungen erinnern sich Jungen an viel mehr Details und Begleitumstände der Aggression als Mädchen. Nach der gleichzeitigen stereoskopischen Darbietung von jeweils zwei Bildern, einem mit gewalttätigem, einem mit friedlichem Inhalt, berichten die Jungen häufiger, nur die kämpferische Darstellung gesehen zu haben. Und schließlich hat man an einem Gerät, das die Bilder nur ganz kurz aufleuchten läßt, nachgemessen, daß Mädchen länger brauchen als Jungen, um Gewaltszenen zu erkennen.[70]

Um die Angriffsneigung von Erwachsenen zu testen, bedient man sich häufig abgewandelter Formen des sogenannten Milgram-Experiments: Die eigentliche Versuchsperson wird beauftragt, als Versuchsleiter eine angeblich zu testende weitere Person Probleme lösen zu lassen. Als Leiter darf sie Fehlleistungen der aufgabenlösenden Person scheinbar mit elektrischen Schlägen verschiedener Stärke »bestrafen«, um – wie man sagt – die Arbeit zu beschleunigen. (In Wirklichkeit werden keine echten Schläge ausgeteilt.) Männer erweisen sich in diesem Experiment als viel bereiter, öfter und länger den »Strafknopf« zu drücken und höhere Spannungen einzusetzen. Und auch hierbei läßt sich die größere Lernbereitschaft der Männer demonstrieren, aggressive Modelle zu imitieren: Wenn ein besonders scharf strafendes Vorbild beobachtet werden kann, steigern Männer die dann von ihnen ausgeteilten Schocks in stärkerem Maße als Frauen.

Die männlichen Aggressionen richten sich weit häufiger gegen Geschlechtsgenossen als gegen Frauen. Das läßt sich bereits beim Fünfjährigen beobachten, der eher einen anderen Jungen als ein Mädchen angreift. Im Milgram-Experiment erhalten die weiblichen »Opfer« von männlichen »Versuchsleitern« durchweg niedrigere Stromschläge. Und in einer für Kinder abgewandelten Form, die anstelle der elektrischen akustische Strafreize benutzt, setzten elfjährige Jungen leisere Straftöne ein, wenn es sich bei den Opfern um Mädchen handelte. Männer scheinen also Frauen gegenüber angriffsgehemmt. Allerdings kann diese Hemmung – das belegen allein die Frauenhäuser der Gegenwart – durch Störfaktoren (Alkohol, Konflikte, Neurosen) ausgeschaltet werden.

Schließlich äußert sich das höhere Aggressionspotential des Mannes auch in einer deutlich größeren Bereitschaft, sich selbst zu schädigen oder gar zu zerstören. Wenn er schon nicht durch direkte Auseinandersetzungen mit Rivalen seinen Rang verbessern kann, rast er mit dem Motorrad oder im Sportwagen lebensgefährlich durch die Gegend, macht halsbrecherische Klettertouren, beweist sich seine Größe in umwerfenden Sauftouren oder macht sich in einem aufreibenden Job kaputt. Und so gibt es nicht nur unter Mördern sechs mal so viel Männer wie Frauen – auch in der Selbstmordstatistik »führen« die Männer bei uns mit 2:1, in den USA gar mit 3:1.

## Sind Männer im Raum-Denken überlegen?

In Rußland gibt es vier Millionen organisierte Schachspieler. Der Staat hat in den Schulen Förderkurse eingerichtet, die sich, wie alle Schulfächer in der UdSSR, an Jungen und Mädchen gleichermaßen richten. Dennoch trennen sich in den obersten Leistungsgruppen die Geschlechter: Die Frauen ziehen nicht mit. Unter den etwa 150 russischen Großmeistern gibt es keine einzige Frau. So müssen die Frauen auch ihre eigene Weltbestenliste führen, deren Erste noch nie eine Chance gegen den männlichen Weltmeister hatte.
Die männliche Überlegenheit beim Schachspiel drückt sich am bezeichnendsten in jenem suffisanten Angebot des damaligen amerikanischen Weltmeisters Bobby Fischer aus, der 1968 der russischen Weltmeisterin Nona Gaprendaschiwili vorschlug, er wolle bei einem Spiel mit ihr von vornherein auf einen Springer verzichten (was unter halbwegs vergleichbaren Spielern die Niederlage für den Verzichtenden bedeutet), wenn sie zustimme. Nun – sie wollte nicht, und das aus gutem Grund. Denn unter Fachleuten zweifelte niemand am Sieg Fischers.
Können Männer also besser denken als Frauen? Nein. Man hat bei der Erforschung menschlicher Intelligenz nämlich sehr bald festgestellt, daß »Denken« nicht eine einzige, eng definierte Fähig-

keit, sondern ein ganzes Bündel verschiedener Qualitäten darstellt, die man getrennt voneinander abtesten und dann gemeinsam bewerten muß, um daraus den Intelligenzquotienten zu ermitteln. Solche Einzelelemente der Intelligenz sind zum Beispiel die Fähigkeit, Begriffe einander logisch zuzuordnen, sich Bilder und Symbole zu merken und wiederzuerkennen, Figuren und Muster in bestimmter Weise zusammenzusetzen, Wortgedächtnis, Urteilsfähigkeit, sprachliches Verständnis, Begreifen technisch-mechanischer Abläufe, Erkennen der Gesetzmäßigkeiten beim Aufbau von Zahlenreihen, Konzentration, Kreativität u. a. m.

Während Frauen in Untertests besser abschneiden, in denen verbales Denken eine Rolle spielt, holen Männer laut Statistik immer dann mehr Punkte, wenn es darum geht, Gestalten und Gegenstände im Raum miteinander in Beziehung zu setzen und mit ihnen real (etwa in Form von Blöcken) oder in der Vorstellung zu manipulieren. »Räumliche Vorstellung« heißt diese Qualität. In der Zusammenstellung geschlechtsbezogener Unterschiede bei Intelligenztest-Ergebnissen durch den Intelligenz-Forscher Guilford[71] führen die Männer in sieben Untertests. Sechs davon enthalten Elemente der räumlichen Vorstellung, einer betrifft rein rechnerische Leistungen.

Ein gängiger Testtyp, der die räumliche Vorstellung mißt, verlangt vom Prüfling, sich kompliziert zusammengesetzte dreidimensionale Würfelfiguren aus verschiedenen Perspektiven vorzustellen. Um diese Aufgabe zu lösen, muß er sich in Gedanken um die Abbildung herum auf die gewünschte Seite bewegen und sich von hier aus das neue, nur in seiner Vorstellung entstandene Bild ansehen. Oder er erhält eine zweidimensionale Faltanweisung für ein dreidimensionales Gebilde und muß durch die nur gedanklich durchgeführte Faltung (= Bewegung!) den richtigen Raum-Körper finden.

Fehlen die Bewegungselemente und die Notwendigkeit, Beziehungen von Objekten im Raum zu erfassen und zu verändern, dann schneiden die Männer auch nicht besser ab. So enthält einer (!) der 10 Untertests, in denen Frauen mehr leisten als

Männer, zwar auch visuelle Anteile: Er prüft das Gedächnis für Figuren. Aber es sind keine gedanklichen oder realen Raum-Manipulationen nötig. Es geht mehr um Vergleichen, Identifizieren, Wahrnehmen – und das können die Frauen mindestens genausogut, wenn nicht sogar noch besser als die Männer.[72]
Um aufs Schachspiel zurückzukommen: Eine der für das Schachspiel wesentlichsten Voraussetzungen ist die Fähigkeit, Beziehungen von Objekten im Raum zu erfassen, Strategien für ihre Veränderung zu entwerfen, sich zwischen verschiedenen Stellungsalternativen hin- und herzubewegen – kurz, die räumliche Vorstellung. (Der Vorteil, den die Männer also in dieses Spiel mit einbringen, mag dadurch noch vergrößert werden, daß ein kräftiger Schuß Aggression und der Wille, den Gegner zu besiegen, die Leistungsmotivation der Spieler erhöhen.)
Der Vorsprung der Männer auf dem Gebiet räumlicher Vorstellung deutet sich bei Jungen zwischen sechs und acht Jahren an und wird danach immer unübersehbarer. Bis zum 60. Lebensjahr läßt sich die bessere Leistung klar nachweisen, danach nicht mehr. Etwas später als im visuell-räumlichen Bereich wird ein männlicher Vorsprung in reinen Rechenleistungen und im Zahlenverständnis erkennbar. In den ersten Lebensjahren einschließlich der Grundschulzeit sind keine Unterschiede zu bemerken, wenn man davon absieht, daß in unterprivilegierten Schichten Mädchen hin und wieder besser abschneiden. Nach dem neunten Lebensjahr aber zeigen sich Spuren, nach dem dreizehnten Lebensjahr deutlichere Hinweise auf das bessere Abschneiden der Jungen. Allerdings sind die Angaben über das Ausmaß nicht ganz so eindeutig wie die über den Vorsprung im Raumdenken.
Einige Tests zur Ermittlung der Raumbegabung bedienen sich technisch-mechanischer Modelle. So gilt es zum Beispiel, an einer Abbildung eines durch Gelenke verbundenen Gestänges zu überlegen, welche Auswirkungen das Bewegen einer Stange für die anderen Stangen hat. Oder bei einem Satz ineinandergreifender Zahnräder soll von der Richtung des antreibenden auf die Richtung eines abhängigen Rades geschlossen werden. Schon aus diesen Aufgaben geht hervor, daß das Raumdenken ein sehr

wesentlicher Bestandteil technisch-mechanischer Arbeitsweise ist.

So ist es eigentlich kein Wunder, daß wir unter Technikern und Ingenieuren mehr Männer als Frauen finden, zumal in diesen Berufen viel mit Zahlen umgegangen und gerechnet wird, was mehr Männer im allgemeinen, wie wir gehört haben, auch ein wenig besser beherrschen als Frauen. Nicht verständlich nach den vorliegenden Tests dagegen ist das tatsächliche Zahlenverhältnis zwischen beiden Geschlechtern in den technischen Berufen. In der Sowjetunion ist das Verhältnis von männlichen zu weiblichen Ingenieuren 2 : 1. Im bundesrepublikanischen Berufsleben sind unter 200 Ingenieuren 199 Männer und nur eine Frau zu finden. Ohne uns hier bereits auf die Wertung von Umwelteinflüssen und biologischen Faktoren einzulassen, erkennen wir doch schon an diesen Zahlen das große Gewicht, das gesellschaftliche Bedingungen für die Ausbildung geschlechtstypischer Verhaltensunterschiede tatsächlich haben.

Aber genauso deutlich wird ein anderer Tatbestand: Gesellschaftlicher Druck allein reicht nicht aus, um die hier angesprochenen Unterschiede *ganz* zu erklären. Denn Mathematik gilt bei uns genauso als »unweiblich« wie Physik und Ingenieurwissenschaften. Dennoch gibt es unter den Mathematikern wesentlich mehr Frauen als unter den Ingenieuren und Physikern. So waren nach Angaben des Statistischen Jahrbuchs 1977 in der Bundesrepublik sowohl unter den Physik- als auch unter den Ingenieur-Studenten nur 7% Frauen. Dagegen gab es unter den Mathematik-Studierenden prozentual mehr als doppelt soviele Frauen (16%). Die amerikanischen Zahlen sind noch krasser: Ingenieurwissenschaften 2%, Mathematik 43% Frauen. Der Grund: Physik und Ingenieurwissenschaften erfordern mehr räumliches Denken als die Mathematik.

In der Mathematik gibt es einen recht hohen Anteil abstrakter Probleme, zu deren Lösung Raumvorstellung weniger wichtig ist als verbales und formales Denken. So ist der Vorsprung der Jungen in der Mathematik, sichtbar überhaupt erst nach dem 13. Lebensjahr, insgesamt bei weitem nicht so groß, wie er sich im rein räumlichen Bereich ergibt. In einer großangelegten Untersuchungsreihe prüfte man die fachliche Eignung für Physik bei 2000 Studierenden an der Harvard-Universität.[73] In all jenen Testabschnitten, die mehr räumliche Vorstellung erforderten, schnitten die männlichen, in den verbalen Teilen die weiblichen Studierenden besser ab.

## Verfügen Frauen über ein besseres Sprachvermögen?

Wußten Sie, daß Frauen beim Sprechen seltener als Männer durch eingeschobene »äh«-Silben für Denkpausen innerhalb ihrer Rede sorgen müssen, um zu überlegen, wie der Satz weiterzubauen sei? Daß es viermal soviele männliche wie weibliche Legastheniker gibt? Und viermal soviele männliche wie weibliche Stotterer?
Frauen schneiden – wie wir oben erfuhren – in Tests meist besser ab als Männer, wenn für das Lösen der Aufgabe sprachliche Fähigkeiten mobilisiert werden müssen.
Die weibliche Überlegenheit auf sprachlichem Gebiet deutet sich in den ersten drei Lebensjahren bereits an. Wenn auch nicht alle Untersuchungen zu diesem frühen Zeitpunkt schon Unterschiede feststellen konnten, so weisen doch diejenigen, die welche fanden, für die Mädchen Vorteile aus: Drei Monate alte weibliche Babys »antworteten« auf mütterliches Verhalten häufiger durch Laute aller Art. Mit sechs Monaten äußerten sie sich auch beim freien Spiel öfter stimmlich als gleichaltrige Jungen. Es gibt Hinweise dafür, daß sie etwa zwei bis drei Wochen vor den Jungen zu sprechen beginnen. Nach dem zweiten Lebensjahr sprachen die Mädchen, wenn sie mit anderen Kindern spielten, mehr als Jungen. Und Kindergärtnerinnen schätzen die Sprachentwicklung zweieinhalbjähriger Mädchen höher ein als die von Jungen.[74]
Nach dem dritten Lebensjahr jedoch, holen die Jungen (allerdings nicht in der Unterschicht) auf, und die Unterschiede werden geringer oder verschwinden in einigen Bereichen. In der Flüssigkeit ihrer Sprache, im Wortgedächtnis und in grammatischen

Fähigkeiten »retten« die Mädchen ihren Vorsprung aber bis über das elfte Lebensjahr hinaus. Von diesem Zeitpunkt an wird die sprachliche Überlegenheit der Mädchen und dann der Frauen auch auf den anderen Gebieten sprachlicher Intelligenz unübersehbar.

Männer rücken – wohl im Wissen um den weiblichen Vorsprung – diese Begabung gern in die Nähe von »Klatsch« und »Geschwätz« und werten all das ab, was sie nicht so gut beherrschen. Nichts aber ist sachlich falscher als das. Denn die weiblichen Qualitäten im Sprachbereich beschränken sich nicht auf »einfachere« Leistungen wie Buchstabieren, Schreibgeschwindigkeit, Wortgedächtnis, Wortwissen, Lösen von Wortpuzzles und Sprachflüssigkeit. Auch in anspruchsvolleren sprachlichen Bereichen führen die Frauen: im sprachlich-kreativen Verhalten, im Verständnis für Symbole, im Finden von Analogien, Ähnlichkeiten und Unterschieden, die, mündlich oder schriftlich, verbal formuliert sind.

Von den zehn Untertests, in denen sich nach Guilford die Frauen den Männern überlegen zeigen, betreffen sieben direkt sprachliche Fähigkeiten.

Der Unterschied in der räumlichen und verbalen Leistung zwischen den Geschlechtern ist statistisch so deutlich, daß man sich bei der Erstellung der Bewertungsmaßstäbe für die Intelligenztests ausdrücklich um eine geschlechtsgerechte Eichung bemühen mußte. Denn man merkte sehr bald, daß IQ-Tests, die Aufgaben aus dem Gebiet der räumlichen Vorstellung zu hoch bewerteten, die Männer begünstigten, daß andere, die die Verbal-Intelligenz höher einschätzten, den Frauen höhere Intelligenz-Quotienten zusprachen. Die Schwierigkeit ist inzwischen behoben, so daß die Männer statistisch die gleichen IQ-Werte erhalten wie Frauen – daß also beide Geschlechter gleich »klug« sind. Nur darf man dabei nicht übersehen, daß ihre Klugheit sich – wiederum rein statistisch – auf zwar gleichwertige, aber durchaus verschiedene Qualitäten stützt.

Mit Denkstrategien erfassen wir unsere Umwelt, machen sie uns vertraut und lösen ihre Probleme. Man kann sich vorstellen, daß die verschiedenen Leistungen im Verbal- und Raum-Bereich auch die Ausbildung der Denkstrategien mitgeformt haben: In der eher »männlichen« Denkstrategie spielen *figurale* Inhalte, »groß-kleiner«-Relationen also, Beziehungen zwischen Objekten und ihre Veränderungen, eine etwas wichtigere Rolle. Will man eine Objekt-Beziehung im Raum erfassen, muß man eingreifen, verändern (z. B. den eigenen Standpunkt, indem man um das Objekt »herumgeht«) und/oder manipulieren (z. B. ein Objekt auf das andere zubewegen). Man muß agieren, stößt dabei auf Widerstände, die man – vielleicht aggressiv – beseitigen möchte. Aus dieser Strategiekette »Objekt der Umwelt → Eingreifen → Agieren → Aggression« heraus geboren sind viele »typisch männliche« Gedankengänge und Aktionen auf künstlerischen, wissenschaftlichen, wirtschaftlichen, politischen und militärischen Gebieten.

Die mehr »weibliche« Denkstrategie arbeitet mit anderen Mitteln, um sich die Umwelt vertraut zu machen: Sie *benennt* deren Faktoren, codiert sie zu Bedeutungsträgern und verarbeitet diese Symbole. Mit ihnen kann intelligent gearbeitet werden: Man kann logische Beziehungen zwischen solchen Einheiten erfassen, speichern und austauschen. Die Betonung liegt hier auf Austauschen. Denn im Anhören und Aneignen der Erfahrungen anderer Sozialpartner kann man die verschiedensten Perspektiven einer Angelegenheit verarbeiten und so zu genauso »richtigen« Erkenntnissen über die Umwelt gelangen wie nach der »männlichen« Strategie. Dem Gespräch also über Sachen, Probleme, Lösungen kommt in der weiblichen Strategie eine wesentlich größere Bedeutung zu. Wir finden hier eine ganz andere Kette »Objekt der Umwelt → Erfassen der Bedeutung → Wort → Gespräch → Kommunikation«. Von hierher leiten sich manche »typisch weiblichen« Gedankengänge und Aktionen auf politischem, wissenschaftlichem und sozialem Feld ab.

Um es noch einmal ganz unmißverständlich klarzustellen: Alle Männer denken *auch* weiblich, alle Frauen *auch* männlich. Ja, darüber hinaus gibt es sogar viele Männer, die in dieser Beziehung weiblicher denken als die Normalfrau, und Frauen, die sich in stärkerem Maße räumlich orientieren als der Durchschnittsmann. Unsere Feststellung, räumliches Denken wirke mehr innerhalb einer »männlichen« Strategie, verbales Denken stärker innerhalb der »weiblichen« Strategie, ist nur eine Schlußfolgerung aus der statistisch gemeinten Aussage: Die *Mehrzahl* der Frauen schneidet in Verbaltests und die der Männer in Raumtests besser ab.

## Sind Männer objektiver, Frauen sozialer?

Die Denkformel der eben definierten »männlichen« Strategie lautet vereinfacht: Wie verhält sich Objekt A zu Objekt B? Die Denkformel »weiblicher« Orientierung dagegen: Was bedeuten Objekt A und Objekt B für mich?

In der ersten Formel hält sich das fragende Subjekt bei seinem Blick auf die Raumobjekte ganz aus der Sache heraus. In der zweiten Formel ist das Ich von Anfang an als Bezugspunkt mit im Spiel. So gesehen, sind Männer bei der Beurteilung räumlicher Verhältnisse etwas »objektiver«, Frauen etwas »subjektiver«, wie in vielen Wahrnehmungsexperimenten nachgewiesen werden konnte:[75]

Die Versuchsperson sieht z. B. vor sich einen leuchtenden, drehbaren Stab innerhalb eines gekippten viereckigen Rahmens. Unabhängig von dessen Stellung soll der Stab in eine senkrechte Position gebracht werden. Oder die Person sitzt auf einem kippbaren Sessel und/oder blickt in einen gekippten Raum und hat nun ihren eigenen Körper und/oder den Raum wieder in die normale, zur Erdhorizontalen senkrechte Lage zu bringen.

Solche Versuche sind in einer fast unübersehbaren Anzahl durchgeführt worden und haben eine ganz eindeutige männliche Überlegenheit ergeben. Die meisten Frauen richten Stab, Raum und Sessel nicht genauso senkrecht auf wie viele Männer. Frauen lassen sich stärker von ihrem »subjektiven« Eindruck der Situation beeinflussen und können das störende Umfeld, z. B. den Rahmen, nicht so konsequent vom Objekt, dem Stab, wegdenken.

Das Gehirn der Frau scheint sich mehr nach der Formel zu richten: »Für mich steht der Stab nur dann senkrecht, wenn auch das Umfeld des gekippten Rahmens mit berücksichtigt wird.« Die Männer übergehen ihre »subjektive« Empfindung des Rahmen-Stab-Verhältnisses als nicht wichtig für diese Aufgabe, filtern sich selbst sozusagen heraus und beschränken sich auf die beiden hier wesentlichen Objekte Stab und Richtung der Erdanziehung. Sie »objektivieren«.

Der gleiche männliche Vorsprung zeigt sich in einem anderen Experiment-Typ: Die Versuchsperson muß bestimmte vorgegebene Figuren in Abbildungen identifizieren, in denen das gesuchte Objekt durch ausgesprochen störenden und täuschenden Hintergrund schwer zu entdecken ist. Auch hier sind Männer im allgemeinen erfolgreicher darin, das zu findende Muster von dessen verwirrenden Begleitumständen zu trennen.

Der männliche Vorsprung bei dieser Form von Objektivität und in der Unabhängigkeit einem verwirrenden Umfeld gegenüber ist allerdings auf den optisch-räumlichen Bereich beschränkt. Wenn man entsprechende Versuche im taktilen oder akustischen Bereich vornimmt, findet man keine Unterschiede oder einen leichten weiblichen Vorsprung. Frauen können also akustische Signale genauso gut von einem verwirrenden Geräuschhintergrund herausfinden und taktil-räumliche Aufgaben mindestens genauso erfolgreich lösen wie Männer.

Trotzdem, bei der großen Bedeutung der räumlich-visuellen Orientierung für das »Augentier« Mensch, mag es gerechtfertigt scheinen, Männer eher als *objektgerichtet* zu bezeichnen. Dem steht die größere weibliche Bereitschaft gegenüber, im Gespräch mit anderen deren subjektive Erfahrungen anzunehmen, zu verarbeiten und so zu genauso »richtigen« Ergebnissen wie der Mann zu kommen. Frauen also sind eher *kommunikationsorientiert.*

Die beiden Schwerpunkte *Objekt* (in der Nähe des männlichen Pols) und *Kommunikation* (in der Nähe des weiblichen Pols) zeigen sich in einigen, wenn auch nicht allen Untersuchungen: Jungen zeichnen öfter Gegenstände, Mädchen Menschen.[76] Jungen haben ein schwächeres Erinnerungsvermögen für verbale

Informationen als Mädchen, zeigen dafür (in sehr wenigen Untersuchungen allerdings) einen leichten Vorsprung beim Erinnern an Objekte.[77]

Man hat Versuchspersonen kurz Fotos derselben Person vorgelegt. Wenn es erlaubt war, den Ausdruck der Abbildung laut zu beschreiben oder nachzumachen, konnten die Frauen sich viel besser als die Männer an die Bilder erinnern. In einer anderen Untersuchung deutete sich an, daß Jungen sich besser an die vorgeführten Aktionen von Modellpersonen als an verbales Informationsmaterial erinnern, wohingegen Mädchen beides gleichermaßen gut konnten.[78] In einer – allerdings aus den fünfziger Jahren stammenden – Erhebung haben die Frauen überhaupt ein besseres Gedächtnis für Gesichter und Namen gezeigt, was einige Autoren – vielleicht vorschnell – veranlaßt, von einem leistungsfähigeren »Sozialgedächtnis« der Frau zu reden.[79]

Fragt man Kinder und Erwachsene nach ihren liebsten Fernsehsendungen und Büchern, so nennen Jungen und Männer eher solche, in denen Aktionen das Wichtigste sind. Frauen und Mädchen bevorzugen TV-Programme und Bücher, in denen Kommunikation das tragende Element darstellt.[80]

Aufgefordert, ihre wichtigsten Probleme aufzuzählen, sprechen Frauen eher von personen-, Männer eher von sachbezogenen.

Die etwas ausgeprägtere weibliche Kommunikationsbereitschaft zeigt sich bereits im Gesprächsverhalten. Man hat festgestellt, daß Frauen beim Zuhören häufiger durch Kopfnicken, mimische Signale, eingeworfene »ja«- und »hm«-Silben dem Redenden ihr Interesse demonstrieren. Männer bekommen es glatt fertig, ein undurchdringliches oder gar abwesendes Gesicht zu machen und im Gespräch am Gegenüber vorbeizusehen.

Vor diesem Hintergrund ist die Bedeutung von Aussehen und Kleidung zu sehen: Sind beide doch Signale, die sich an den Sozialpartner wenden. Vielleicht auch deshalb legen Frauen mehr Wert als Männer auf ihr Äußeres.

In einer Reihe von Studien sahen sich Frauen direkter ins Gesicht. Mädchen stehen dichter bei Erwachsenen als Jungen. Deutlicher als bei den Männern kann man aus dem Abstand, den zwei Frauen zwischen sich wählen, den Grad ihrer Freundschaft einschätzen. Ähnliches zeigten Mädchen und Frauen in projektiven Tests: Sie ließen sich beim Anordnen von Testfiguren mehr als Männer und Jungen von dem Kriterium leiten, wie sympathisch sich die Figuren wohl gegenseitig wären.[81]

Wie überhaupt Mädchen häufiger berichten, die Personen zu mögen, mit denen sie interagieren (auch wenn sie gar nicht von ihnen in irgendeiner Weise belohnt wurden).[82]

Wir hörten schon, daß Mädchen ihre Freundschaften gern auf »beste« Freundinnen konzentrieren, mit denen sie tiefe Sympathie verbindet. Die Interaktionen in den größeren Jungengruppen werden mehr von Fragen der Rangordnung und Dominanz bestimmt, hier wird weniger innerlich kommuniziert und mehr agiert und imponiert. Maccoby faßt vorliegende Berichte zusammen: »Für viele Interaktionen in Jungengruppen spielt die Frage, wie sympathisch oder unsympathisch der eine dem anderen ist, kaum eine Rolle. Es geht ums Spiel (the *game* is the *thing*). Wenn entschieden werden muß, wer mitmacht, wird die Entscheidung auf der Basis der Fähigkeit des Betreffenden gefällt.«[83]

Mädchen lassen sich bei der Wahl ihrer Sozialkontakte mehr von ihrer Sympathie leiten. Tiefe Sympathien aber schaffen innere Bindungen. »Ein zentrales Moment ist«, schreibt die Psychoanalytikerin Jean Baker Miller[84], »daß Frauen in einem Kontext der Bindung und Anlehnung an andere leben, darauf aufbauen und sich darin entfalten. Das Selbstgefühl von Frauen belebt sich tatsächlich rundherum, wenn sie in der Lage sind, Anschluß und Partnerbeziehungen herzustellen und zu erhalten.«

Es wäre nun allerdings völlig falsch, aus der größeren weiblichen Bereitschaft zur Kommunikation und aus dem Bedürfnis nach Sympathie einen Zwang zur innerlichen Abhängigkeit abzuleiten. Im Gegenteil: Der Junge ist von der Gleichaltrigengruppe viel abhängiger als das Mädchen: Auch wenn er anderer Meinung ist, läßt er sich leichter von der Stimmung seiner Altersgenossen »überzeugen«.[85]

Daß man sich hüten muß, den weiblichen Wunsch nach Nähe mit Abhängigkeit und Hilflosigkeit zu verwechseln, zeigen Versuche wie der von M. Zunich sehr nachdrücklich. Zunich hat Drei- und Vierjährigen ein für sie viel zu schweres Puzzle vorgelegt. Die Jungen reagierten öfter emotional und destruktiv und verlangten direkte Hilfe. Die Mädchen suchten mehr Kontakt zum Experimentator, versuchten aber häufiger, ihre Probleme allein zu lösen.[86]

Nun reichen die vorliegenden wissenschaftlichen Beobachtungen aber ganz und gar nicht aus, um aus ihnen den Gegensatz »männlich = unsozial«, »weiblich = sozial« herauszulesen. Dafür gibt es zu wenig Belege,und dafür ist der gemessene weibliche Vorsprung im Kommunikationsverhalten zu gering. In einem großangelegten Kulturenvergleich zwischen Kindern aus asiatischen, afrikanischen und mittelamerikanischen Ländern waren zwar in allen Fällen die Mädchen die hilfsbereiteren. Die große Mehrzahl der in unserem Kulturkreis aufgestellten Untersuchungen über Hilfsbereitschaft, karitatives Verhalten und die Bereitschaft, Besitz zu teilen, läßt die Unterschiede zwischen Mann und Frau in diesem Bereich verschwinden oder bis auf einen ganz kleinen weiblichen Vorsprung zusammenschmelzen. Und auch nur, wenn es darum ging, Kooperation in Zweierbeziehungen zu entwickeln, schnitten Mädchen besser ab, in größeren Gruppen kooperierten Jungen oder Männer gleich gut.

Auch in der Empathie, der Fähigkeit, sich in den anderen hineinzufühlen und das zu verstehen, was in ihm vorgeht, liegen die Frauen bei uns nur knapp vorn. Zwar geht ihr Vorsprung in der Empathie nicht so weit, daß sie Gefühle und Standpunkte anderer unbedingt richtiger als Männer abschätzen können. In ihrer Neigung zum *Mitgefühl* allerdings erweisen sie sich als den Männern überlegen.[87]

Alles in allem also nur ein ganz dünner »Sozial-Vorsprung« für das weibliche Geschlecht, der bei weitem keine Rechtfertigung für die Überrepräsentation der Frauen in den sozialen und die Unterrepräsentation in wissenschaftlichen und technischen Berufen abgibt.

Immerhin scheint auch bei uns der geringe Unterschied im Sozialverhalten dafür auszureichen, daß sich die Frauen in Sozialfragen für kompetenter und kooperativer als die Männer halten. Und auch dafür, daß Mädchen und Frauen eine nachdrücklichere »Sozialdominanz« an den Tag legen. Das heißt: Sie versuchen häufiger, das Verhalten von anderen zu beeinflussen, wenn es nicht dabei um eigene Vorteile (wie bei der »egoistischen« Dominanz männlichen Rangordnungsstrebens), sondern um den Nutzen des anderen geht.[88]

Mit dem objektfixierten, gezielt-engeren »männlichen« Vorgehen und der kommunikativeren, breiter angelegten »weiblichen« Orientierung hängen auch Verhaltensweisen zusammen, die man – isoliert betrachtet – leicht falsch interpretieren könnte. Frauen besuchen im Studium häufiger als Männer »berufsfremde« Vorlesungen nebenbei. Mädchen können sich nach Filmen intensiver als Jungen an Begleitumstände der Handlung erinnern, die mit der Hauptaktion nicht direkt gekoppelt waren. Man hat sich also zu fragen, ob es etwa eine weibliche Begabung für Umfeldstrukturen gibt, die zwar die gezielte Fixierung des Objekts »behindert« (s. S. 74), aber andererseits sensibler ist für die oft sehr komplizierten Wirkungsgefüge der *Umgebung* des Objekts, in die dieses eingebettet ist und von denen es ja meist auch abhängig ist. Ist die Frau nicht überhaupt bereiter, sich und alle Wesen als Glieder in ökologischen Zusammenhängen zu begreifen? Und wird der Mann stärker getrieben, solche Umweltbedingungen und -netze zu übersehen oder sich doch über sie hinwegzusetzen, um sich ganz auf »sein« Objekt zu konzentrieren, seien es nun Mammut, Firma oder Schneller Brüter?

Ist die Frau eher in der Lage, Bindungen zu erkennen und zu akzeptieren, auch im ökologischen Bereich? Daß das im zwischenmenschlichen Geschehen der Fall ist, ist kaum zu übersehen. Jean Baker Miller schreibt: »Im Gegensatz dazu [zu den Männern, d. Verf.] erfahren Frauen durch Bindungen und Beziehungen tiefe Befriedigung und Erfüllung, haben ›Erfolgserlebnisse‹ und fühlen sich erst dann eigentlich frei, sich anderen Dingen widmen zu dürfen.«[89]

Ob man der Frau dieses Bindungsbedürfnis nur eingepaukt hat, um sie gefügiger in Abhängigkeit zu halten, steht auf einem anderen Blatt und soll hier nicht diskutiert werden. Jedenfalls ist es einstweilen vorhanden und beeinflußt das weibliche Verhalten. Auch in der Liebe.

## Lieben Frauen anders?

Das Verliebt-Sein, jene Anfangsphase, in der sich beide Partner geradezu eifersüchtig-besitzergreifend miteinander beschäftigen, dauert im Normalfall höchstens zwei Jahre. Entweder verlieren die Partner danach mehr oder weniger bald das intensive Interesse aneinander, oder sie retten ihre Zuneigung in eine anschließende ruhigere Beziehung hinein, in der sie sich weiter mögen, aber oft ohne diesen besessenen Ausschließlichkeitsanspruch. Beide Phasen werden getragen von der Empfindung, den anderen gern zu haben. Und in diesem »einfachen« Gefühl gibt es keine geschlechtstypischen Unterschiede. Doch wenn wir darüber hinaus das mit ins Auge fassen, was an Wünschen, Vorstellungen und Erwartungen um dieses Gefühl herumrankt, dann gibt es auch heute noch eine Reihe von typisch männlichen und weiblichen Verhaltensweisen zu entdecken.
Fragt man – wie der amerikanische Psychiater Anthony Pietropinto – die Männer, was ihrer Meinung nach ihre Partnerinnen in erster Linie von ihnen erwarten, antwortet die weit überwiegende Mehrzahl: Sicherheit! Ihrerseits danach gefragt, welche Qualitäten sie an ihrer Partnerin am meisten schätzen würden, nannten sie am häufigsten: Verständnis, liebevolles Wesen, Aufrichtigkeit![90]
Umgekehrt wünschen sich Frauen von Männern ebenfalls vor allem Zärtlichkeit, Wärme, Verständnis[91] – glauben aber, die Männer wollten von ihnen (so hat's Mütterlein gelehrt) nur »das Eine«.[92]
Tatsächlich also liegen die realen Wünsche der Partner (Verständnis!) gar nicht so weit auseinander. Jedoch nehmen sie das häufig nicht recht wahr. Der Mann sieht die Erwartungen einer Frau an ihn wie durch eine leistungsgetönte Brille. Man müßte sich, so ein Befragter der Pietropintoschen Untersuchung, als Mann das

Recht auf Geschlechtsverkehr erst durch Leistungen »verdienen«.[93] Für den Mann scheinen sich die beiden Gebiete Leistung, Karriere, Beruf auf der einen und Liebe, Sexualität auf der anderen Seite zu einer einzigen großen Herausforderung an seine »Männlichkeit« zu verbinden. Nicht nur Frauen, auch Ärzte finden diese Haltung unverständlich, ja widersinnig und gefährlich.
Für Frauen sei die Sexualität vor allem eine Angelegenheit zwischenmenschlicher Beziehungen, sagt der Gießener Psychoanalytiker Horst Eberhard Richter in einem Interview: »Männer dagegen sehen Sexualität häufig unter dem Leistungsprinzip. Sie messen Sexualität an Maßstäben, die sonst in der Leistungswelt des Berufs gelten: Wie potent bin ich, wie oft und wie lange mache ich es? ... Die Frau erlebt den Mann manchmal so, als ob er sich turnerisch an ihr betätige, sie aber nicht als Person eigentlich suche.«[94]
Nicht von ungefähr kommt es also, daß – befragt nach den Orgasmuserlebnissen ihrer Partnerinnen – die Männer der höchsten Einkommensgruppen die größtmögliche »Erfolgsquote« weitaus häufiger vermelden zu können glauben als die Bezieher geringer Einkommen.[95] Wer im Beruf Erfolg hat, so mag es sich den Männern darstellen, hat auch Erfolg bei Frauen. Vorankommen im Beruf und Eroberungen in der Liebe wären demnach nur die zwei Seiten der einen Medaille »männliche Potenz«.
Bei den Frauen dagegen stehen Karrierestreben und weibliche Potenz deutlich in einem anderen Verhältnis. Nach Ergebnissen des *Ralf*-Reports haben Frauen mit starkem beruflichen Engagement doppelt so häufig keinen Orgasmus beim Geschlechtsverkehr als Frauen mit geringerem Berufsengagement oder als »Nur«-Hausfrauen.[96]
Außer der unterschiedlichen Einstellung zum Verhältnis von Liebe und Leistung färbt ein weiterer (altbekannter) Gegensatz die Beziehungen zwischen den Partnern: »Gefühl« und »Sachlichkeit«. H. E. Richter: »Aus unseren Untersuchungen zeigt sich, daß die Männer im Durchschnitt alle Probleme eher sachlich verstandesmäßig sehen und technisch lösen wollen, auch Probleme in der Partnerschaft, und daß die Frauen viel stärker die

Gefühlsseite von Problemen erleben .... Frauen reden jedenfalls lieber über die innere gefühlsmäßige Seite von Ereignissen und Konflikten. Männer hängen mehr an der Außenseite der Wirklichkeit, an dem, was man errechnen, was man organisieren und technisch machen kann.«[97]

Die Empfindung »Liebe« und das Bedürfnis nach dem Verständnis des anderen unterscheiden sich bei Mann und Frau nicht wesentlich, haben wir gehört. Doch in dem Moment, wenn sie sich mit Dingen und Problemen vor oder zwischen ihnen beschäftigen müssen, *objektiviert* der Mann sie mehr als Sache, die man logisch in den Griff bekommen muß (auch wenn es sich dabei um Angelegenheiten der Partnerschaft handelt), und neigt die Frau eher dazu, sich in das Problem *hineinzufühlen* und bei Lösungsversuchen auch den emotionalen Teil einzubeziehen. Natürlich wirft *er ihr* Subjektivismus, *sie ihm* kalten Verstand vor.

Im Sexualverhalten beginnen sich viele Unterschiede zu verwischen. Noch vor 15 Jahren ließen sich Mädchen von der Norm leiten, sie hätten mit dem Sex bis zur Ehe, mindestens aber, bis sie 18 oder 19 wären, zu warten. Nicht einmal ein Drittel der 1963 Befragten hatten bis zu ihrem 19. Geburtstag sexuelle Erfahrung. Ihnen standen damals schon mehr als 50 Prozent der jungen Männer gegenüber, die sich an solche Normen nicht gebunden gefühlt hatten. In den vierziger Jahren, als Kinsey seine Untersuchungen anstellte, klaffte die Schere noch weiter auseinander. Heute gibt es in diesem Punkt keinen Unterschied mehr: Über 70% der männlichen *und* weiblichen Interviewten hatten ihr erstes sexuelles Erlebnis, bevor sie 19 wurden.[98]

Die schnelle Entwicklung in den letzten zwanzig Jahren von der doppelten Moral zur Bereitschaft *beider* Geschlechter, Sex auch ohne Trauschein zu praktizieren, ist in der Tat eine sexuelle Revolution. Doch darf man dabei nicht übersehen, daß nicht alle Unterschiede von der neuen Freiheit eingeebnet worden sind: Auf die Frage: »Halten Sie geschlechtliche Beziehungen für notwendig zum eigenen Lebensglück, oder könnten Sie auch darauf verzichten?« antwortete jede fünfte Frau (dreimal soviel Frauen wie Männer!): »könnte verzichten«. Zusammen mit den

Unentschiedenen sah ein Drittel der Frauen keine unbedingte Notwendigkeit sexueller Betätigung für ihr Lebensglück. Bei den Männern dagegen muß man nach Vertretern schon suchen, die sich ihr Leben auch ohne Sex schön vorstellen können: Nur jeder 13. konnte das.

Auch die Schwelle der Erregbarkeit ist im allgemeinen verschieden geblieben. Ein Mann kann fast auf jede Frau sexuell reagieren, wenn sie ihn nicht gerade abstößt. Frauen brauchen mehr, um anzuspringen. Um Erregung zu empfinden, darf der Mann nicht nur einfach »nicht abstoßend«, sondern muß besonders attraktiv sein. Frauen »finden es verwirrend«, schreibt Anthony Pietropinto, »mit welcher Leichtigkeit Männer sich von so vielen verschiedenen Frauen physisch erregen lassen«.[99] Der *Ralf*-Report ermittelte, daß die Zahl der Frauen, die sich sexuell beglükkende Erlebnisse nur mit einem geliebten Partner vorstellen können, sehr viel höher ist als die entsprechende Zahl der Männer.[100]

Auch bei der Orgasmuspotenz haben sich Unterschiede erhalten. Die meisten Männer, die zur Erektion fähig sind, können beim Geschlechtsverkehr stets ihren Orgasmus erleben. Dem stehen die nur 30% Frauen gegenüber, die das auch tun, sowie die etwa 20%, die mit Hilfe manueller Stimulation durch den Partner fast immer zu ihrem Höhepunkt kommen. Das heißt: Etwa die Hälfte der Frauen erreichen im Gegensatz zu den Männern – aus welchen Gründen auch immer – beim Beischlaf nicht oder nicht regelmäßig den Orgasmus.[101] In der Orgasmushäufigkeit beim Masturbieren jedoch gibt es keine Unterschiede.

Alles in allem ist es also nicht verwunderlich, daß Männer sich im allgemeinen häufiger Beischlaf wünschen als Frauen. (Im Alter ist das jedoch umgekehrt.)

Was den körperlichen Einsatz beim Sexualakt angeht, liegen die motorischen Aktivitäten noch immer ein bißchen mehr beim Mann. Das Repertoire und die Variationsfreudigkeit der Paare ist zwar in den letzten fünfzig Jahren größer geworden. Dennoch erfreuen sich klassischer Beischlaf und »Missionarsstellung« bleibender Beliebtheit: In der letzten großen deutschen Untersu-

chung nennen nur 5% der Frauen und 6% der Männer die »Frau-oben«-Position als ihre bevorzugte Stellung.[102]
Pietropinto kommt zu vergleichbaren Ergebnissen. Auch in Träumen und Phantasien bleibt der Mann der motorisch aktivere: Als anregenden »Begleitfilm« zur Masturbation stellt sich fast ein Viertel der Frauen unter 35 Jahren vor, vergewaltigt zu werden, aber nur 3% mag sich in der aktiven Rolle des Vergewaltigers sehen.[103]
Insgesamt aber spielt die optische Phantasie in Form vorgestellter Bilder, Filme und Geschichten wie überhaupt die optische Erregbarkeit bei Männern ganz eindeutig eine größere Rolle als bei den Frauen, die sich mehr durch taktile Reize (Berühren, Streicheln) erregen lassen.
Trotz aller Liberalisierung ist die Bereitschaft der Frau zur Untreue, d.h. zu einer sexuellen Beziehung neben einer festen Partnerbindung, nicht größer geworden: Neun von zehn Frauen gaben in bundesdeutschen Umfragen 1963 *und* 1978 an, ihrem Partner treu geblieben zu sein. Dagegen steigerte sich im selben Zeitraum die Zahl untreuer Ehemänner von 3% auf 24%. Wenn man die Männer mit der Antwort »kein Kommentar« nicht zu den unbedingt Treuen zählen will, bleiben nur etwas mehr als die Hälfte der Männer als treu übrig. Zu ähnlichen Zahlen für das Amerika von 1978 kommt Pietropinto, der sich allerdings darüber wundert, daß es überhaupt so viele sind. Die Zahl der Frauen, die sich einen Seitensprung leisten, ist auch heute also um ein Vielfaches niedriger als die der fremdgehenden Männer. Auch der *Ralf*-Report registriert den deutlich stärkeren Wunsch der Frau, partnerschaftliche Treue zu entwickeln.[104] Es scheint, als demonstrierten die Frauen noch immer ein anderes Verständnis und Erleben von Bindung und Partnerschaft, obwohl die doppelte Moral früherer Zeiten bei uns weitgehend überwunden ist. Vielleicht hängt mit dieser Tatsache die Entwicklung eines neuen Unterschiedes zusammen: Waren Ende der vierziger Jahre Frauen häufiger als die Männer mit ihrer Ehe zufrieden, glich sich die Zufriedenheit beider Geschlechter in den sechziger Jahren einander an, und erhielt sie sich beim Mann bis heute, so

schrumpfte die Gruppe der Frauen, die sich kritiklos zu ihrer Ehe bekannte, von 62% (1949) über 43% (1963) auf 36% (1968).[105]

## Sind Frauen weniger leistungsmotiviert?

Ob man sie nun direkt fragt oder indirekte Methoden anwendet: Mädchen zeigen bis zum Erwachsenenalter in bezug auf ihre Leistungen ein gleich hohes Selbstbewußtsein. Wenn man bei der Bewertung dieser Ergebnisse die viel größere Bereitschaft der Mädchen mitberücksichtigt, eigene Schwächen zuzugeben, kommt man zum Sachverhalt, daß Mädchen in Wirklichkeit sogar selbstbewußter als Jungen sind. Umfragen unter Lehrern und Eltern bestätigen diese Erkenntnis.[106]
Mädchen haben auch allen Grund, sich ihrer Leistungen nicht zu schämen. Für alle sichtbar, schlagen sich Leistungen in Schulzensuren nieder. »Kaum ein Ergebnis ist so gut gesichert wie das der durchschnittlich besseren Noten von Mädchen im Vergleich zu Jungen«, faßt Dorothee Bierhoff-Alfermann die vorliegenden Zahlen aus deutschen und amerikanischen Schulen zusammen.[107]
Die Zensuren spiegeln nicht etwa die Belohnung für artiges Verhalten. Die Mädchen sind auch wirklich leistungsmotivierter als Jungen.
Bereits im Kindergarten- und Vorschulalter zeigen Mädchen, daß sie von sich aus, ohne Druck von außen, eher zu Leistungen bereit sind, für die Jungen schon mal einen »Schubs« brauchen. Autonomes Leistungsstreben ist mit im Spiel, wenn ein Kind zum Beispiel beim Zeichnen von sich aus feststellt, etwas sei falsch, und dann versucht, den Fehler allein zu beheben. Drei von vier Studien weisen die Mädchen als in diesem Sinne autonomer aus.[108]
Mit projektiveren Tests läßt sich die Überlegenheit in der Leistungsmotivation auch an älteren Schulmädchen und Studentinnen deutlich belegen. Die Testpersonen schreiben Geschichten und Gedanken auf, die ihnen zu vorgelegten Abbildungen (Personen in verschiedenen Situationen) einfallen. Die Aufzeichnungen werden dann daraufhin ausgewertet, wieviele leistungsbezogene

Momente sich in die Schilderungen eingeschlichen haben. Unter neutralen Arbeitsbedingungen erzielen männliche Versuchspersonen nur einen Bruchteil der weiblichen Leistungspunkte. Erst, wenn man die Arbeitsatmosphäre des Tests durch den Hinweis »anheizt«, es gehe in dieser Untersuchung darum, Intelligenz und Führungseigenschaften der Versuchspersonen zu ermitteln, werfen sich Jungen und Männer ins Zeug und steigern ihre Leistungsbereitschaft gewaltig – ohne allerdings die weibliche ganz zu erreichen.[109]
Es hat also durchaus den Anschein, als seien Jungen schwerer zur Leistung zu motivieren als Mädchen. Sie »steigen« erst bei Wettkampfbedingungen »ein«. In verschiedenen Tests (Rotor verfolgen, Hebel ziehen, Berichte schreiben) intensivierten sie ihre Bemühungen, wenn sie sich dabei von Gleichaltrigen (nicht von Erwachsenen!) beobachtet fühlten. Bei Mädchen blieb dieser Effekt aus.[110] Das erklärt auch, warum Jungen beim Aufgabenlösen sich mehr als Mädchen dafür interessieren, wieweit die anderen Kinder schon sind, und warum sie Mißerfolgs-Rückkopplung durch Gleichaltrige stärker beeinflußt als durch Erwachsene.[111]
Ein Ergebnis projektiver Leistungstests scheint zum Selbstbewußtsein der Mädchen und zur Leistungsmotivation von Mädchen und Frauen nun überhaupt nicht zu passen. Wenn die Personen auf der Abbildung weiblich waren, wurden sie – von Männern *und* Frauen – mit sehr viel weniger leistungsbezogenen Assoziationen bedacht als männliche Vorlagen. Das kann nur bedeuten: Obwohl Mädchen und Frauen sich selbst (= ihre eigene Person!) als leistungsmotiviert empfinden (und entsprechend viel leisten), meinen sie doch, daß »die Frauen« im allgemeinen nicht so viel leisten wie »die Männer«. Diese merkwürdige Auffassung ist das Ergebnis des Gegenwindes, der seit Jahrtausenden den Frauen ins Gesicht bläst und ihnen, was auch immer sie leisten, flüstert: Männer leisten mehr und Wichtigeres!
Trotz eigener Leistungsfähigkeit sehen viele Frauen zu der vermeintlich größeren Leistung »des Mannes« auf und halten diese »irgendwie« für wichtiger. Das deutet sich schon in so unverfänglichen Versuchen wie dem »Draw-a-person-Test« an. Wenn man

die Versuchsperson bittet, einen Menschen, gleich welchen Geschlechts, zu zeichnen, wählen Fünfjährige das eigene Geschlecht noch gleich oft. Aber schon bei den Achtzehnjährigen ergibt sich ein krasser Unterschied: Die jungen Frauen zeichnen eine weibliche Person nur noch in 54%, die Männer dagegen eine männliche in 97% der Fälle. Auch bei älteren, gestörten oder homosexuellen Menschen ändert sich dieses Verhältnis nicht mehr wesentlich. Andere Tests, die die Aufgabe stellen, zu vorhandenen Bildtafeln verbal weitere Personen einzuführen, bringen das gleiche Ergebnis: Männern fällt doppelt so häufig ein Mann als Frauen eine Frau ein.[112]

Das Mädchen ist noch mindestens so selbstbewußt wie der Junge. Fragt man aber Studentinnen vor einem Test nach ihrem erwarteten Abschneiden, so unterschätzen sie ihre dann wirklich erbrachte Leistung – wohingegen ihre männlichen Kollegen diese eher überschätzen. Frauen in mittleren Jahren fühlen sich enttäuschter und verbitterter als Männer. Eine amerikanische Langzeituntersuchung ergab überdies, daß junge Frauen in den fünf Jahren vom 21. bis zum 26. Lebensjahr ihr Gefühl der Ich-Unabhängigkeit verlieren, Männer jedoch verstärken.

Jungen und Männer schätzen auch ihre eigene Macht, Kraft und Rangstellung höher ein, als Mädchen das tun. Wie bei der Prognose des erwarteten Testerfolgs beobachtet man bei der Selbsteinschätzung der eigenen Rangposition bei Jungen unverfrorene Selbstüberschätzungen. Nach dem 18. Lebensjahr gibt es deutliche Belege dafür, daß Männer erreichte Erfolge eher für das Ergebnis ihrer Fähigkeiten halten, Frauen sie aber häufig als Glück oder Zufall herunterspielen. Bei Mißerfolgen sind Frauen eher bereit, sie mit ihrer Unfähigkeit zu erklären, während sich viele Männer dann mit dem »Pech« herausreden.[113] So ist es kein Wunder, daß Frauen sich auch weniger als Meister ihres Lebensweges empfinden und meinen, es läge nicht in ihren Händen, ihr »Schicksal« zu gestalten.

Wir müssen für unsere Bestandsaufnahme feststellen: Viele selbstbewußte kleine Mädchen und junge Damen verwandeln sich (werden verwandelt) in Frauen mit mangelndem Selbstwert-

gefühl. Denn nicht die wirklich vorhandene Leistungsmotivation und erbrachte Leistungen zählen und stärken das Selbstbewußtsein, sondern die Bewertung, die die Leistung durch »die anderen« erfährt und die man selbst als eigenes Urteil übernimmt und verinnerlicht. (Mehr dazu im nächsten Kapitel.) Das Gefühl, weniger als der Mann zu leisten, und das darauf gründende Bestreben, dessen Führungsanspruch ja nicht zu gefährden, können zu ausgesprochenen Leistungshemmungen führen. Läßt man Mann und Frau eines Paares (mit traditioneller Rollenauffassung) unter Wettkampfbedingungen gegeneinander Aufgaben lösen, schneidet die Frau wesentlich schlechter, der Mann sogar besser ab, als wenn sie gegen andere Gegner antreten. Die Frau scheint hier geradezu den Erfolg zu fliehen, um dem Mann nicht das Gefühl einer Bedrohung zu geben.[114]
Erfolgsangst wie diese spricht auch aus einer anderen Versuchsreihe, in der es galt, eine Geschichte zu schreiben, die mit dem Satz begann: »Am Ende des Semesters sieht Ann (John), daß sie (er) in ihrem (seinem) Kurs am besten abgeschnitten hat.« Die Geschichten wurden danach ausgewertet, wieviele positive oder negative Assoziationen sich mit dem männlichen oder weiblichen Erfolg verbanden. Es herrschte große Einigkeit unter den Geschlechtern darin, Ann und ihren Erfolg mit mehr negativen Punkten zu belasten.[115]

## Körperliche und geistige Gesundheit

Welche Krankheitsstatistik wir auch in die Hand nehmen, die Männer »führen« auf vielen Gebieten. Arteriosklerose, Hypertonie, Herz-Kreislauferkrankungen, Grippe, Lungenentzündung, Lungentuberkulose, Asthma, Bronchitis, Leberzirrhose, Krebs – die Männer erkranken häufiger daran, werden öfter wegen solcher Leiden in Kliniken eingewiesen und sterben ihretwegen früher.[116]
Das schlägt sich natürlich in der Lebenserwartung nieder: Die Frauen werden in der Bundesrepublik heute durchschnittlich

74,5 Jahre alt, die Männer nur 68,0 Jahre. Auf 100 Männer kommen in der Gesamtbevölkerung der Bundesrepublik 113 Frauen, im Alter von 65 Jahren beträgt das Verhältnis bereits 100:138. Im Jahr 2000 wird es sich bei den 65jährigen weiterverschoben haben zu 100:145, wie eine Studie der Harvard Universität für die USA berechnete.[117] Für einige Krankheiten kann man die ungesundere Lebensweise der Männer verantwortlich machen. So ist die Tatsache, daß doppelt so viel Männer wie Frauen an Leberzirrhose leiden, mit Sicherheit schlicht darauf zurückzuführen, daß es wesentlich mehr männliche als weibliche Alkoholiker gibt. Wenn die Frauen hier auch stark aufholen (wie auch beim Rauchen), so kommen doch in der Bundesrepublik noch auf eine weibliche Alkoholsüchtige vier männliche. Oder: Die Lungenkrebsstatistik (90% der Fälle sind starke Raucher) spiegelt nur den Zustand wider, daß zur Zeit die Männer noch viel stärker rauchen als die Frauen.

Viele ernährungsabhängige Krankheiten (z. B. Dickdarmkrebs) stellen sich beim Mann deshalb häufiger ein, weil er sich auch in puncto Essen unklüger als die Frau verhält. Obwohl er keine Bäume mehr fällt und für seine Arbeit längst nicht mehr den Energiebedarf seiner Vorväter hat, ernährt er sich viel fettreicher als seine Frau. Fleisch in jeder Art – das ist ihm echte Männerkost. Eiweiß in Form von Milch, Joghurt oder Quark hält er für Kinder- und »Schlabberkram«, Gemüse und Salate für »Karnikkelfutter«. So kommt bei ihm die wichtige Ausgewogenheit und Vielfalt der Nahrung zu kurz. Auch ist er seltener als eine Frau bereit, durch Diäten, Maßhalten und Gymnastik konsequent gegen Übergewicht anzugehen.

Neben solchen primitiven Verstößen gegen die eigene Gesundheit haben Wissenschaftler auch kompliziertere Zusammenhänge entdeckt. Herzinfarktpatienten beispielsweise zeigen ein ganz typisches Persönlichkeitsbild, das – so der Psychosomatiker Horst-Eberhard Richter – »ziemlich exakt mit dem Idealbild des supermännlichen Mannes der Leistungsgesellschaft übereinstimmt... So sieht der energiegeladene, ehrgeizbesessene Tatmensch aus, der sich durchsetzt und sich nirgends kleinkriegen läßt. Es ist der männliche Held, der keine Halbheiten liebt, der superaktiv und expansiv in einem Schwunge nach vorn stürmt und dabei dennoch die abgesteckten Bahnen einhält, die ihm eine positive soziale Resonanz sichern.... Angstfreiheit, Ehrgeiz, Stärke, Dominanz. Es nimmt somit nicht wunder, daß die männlichen Herzkranzgefäße im Durchschnitt zehn Jahre eher als die weiblichen erkranken... Denn kein anderer – abgesehen von den Drogenabhängigen – betreibt den Ruin des eigenen Körpers mit der gleichen fatalen Zielstrebigkeit wie er«, der Infarktrisiko-Typ.[118]

Ein weiteres auffälliges Merkmal haben die Ärzte beim Herzinfarktkandidaten festgestellt: Er tut möglichst lange so, als habe er keine Beschwerden, er verdrängt alle warnenden Symptome und macht sich und anderen vor, er sei top fit.

Wir wissen aus vielen Untersuchungen, daß ein Mann desto weniger bereit ist, Schwächen und Ängste zuzugeben, je männlicher im herkömmlichen Sinne er ist. Sich Anzeichen einer nahenden Krankheit oder auch nur deren Möglichkeit einzugestehen, heißt für ihn: Schwächen zu zeigen, sich in Abhängigkeit zu begeben, zu weich (= zu weiblich) zu sein. Deshalb geht er nur sehr selten nach den ersten Symptomen, geschweige denn vorbeugend, zum Arzt, sondern meist dann erst, wenn die Krankheit ein Organ oder ein ganzes Organsystem gefährlich geschädigt hat. Trotz aller Aufklärungskampagnen besuchte noch in den siebziger Jahren nur jeder fünfte anspruchsberechtigte Mann die Krebsvorsorgeuntersuchung – im Gegensatz dazu nahm jede zweite anspruchsberechtigte Frau dieselbe Chance wahr.[119] Auch seinem eigenen Körper gegenüber erweist sich der Mann wieder als der große Objektivierer: Der Körper ist ihm ein Objekt, eine Maschine geradezu, die aus kleineren Einzelteilen (= Organen) besteht. Wenn die kaputt sind, muß man sie ersetzen oder reparieren. Solange die Maschine noch läuft, werden vegetative Verstimmungen, Mißbehagen, Unwohlsein nicht als Warnung eines gestörten Zusammenhanges begriffen, sondern als nicht-objektivierbare, subjektive »Gefühle« abgetan, die »weiter nichts bedeuten«. Überhaupt hat der Mann große Schwierigkeiten, seinen

Organismus als ganzheitlich komplexe seelisch-körperliche *Einheit* zu begreifen. Wieder (vgl. S. 78) erkennen wir im typischen »Mann« den Nicht-Ökologen: Wo ineinanderverwobene Netze ein sehr kompliziertes Wirkungsgefüge bilden, da neigt er dazu, das Fadengewebe des Zusammenhangs zu übersehen und sich auf ein paar wenige, herausisolierte Einzelfaktoren zu konzentrieren, die er als »konkrete Objekte« besser handhaben kann. Ein sichtbar krankes Organ – das ist doch etwas Konkretes, da lohnt sich ein Arztbesuch! Was aber sind ihm allgemeines Unbehagen oder gar Angst?
Da verhält sich die Frau ganz anders. Sie ist viel eher bereit, psycho-vegetative Beschwerden anzugeben, wie man aus repräsentativen Erhebungen und aus Stichproben weiß.[120] Gleich, ob es sich dabei um Kreislaufstörungen, Darmträgheit, Durchfälle, Herzbeschwerden, Schwindel, Schwitzen, Abgespanntheit, Nervosität, Schlafstörungen oder Ängste handelt – auch wenn sie sich deswegen nicht gleich ins Bett legen muß, nimmt sie diese seelisch-körperlichen Störungen doch früher und häufiger an sich wahr und spricht eher mit dem Arzt darüber.
Kurz gesagt: Die Frau klagt und leidet mehr – aber der Mann stirbt früher. Er mag um keinen Preis Schwächen zugeben, verdrängt sie und verstärkt damit – im Sinne eines Teufelkreises – seine Krankheit. H. E. Richter schreibt über die Folgen, die die dauernde Verdrängung eigener Schwächegefühle für die Herzinfarkt-Risikopersönlichkeit mit sich bringt: »Solche Abwehrvorgänge kosten viel Energie und erzeugen eine innere Dauerspannung. Denn die abgewehrten Impulse verschwinden nicht, sondern sie müssen mit einem konstanten Aufwand niedergehalten werden .... Er würde auch gern wehklagen, wenn er Schmerzen hat. Es würde ihn erleichtern, könnte er seine Ängste eingestehen. Denn all diese Sehnsüchte, Schmerzen und Ängste hat er auch. Aber diesen ganzen Bereich verdrängt er. Er hat so lange dagegen angekämpft, bis die entsprechenden Regungen gar nicht mehr in sein Bewußtsein vordringen.«[121]
In fast allen Angsttests, die die Bereitschaft zur ehrlichen Schilderung innerer Zustände voraussetzen, hat man daher auch höhere

Angstwerte für Mädchen und Frauen gemessen – freilich hat man in anderen Untersuchungen auch gefunden, daß Jungen auf der Lügenskala mehr Punkte »erreichen«. Männer und Jungen machen sich und anderen nur vor, weniger Angst zu haben.[122]
Denn wenn man die Testanden nicht selbst ihre Furcht einschätzen, sondern Angstreaktionen von Jungen und Mädchen durch Beobachter feststellen ließ, fand man keine Geschlechtsunterschiede. Mädchen zwischen zwei und sechs Jahren, zum Beispiel, zeigten nicht häufiger Furchtreaktionen als Jungen, wenn es darum ging, sich einer Schlange oder einem Hund zu nähern, über ein erhöhtes Brett zu balancieren, ins Dunkle zu gehen oder in einem unbekannten Zimmer zu bleiben. Allerdings waren die Furchtsignale der Mädchen deutlicher wahrnehmbar, was aber nur dafür spricht, daß schon die kleinen Jungen Angst-Verdränger sind.[123]
Wenn man diese Zusammenhänge kennt, findet man auch die Tatsache nicht weiter erstaunlich, daß Frauen häufiger den Psychotherapeuten aufsuchen. Amerikanische Feministinnen – und, sich auf diese berufend, auch deutsche – wollten daraus die Erkenntnis ableiten, daß Männer Frauen verrückt machen. So der Titel einer Veröffentlichung: ›Men drive women crazy‹[124]. Tatsächlich aber haben Männer die größere Chance »Insasse einer Heilanstalt zu werden«[125]. Auch hier das gleiche Phänomen: Die Frauen melden seelische Störungen schon an, wenn Männer noch immer meinen, ganz in Ordnung zu sein. Sie kommen erst (oder werden gebracht), wenn es oft schon zu spät ist. Unter den Formen der Schizophrenie gibt es einige, bei denen sich die Patienten aggressiv und hypochondrisch verhalten. Zu ihnen gehören mehr Männer als Frauen.
Unbestreitbar aber sind von Depressionen viel mehr Frauen als Männer befallen. Betroffen sind besonders die Frauen mittleren und höheren Alters ab 30. Sie leiden mehr als Männer unter Minderwertigkeitsgefühlen und Unzufriedenheit, mehr auch als jüngere Frauen unter Gefühlen der Abhängigkeit, Einsamkeit, Unattraktivität und der Neigung zu Selbstvorwürfen.[126] Psychoanalytikerin Jean Baker Miller protokolliert die Haltung einer

Patientin, einer äußerst fähigen Geschäftsfrau mit überdurchschnittlichen Leistungen: »›Aber was nützt mir das alles, wenn da kein Mann ist, der sich um mich kümmert?‹ Und wirklich, wenn da einer war, empfand sie ihre Aktivitäten sofort als positiv und stimulierend; und fehlte ihr der Mann, verfiel sie in Depressionen. Alle Erfolge zerfielen zu Bedeutungslosigkeit und verloren jegliches Interesse für sie .... Sie kam sich leer und wertlos vor.« Viele Frauen kämpfen nach Jean Baker Miller »innerlich mit dem Gefühl, daß alle ihre Leistungen nichts wert seien, solange es nicht jemanden gibt, der sie für wertvoll erklärt«[127].
Zum Selbstmord allerdings lassen sich weniger Frauen hinreißen, in der Bundesrepublik nur halb so viele wie Männer.
Die allermeisten Symptome kindlicher Verhaltensstörungen kommen bei Jungen öfter als bei Mädchen vor, vor allem gestörte Motorik, Hyperaktivität, Nervosität, Aggressionen, Legasthenie, Schulversagen und Autismus.
Auch die Sexualentwicklung des Jungen ist anfälliger. Viele Arten untypischen Sexualverhaltens gibt es praktisch nur bei Männern: Exhibitionismus, Fetischismus, Transvestizismus, bizarre Sadomasochismen. Und sogar die einzige Form, bei der Frauen eine nennenswerte Rolle spielen, die Homosexualität, ist bei Männern doppelt bis dreimal so weit verbreitet wie bei Frauen.[128]

# Die URSACHEN: Der Einfluß der Umwelt auf das Verhalten von Jungen und Mädchen

## Geringschätzung der Frau

Viel ist über die Unterbewertung der Frau und ihrer Leistung schon geschrieben worden. Wir könnten uns die folgenden Seiten sparen, fänden wir nicht gerade in der dauernden Geringschätzung des einen Geschlechts über Kulturen und Zeiten hinweg so viele hinreichende Erklärungen für die Entwicklung vieler geschlechtstypischer Verhaltensweisen.
Ein bengalischer Dichter feiert die Selbstverbrennung einer Witwe mit ihrem toten Ehemann als Höhepunkt weiblicher Bestimmung. Und das ist nicht einmal die Spitze. Eine mittelalterliche Dissertation setzt sich mit dem Problem auseinander, ob Frauen denn überhaupt Menschen oder nicht eher Tiere seien.[129] Im Islam, Juden- und Christentum hat man, zumindest in bestimmten Perioden, die Frau für unwesentlicher und wertloser, teilweise sogar für seelenlos gehalten. Die Tradition der »Weiberverachtung« überstand mehr oder weniger ungebrochen die Jahrtausende und fand im »Schwachsinn des Weibes« des Dr. Möbius ihren pseudowissenschaftlichen Höhepunkt. Seit der Jahrhundertwende allerdings befindet sie sich deutlich auf dem Rückzug und ist in ihrer rüden Form auf Ausbrüche auf »Herrenabenden« und die Mordskerl-Haltung des Macho beschränkt. Aber weder ist sie ganz aus der offiziellen Öffentlichkeit verschwunden, noch sind ihre Auswirkungen auf das Verhalten der Frau beseitigt.
Man hat Märchen, Zeitschriften, Filme, Fernsehserien und Schulbücher analysiert: Die Männer waren und sind darin eindeutig häufiger die Hauptpersonen, die Helden, die Guten, die Aktiven.

In vielen Untersuchungen haben Wissenschaftler typisch männliche und typisch weibliche Qualitäten aufstellen und bewerten lassen. Die Ergebnisse stimmten verblüffend überein: Gleichgültig, wie Alter, Geschlecht, Religion, Ausbildung und ehelicher Status der Befragten waren, die männlichen Eigenarten schnitten wesentlich besser ab. Die Befragten nannten mehr positive männliche als positive weibliche Eigenschaften.[130]
Sie bewerteten die männlichen Qualitäten nicht nur schlichtweg höher, sondern verbanden sie auch mehr als die weiblichen mit der Vorstellung »gesund«.[131] Ob befragte Schüler nun in der Bundesrepublik, der DDR oder den USA leben: Sie billigen eher dem Mann Aktivität, Freundlichkeit und den Führungsanspruch zu.[132] Und da Führung immer mit größerem Sozialprestige verbunden ist, scheinen auch die anderen männlichen Qualitäten »irgendwie« wertvoller zu sein. Eine amerikanische Studie zeigte Ende der sechziger Jahre, daß dasselbe Schriftstück (Bericht, Entwurf, Plan u. ä.) höher bewertet wurde, wenn man als den Verfasser einen Mann und nicht eine Frau angab.[133] Noch Mitte der siebziger Jahre bevorzugten amerikanische Studenten Arbeiten mit »männlichem« Flair auch dann noch, wenn sie schlechter als »weibliche« Arbeit bezahlt wurden.[134] Die Unterbewertung weiblicher Leistung mag nicht mehr ganz so krasse Züge tragen – wirksam ist sie auch heute noch. Weiblich ist noch immer »schlechter« als männlich.
So nimmt es nicht Wunder, daß ein femininer Mann weit negativer beurteilt wird als eine maskuline Frau; daß bis in unsere Tage Frauen in vielen Ländern der Erde für die gleiche Arbeit weniger Lohn bekommen als Männer; daß sich auch aufgeklärte Menschen mit dem Gedanken an eine Päpstin oder eine amerikanische Präsidentin nicht immer befreunden können; und daß nicht wenige Berufe für Frauen auch heute noch so gut wie unerreichbar sind. So sagte ein Sprecher der Deutschen Lufthansa noch im Jahr 1978: Frauen seien als Pilotinnen von Verkehrsmaschinen nun mal nicht geeignet. Punktum.
Der Ermunterungsdruck der Eltern auf ihre Kinder, in Schule und Beruf etwas zu leisten, ist bei Jungen nachweislich stärker als bei

Mädchen. Selbst wenn sich die Auffassung, auch ein Mädchen müsse einen Beruf lernen, bei uns weitgehend durchgesetzt hat, wird noch allzuoft der Vorbehalt gemacht, die Ausbildung habe möglichst kurz und wenig kostenaufwendig zu sein, der Beruf müsse bald Geld bringen und sich gut für eine Halbtagsarbeit oder eine mehrjährige Unterbrechung eignen.

Der Weiblichkeitsbegriff, der sich nicht mit Leistung verträgt, auf der einen und die mannbesetzte Leistungsdefinition auf der anderen Seite stellen sehr viele Frauen, die weiblich sein *und* etwas leisten wollen, vor einen fast unlösbaren Konflikt, dem sie sich nur durch Flucht zum einen oder zum anderen Pol entziehen können. Die meisten fliehen dabei in jene Weiblichkeit, bei der der Leistungswunsch sekundär ist, abgedrängt oder ausgebeutet wird: Die eine arbeitet zwar beruflich, aber »verdient« als Hilfsarbeiterin oder Putzfrau nur ein bißchen »dazu«. Die andere studiert – aber meint dabei vor allem, nach einem Mann Ausschau halten zu müssen.

Wie man Frauen durch das traditionelle Rollenschema dazu bringen kann, vor der eigenen Leistungsfähigkeit geradezu zu fliehen, um der Erwartung des Mannes gegenüber ja nicht aus der Rolle zu fallen, zeigt der Versuch von Seite 87. Dort ließ man Frau und Mann eines Paares gegeneinander Aufgaben lösen. Die Frauen schnitten dabei schlechter, die Männer besser ab, als wenn sie gemeinsam gegen anderer Gegner spielten. Aber: So verhielten sich nur Paare mit traditionellem Rollenverhalten. Frauen jedoch, deren Leistungsverständnis nicht von der traditionellen Rollenverteilung eingeengt war, ließen sich in ihren Aktivitäten und Leistungen auch dann nicht hemmen, wenn es »gegen« den eigenen Mann oder Freund ging.

Es ist nicht schwer, als direkte Folge der permanenten Geringschätzung, Hemmung, Selbst-Hemmung und der damit verbundenen Konflikte und Frustrationen eine Reihe von Verhaltensweisen abzuleiten, die man vermehrt bei Frauen findet oder unberechtigterweise für typisch weiblich hält: Für

– mangelndes Selbstvertrauen,
– geringes Selbstwertgefühl,

– Unsicherheit,
– Abhängigkeitsgefühle,
– Konformismus,
– Gehorsam,
– Ängstlichkeit,
– Nervosität,
– Depressionsneigung und -anfälligkeit

brauchen wir uns gar nicht erst auf die Suche nach biologischen Ursachen zu begeben. Die hierfür verantwortlichen gesellschaftlichen Ursachen sind im wahrsten Sinn des Wortes erdrückend genug.

## Unterschiedliche Erziehung der Geschlechter

Welche Erziehungseinflüsse wirken darüber hinaus auf das heranwachsende Kind und helfen bei der Übernahme geschlechtstypischer Verhaltensweisen mit oder sind gar allein dafür verantwortlich zu machen?
Zwei Lernmechanismen sind für unsere Frage interessant, das Modell-Lernen und das Konditionieren.

### *Lernt's der Junge vom Vater – das Mädchen von der Mutter? (Modell-Lernen)*

Kind und Jugendlicher haben, wenn sie ungestört heranwachsen, das unwiderstehliche Verlangen, sich mit Menschen, die sie mögen, zu identifizieren: so zu sein, so zu handeln, die Welt so zu erleben wie sie. Die Verinnerlichung und damit auch die Nachahmung des Modells laufen weitgehend unbewußt ab, können aber in der Vorbildsuche Heranwachsender bewußteren Charakter annehmen.
Ein Modell wird – das ist erwiesen – um so eher akzeptiert, je liebevoller und je mächtiger es erlebt wird. Das sind normalerweise für das Kleinkind die Eltern, vor allem zunächst die Mutter.

Dann taucht neben Liebe und Macht ein weiterer Faktor auf, den das Kind am Modell wahrnimmt und der – nach einer wohlbegründeten Theorie[135] – die Neigung des Kindes, das Modell zu imitieren, mit beeinflußt: das Geschlecht.
Etwa zu der Zeit, in der die Kinder sprechen lernen, Ende des zweiten Lebensjahres, beginnt sich ihr Geschlechtsbewußtsein unwiderruflich zu formen. Von nun an suchen und finden sie spezielle Identifikationspersonen, die auch im Sexualbereich so sind wie sie. Immer nachdrücklicher erkennen mit der Zunahme kognitiver Fähigkeiten bis zum vierten bis fünften Lebensjahr die Mädchen in der Mutter, die Jungen im Vater »ihre« Person. Das Mädchen braucht dazu die vorhandene Gefühlsbindung an die meist als Hauptbezugsperson wirkende Mutter nur zu vertiefen. Für den Jungen aber bedeutet die Erkenntnis »Ich bin anders als sie« die Notwendigkeit, sein Modell auch bei jemand anderem, dem Vater, zu suchen. Damit wird er gezwungen, zumindest in Teilbereichen, sich von der Mutter ein wenig zu lösen. Über den nicht ganz schmerzlosen Prozeß helfen sich die Vier- bis Fünfjährigen gern mit der Überbetonung der Vater-Sohn-Zusammengehörigkeit hinweg (»Wir Männer!« »Die Weiber!«). Nicht immer gelingt das Abstandnehmen des Jungen von der Mutter – das ist eine ganz entscheidende Mitursache dafür, daß gerade im sexuellen Bereich beim Mann häufiger Störungen auftreten als bei der Frau. Die unterschiedlich ausgeprägten Situationen »starke, bestimmend-einengende Mutter und schwacher, passiver Vater« können bei Jungen, je nach Intensität der Verhältnisse, zu allen Formen der Ich-Schwäche, des Muttersöhnchens mit sexuellen Problemen, der Homosexualität oder gar der Schizophrenie führen.
Indem sich Jungen und Mädchen verstärkt in »ihr« Geschlechtsmodell hineinfühlen und von ihm prägen lassen, beginnen sie, bevorzugt die vorgelebten Verhaltensweisen des eigenen Geschlechts nachzuahmen und auch den Umgang mit dem anderen Geschlecht so einzuüben, wie ihn das Modell praktiziert. So lernen die Kinder schon in dieser frühen Phase nicht nur, sich als Junge oder Mädchen geschlechtstypisch zu verhalten. Sie »stu-

dieren« darüber hinaus das Drehbuch ihres künftigen Partnerschaftsverhaltens, das erst viele Jahre danach zum Tragen kommt. Von Stürmen der Reifezeit und theoretischen Erkenntnissen des Zwanzigjährigen verhältnismäßig unberührt, brechen oft im Dreißig-, Vierzigjährigen just jene Grundmuster wieder auf, die er als Drei- und Vierjähriger im Erlebnis des Elternverhältnisses verinnerlicht hat – verändert zwar durch andere Erfahrungen und angepaßt an neue Situationen, aber unverkennbar ähnlich dem alten Modell.

Sehr viele Vergleiche[136] zwischen Kindern aus vollständigen und aus unvollständigen Familien haben bei den Kindern aus unvollständigen Familien Schwierigkeiten ergeben: im sexuellen Bereich, in der Annahme des eigenen Geschlechts, in der Persönlichkeitsreifung, im kognitiven Bereich und bei der Entwicklung des Selbstkonzepts.

Auch wenn sich ein Vater Tochter und Sohn gegenüber gleich verhält, bewirkt er bei beiden nicht dasselbe. Beim Sohn ist die Wahrscheinlichkeit etwas größer, daß er das väterliche Verhalten eher als »seine« Verhaltensmöglichkeit erlebt und verinnerlicht. Das Mädchen erfaßt sie eher als die Verhaltensweise des anderen Geschlechts, auf die sie reagiert und sich einzustellen hat. Umgekehrt: Was die Tochter von der Mutter direkt übernehmen kann, lernt der Sohn eher als komplementäre Verhaltensweise kennen. Allerdings muß man hier Einschränkungen machen: Die Identifikationsvorgänge darf man sich nicht zu einfach und mechanistisch vorstellen. Sie werden nicht selten so stark von den beiden anderen Faktoren »Zuneigung« und »Dominanz« bestimmt, daß das Geschlecht als dritter Faktor kaum noch wahrzunehmen ist. Darum ist die geschlechtsabhängige Identifikation auch im Versuch nicht so einfach nachzuweisen. Immerhin ist es gelungen zu zeigen, daß Drei- bis Fünfjährige von dem Augenblick an, in dem sie sich als Junge oder Mädchen begreifen, bei der Wahl zwischen Fernsehaktionen männlicher und weiblicher Hauptdarsteller (geteilter Bildschirm!) häufiger die Handlungen des ihnen gleichgeschlechtlichen Akteurs ansehen.[137] Auch können die beiden Geschlechter sich in die innere Situation einer Person des eigenen

Geschlechts besser hineinversetzen und deren Ausdrucksformen (Mimik, Gestik) richtiger auf die dahinterstehenden Gefühle und Stimmungen hin entschlüsseln.[138]

Eine Reihe von Versuchen, die darüber hinaus auch die bevorzugte Nachahmung des geschlechtlichen Vorbildes prüfen wollten, haben hierzu zwar keine positiven Ergebnisse gebracht. Bei sechs von E. Maccoby zusammengetragenen wissenschaftlichen Untersuchungen kam jedoch heraus, daß jenseits des vierten Lebensjahres Tendenzen des Jungen, väterliche oder männliche, und Tendenzen des Mädchens, mütterliche oder weibliche Modelle bevorzugt zu imitieren, nachweisbar sind.[139]

Mindestens genauso stark wie dieser geschlechtsbestimmte Identifikationsprozeß (Maccoby meint sogar, noch entscheidender) unterstützt das wachsende Wissen[140] des Kindes um die »Angemessenheit« des einen oder anderen Verhaltens für das eine oder andere Geschlecht die Übernahme der Geschlechterrolle.

Die noch weitgehend verbreitete Arbeitsteilung zwischen Mann und Frau läßt Babys und Kleinkinder die Mutter als die Pflegende und Bedürfnis-Befriedigende erleben, den kürzere Zeit anwesenden Feierabend-Vater eher als den, der mit ihnen spielt und herumtobt, körperliche Aktivitäten entwickelt und interessante und spannende Neuheiten in den Tag des Kindes mit einbringt. Hebt die Mutter das Baby hoch, erwartet es eine normale Pflege- und Zuwendungshandlung. Tut der Vater dasselbe, freut es sich auf etwas Besonderes. In neueren Versuchen mit Säuglingen und Kleinkindern[141] konnte man exakt nachweisen, daß schon beim Einjährigen, in den ersten Anzeichen bereits beim zwei Monate alten Säugling, die Erwartungshaltungen Vater und Mutter gegenüber verschieden ausgeprägt sind und unterschiedliche Reaktionen der Kinder auf Vater oder Mutter bedingen. In unbeschwerten Spielsituationen sucht das Kleinkind bei Wahlmöglichkeit zwischen Vater und Mutter öfter die Nähe des Vaters. Belasten dagegen Streß oder Bedrohung das Kind, so wählt es eindeutig die Mutter.

Die Mutter repräsentiert für das Kind also bereits vor der Ich-Entwicklung eher den Bereich emotionaler Bindung, der Gebor-

genheit und des Mitgefühles, der Vater mehr den des Abenteuers, der Exploration, der motorischen Aktivität. Es leuchtet ein, daß von dem Moment an, in dem das Kind sein Geschlecht als das des Vaters oder der Mutter erkennt, vieles aus dem väterlichen und mütterlichen Bereich von Jungen und Mädchen verschieden intensiv verinnerlicht und so gelernt wird.
So wichtig aber die geschlechtsbestimmte Identifikation für die Übernahme der Geschlechterrolle auch sein mag, sie reicht auf keinen Fall dafür allein aus. Zu viele Fragen bleiben offen:
- Wie könnten sonst einige Verhaltensunterschiede schon vor der Identifikationsphase festgestellt werden?
- Wie kommt es, daß vaterlose Jungen sehr wohl männliches, mutterlose Mädchen weibliches Verhalten entwickeln können?

Neben dem Identifikationslernen müssen weitere Mechanismen für die Ausbildung geschlechtstypischen Verhaltens mit verantwortlich sein.

*Geschlechterdrill mit Zuckerbrot und Peitsche?*
*(Operantes Konditionieren)*

Das operante Konditionieren (= »Handlungsformung«) arbeitet mit den Mitteln von Belohnungen und Strafreizen.
Durch positive »Bekräftigungen«, Belohnungen (von der Futterpille im Rattenversuch bis zu Zuwendung und Lob in der menschlichen Erziehung), die unmittelbar im Anschluß an zufällig oder spontan gezeigte Verhaltensweisen dem Lebewesen zugeteilt werden, können Experimentator und Erzieher erreichen, daß diese belohnten Verhaltensweisen häufiger auftreten. Entsprechend tritt Verhalten, das bestraft wurde – zumindest im Labor – seltener auf. Mit Hilfe dieses Bekräftigungslernens haben Wissenschaftler schon die unglaublichsten Verhaltensformungen herbeigeführt und Papageien rollschuhlaufen oder auf dem Hochseil fahrradfahren und Schweine Klavier spielen lassen.
Die Musik-Dressur für das Schwein sah zum Beispiel so aus: Das

hungrige Schwein wird ins klavierbestückte Labor gelassen. Zunächst schnüffelt es da natürlich als Kulturbanause nur nach Fressen herum. Wenn es aber eine noch so zufällige Bewegung in die Richtung des Klaviers durchführt, bekommt es sofort die Belohnung dafür, etwa eine Kartoffel. Es dauert nicht lange, so »sitzt« die Erfolgsbewegung. Die nächste Belohnung aber gibt es erst wieder, wenn nun – zunächst natürlich auch zufällig – die Vorderbeine auf die Tastatur gestemmt werden. Dann nimmt man sich die Reihenfolge der richtigen Töne vor usw., usw.
Als solche Ergebnisse bekannt wurden, schienen die Möglichkeiten der Verhaltensmanipulation unbegrenzt. Auch in puncto »Geschlechterdrill«.

### *Männliche und weibliche »Erkennbarkeit«*

Denn ganz augenscheinlich wirken mit Belohnung und Bestrafung auch Elemente des operanten Konditionierens auf die Entwicklung von Mädchen und Jungen ein und unterstützen die Übernahme der Geschlechterrollen.
Eine Reihe von Untersuchungen in den USA und der Bundesrepublik[142] haben mit Zahlen belegt, was auch so jeder in seinem Alltag überall beobachten kann: Vom Moment der Geburt an zeigen alle Eltern größtes Interesse am Geschlecht des Kindes, und die meisten demonstrieren denn auch nach außen hin, durch die Form der Geburtsanzeigen, später durch Kleidung, Haarschnitt und andere Signale, wie wichtig ihnen die eindeutige Identifikation ihres Kindes als Junge oder Mädchen ist. Verwechselt jemand dessen Geschlecht, reagieren sie betreten. Auch die progressivste Mutter spürt ein heimliches Unbehagen, wenn man ihren langmähnigen Jungen für ein Mädchen hält. Zeigt der Sohn zudem Freude an femininen Signalen, reagieren die Eltern, vor allem die Väter, ganz besonders ablehnend und »bestrafen« im Sinne des operanten Konditionierens damit dessen weibliches Verhalten. Der Druck gegen seine weibliche Art, sich zu kleiden, zu schmücken oder gar sich zu schminken, ist noch wesentlich

stärker als der gegen männliches Tun des Mädchens und reicht bis zu ausgesprochener Strenge.
Im Gegensatz zum Strafdruck als Mittel der Geschlechtererziehung des Jungen werden beim Mädchen gewisse weibliche Rollenbestandteile eher durch positive Bekräftigung verstärkt. Auch hier übt der Vater den bestimmenderen Einfluß aus. Schon seine zweijährige Tochter beschreibt jeder zweite Vater als »flirtbereit« und »etwas sexy«, und er drängt die Mutter dazu, ihr Röcke statt Hosen anzuziehen und sie lange statt kurze Haare tragen zu lassen.[143] So ist es kein Wunder, daß ein deutlicher statistischer Zusammenhang zwischen der dominanten Männlichkeit des Vaters und der Weiblichkeit der Tochter besteht.
*Aber*: Mit dem Nachweis solcher elterlichen Einflüsse ist nicht auch gleich die Erziehung als ausschließlicher Verursacher des verschiedenen Geschlechterverhaltens in allen möglichen Bereichen identifiziert. Denn der oben beschriebene Druck der Eltern auf die Kinder konzentriert sich vor allem auf die klare Identifizierbarkeit ihrer Kinder nach außen, also auf ihre Kleidungs-, Schmink- und Haarschnittsignale als Jungen und Mädchen. Wenn wir uns jedoch darüber hinaus gezielt den einzelnen kognitiven, sensitiven, emotionalen, sozialen und motorischen Bereichen zuwenden und hier nach geschlechtsverschiedenen Erziehungsmethoden »von Anfang an« fragen, werden wir erstaunlich wenig finden. Im Gegensatz zu den Behauptungen, Verallgemeinerungen und voreiligen Schlüssen mancher feministischen Autorin hat die erdrückende Mehrzahl der vielen hundert Untersuchungen, die zu dieser Frage aufgestellt worden sind, ergeben, daß die Eltern heute und in unserem Zivilisationskreis bei weitem nicht jene Sex-Driller sind, zu denen man sie gestempelt hat.
Nicht einmal im Bereich der Spielerziehung sind die Verhältnisse ganz so eindeutig, wie man sich das auf den ersten Blick hin vorstellen mag.

*Spielzeugangebot*

Unsere Spielwarenindustrie unterscheidet »Jungen- und Mädchenspielzeug«. Und Eltern schenken auch heute noch einer Sechsjährigen zu Weihnachten mit ziemlicher Sicherheit etwas anderes als deren männlichen Altersgenossen. Soweit dürfte die Sache klar sein. Die Frage ist nur: Sind – wie viele Soziologen denken – die elterlichen Spielzeugangebote Ursachen der Interessen ihrer Kinder oder – wie viele Eltern meinen – Reaktionen darauf?

Die Wissenschaft liefert zwiespältige Befunde:[144]

Einerseits gelang es bei mehreren Beobachtungen mütterlichen Spielumganges mit ihren 13 und 14 Monate alten Babys nicht, den Müttern sexistisches Verhalten nachzuweisen: Sie boten das »männliche« und »weibliche« Spielzeug, das der Versuchsleiter bereitgelegt hatte, ihren Söhnen und Töchtern gleich oft an.

Andere Schlüsse legen die Versuche dreier Wissenschaftler nahe, die Jungen und Mädchen die Wahl zwischen unattraktivem, geschlechtsneutralem und sehr attraktivem, »gegengeschlechtlichem« Spielzeug ließen. Während die Mädchen nun unverhohlen ihr Interesse auch an dem reizvollen männlichen Spielzeug zeigten, gleich, ob ein Beobachter anwesend war oder nicht, demonstrierten die Jungen eine größere Scheu vor den schönen »weiblichen« Spielsachen, wenn sie sich beobachtet fühlten. Dieses Experiment offenbart zwar den höheren Sozialdruck, der auf der Spielzeugwahl des Jungen liegt, läßt aber ungeklärt, warum Mädchen bestimmtes Spielzeug bevorzugen.

Angesichts so widersprüchlicher Ergebnisse kann man nur spekulieren. Wir beginnen zu fragen: Was, wenn nicht nur die einen (Soziologen) oder die anderen (Eltern) mit ihrer Auffassung recht hätten, sondern beide? Wenn die Kinder mehr oder weniger deutliche Vorlieben zeigten, die das elterliche Verhalten »nur noch« verstärkten?

Am ehesten finden sich Anhaltspunkte für geschlechtsverschiedene Behandlung von Jungen und Mädchen noch im Bereich der Körpermotorik.[145] Väter spielen nach eigenen Aussagen mit ihren kleinen Söhnen häufiger und intensiver Raufen. Für viele Mütter ist die nachdrücklichere Förderung grobmotorischer Bewegung schon im Drei-Wochen- und im Drei-Monatsalter des männlichen Säuglings nachgewiesen. Durch rauhbeinigere Bewegungen, durch Dehnen und Strecken, belasten sie die Muskulatur des kleinen Jungen stärker, und mit Anfeuerung und Kontaktbelohnung stimulieren sie seine Anstrengungen. Mädchen dagegen behandeln sie oft »vorsichtiger«, und Väter gestehen ein, um ihre Gesundheit besorgter zu sein.

Mit großer Sicherheit unterfordern also viele Eltern die motorischen Möglichkeiten ihrer Töchter von Anfang an. Durch nichts aber ist gerechtfertigt, den Eltern darüber hinaus aktive Begrenzungsversuche zu unterstellen, die Gegendruck gegen die Bewegungswünsche und -versuche des kleinen Mädchens ausüben. Feministin Scheu tut das, wenn sie schreibt: »Neugeborene Mädchen werden also .... häufig auch in ihrer Motorik eingeengt (›sonst werden sie zu wild!‹).«[146] Die verschieden intensive elterliche Toberei mit Sohn und Tochter ist zweifellos ein wesentlicher Erziehungsunterschied. Allerdings können wir nun nicht hoffen, wir hätten damit ein einfach zu beseitigendes sexistisches Element des Geschlechterdrills gefunden.

Denn erstens wird es nicht so einfach zu beseitigen sein. Der Vorgang der Identifikation »funktioniert« nämlich nicht nur vom Kind aus in die Richtung der Eltern, sondern läßt auch die Eltern sich ihrerseits mit den Kindern identifizieren. Dabei sieht der Vater sich nun einmal *etwas* (!) mehr in seinem Sohn und *etwas* (!) mehr von einer Partnerin in seiner Tochter; entsprechend die Mutter. Ein wenig von dieser komplizierten Eltern-Kind-Beziehung mag bei der merkwürdigen Beobachtung mitspielen, die man beim Umgang der Eltern mit Neugeborenen machen kann: Wenn die Mütter anwesend sind, wenden sich die Väter aktiver ihren Töchtern zu, als wenn sie mit ihnen allein sind. Umgekehrt zeigen Mütter den Söhnen in Anwesenheit des Vaters mehr Zuwendung, als wenn sie mit dem Jungen allein sind.[147] In übersteigerter Form kann das Identifikationsverhalten der Eltern neurotisierend auf das Kind wirken. Bis zu einem gewissen Grad jedoch ist es ganz »normal« und wohl kaum auszurotten.[148]

Und zweitens schließt die Beobachtung, daß die Eltern mit Söhnen mehr toben, nicht aus, daß Söhne nicht vielleicht auch wirklich spontaner und kräftiger mitraufen, aktiver Widerstand leisten, »rangeliger« sind und so den Eltern ein deutlicheres Feedback für deren Tun liefern und es ihrerseits positiver bekräftigen, als es die Mädchen tun. Jüngste Untersuchungsergebnisse[149], nach denen männliche Neugeborene vom ersten Tag an motorisch unruhiger sind, zielen in diese Richtung. Auch belegen mehrere Beobachtungs- und Meßreihen[150], daß Jungen-Babys weniger schlafen und leichter zu erschrecken und zu irritieren sind. Das deutsche ›Lehrbuch der Differentiellen Psychologie‹ berichtet von Untersuchungen, nach denen männliche Säuglinge sich eher mit dem ganzen Körper bewegen und dabei den Kopf auch etwas höher bekommen als Mädchen. Diese bewegen mehr Gesicht und Mund und lächeln häufiger.[151]

Man kann sich durchaus vorstellen, daß männliche Babys – etwa am Sonntagmorgen von den Eltern in der Hoffnung auf ein wenig gemütliche Schmuserei ins Bett geholt – die elterlichen Kuschelwünsche durch Unruhe und Quengeligkeit öfter durchkreuzen als die gelasseneren Mädchen. Die Eltern werden daraufhin versuchen, den kleinen Störenfried wenigstens durch Toberei oder Ablenkungen im warmen Bett zu halten. Leider gibt es über dieses gegenseitige Feedback der Eltern-Kind-Motorik und die damit gekoppelten wechselseitigen Trainingseffekte noch keine wissenschaftlich exakten Untersuchungen.

Da ist zu lesen: Vom ersten Tag an begegnen Eltern einem Mädchen anders als einem Jungen und zwingen durch die unterschiedliche Behandlung beide Geschlechter in entgegengesetzte Entwicklungsrichtungen.
Richtig: Jungen bekommen z. B. in der ersten Zeit mehr verbale Zuwendung – aber lernen sie deswegen früher und besser sprechen? Wir haben S. 70 gesehen, daß das gerade nicht der Fall ist. Man vergißt auch meist zu erwähnen, daß Eltern auf alle möglichen verschiedenen Faktoren anders reagieren. Auf Erstgeborene beispielsweise anders als auf nachfolgende Kinder. Auf Kinder mit größerem Geburtsgewicht anders als auf solche mit kleinem. Sogar die Ausprägung des Haarwuchses spielt eine deutlich meßbare Rolle. Allgemein läßt sich sagen: Eltern zeigen intensivere Zuwendung zum Baby im sozialen, taktilen, verbalen oder stimmlichen Bereich, wenn die Kinder Erstgeborene oder schwerer sind oder einen entwickelteren Haarwuchs erkennen lassen.[152]
Wenn also das Geschlecht des Kindes das Verhalten von Vater und Mutter von Anfang an beeinflußt, dann tut es das nicht als *der eine*, alles entscheidende Faktor. Das Geschlecht wirkt nur als einer *von vielen* Faktoren, der von den anderen überlagert wird und auf diese Weise unwichtiger gemacht werden kann.

## *Halten, Berühren, Wiegen: taktile Kontakte*

Jungen werden in den ersten Monaten öfter und länger auf dem Arm gehalten – nach den Moss'schen Beobachtungen männliche Neugeborene im Durchschnitt sogar 27 Minuten pro acht Stunden länger als Mädchen.[153] Mädchen werden zwar in ihren Wachphasen mehr gestreichelt und taktil stimuliert. Die Gesamtzeit der mütterlichen Zuwendung jedoch, vor allem im Verbalbereich, bleibt in der Neugeborenenphase für den Jungen größer.
Das ist nun kein Zeichen der Bevorzugung des Jungen, sondern einfach der statistische Ausdruck einer durchaus sinnvollen El-

ternreaktion: Wenn Mädchen im allgemeinen mehr schlafen und auch in den Wachphasen ruhiger sind, die Jungen – statistisch – dagegen störbarer, »schreibereiter« und länger wach, dann lösen die Jungen natürlich auch häufiger die Pflegereaktion der Bezugsperson aus: »Der Schrei des Babys formt das mütterliche Verhalten«, wie Moss seine Ergebnisse interpretiert.[154] Soweit also ist das elterliche Verhalten nicht weiter erstaunlich. Merkwürdiger dagegen mutet auf den ersten Blick die Tatsache an, daß der Junge nicht auch mehr gestreichelt wird als das Mädchen und daß darüber hinaus die Mutter ihre verbale Zuwendung ändert: Erhalten die Jungen in der allerersten Zeit noch mehr stimmliche Stimulation, wendet sich die Mutter nach einigen Monaten verbal vermehrt ihrer Tochter zu.

Daß die Mütter Mädchen-Babys mehr streicheln als die Jungen, ist gut belegt.[155] Auch die Goldberg-Studie ergab, daß Mütter ihre sechs Monate alten Töchter häufiger berühren als ihre Söhne.[156] Und diese Tendenz bleibt bestehen, wird sogar immer deutlicher, wenn das Kind ins Kindergarten-, Vorschul- und Schulalter kommt: Die körperlichen Kontakte, die Zuneigung und Herzlichkeit signalisieren, sind wesentlich häufiger zwischen Eltern und Tochter zu beobachten als zwischen Eltern und Sohn.

Wie ist dieser »Streichel-Vorsprung« aber zu erklären? Für manche Feministin sehr einfach: Die taktilen Kontakte werden als sexistische Versuche der Eltern gedeutet, das Mädchen gefügig, anlehnungsbedürftig und abhängig zu halten.[157] Die Moss'schen Untersuchungen hingegen bringen uns zu einer wissenschaftlich haltbareren Begründung. Je mehr das Kind schreit, desto mehr mütterliche Zuwendung erhält es. Innerhalb der Mädchengruppe fand Moss diese Regel bestätigt, gleich, ob die Mädchen drei Wochen oder drei Monate alt waren: Um die irritableren Mädchen kümmerten sich die Mütter mehr als um den ruhigeren Durchschnitt. Wenn dagegen die männlichen Säuglinge älter wurden, verkehrte sich die mütterliche Pflegetendenz geradezu ins Gegenteil: Die drei Monate alten Jungen, die überdurchschnittlich unruhig und störanfällig waren, erhielten von der Mutter weniger Beruhigungssignale als die etwas ruhigeren.

Die Ursache für diesen erstaunlichen (für die Mutter unbewußten) Wechsel sieht Moss in der unterschiedlichen Belohnung mütterlichen Beruhigungsverhaltens durch Jungen und Mädchen. Die Mütter der Jungen sind durch häufiger ausbleibende Erfolge ihrer Beruhigungsbemühungen öfter enttäuscht worden, während die Mütter der Mädchen nach ihren Besänftigungsversuchen mehr Erfolgserlebnisse hatten und dadurch positiv bekräftigt wurden. »Das bedeutet,« folgert Moss, »die Mütter der irritableren Jungen könnten gelernt haben, daß sie ihre Schreier und Strampler nicht beruhigen konnten, wohingegen Mädchen, sowohl die ruhigeren als auch die irritableren, einheitlicher auf die mütterlichen Handlungen und Signale antworteten und sich beruhigen ließen.«[158]

Im Rückmeldungssystem Baby-Mutter trainieren so die kindlichen Reaktionen der Mutter ein »geschlechtstypisches« Verhalten an, das nun seinerseits auf die Kinder zurückwirkt und Spuren vorhandener Unterschiede verstärkt.

Ernährt die Mutter die Jungen auch anders als die Mädchen? Das grob-sexistische Ernährungsverhalten, das zwei französische Autorinnen[159] Mitte der fünfziger Jahre beobachtet haben wollen und auf das sich Feministinnen auch heute noch berufen, hat sich in den vielen bei Maccoby aufgeführten Untersuchungen nicht wieder gezeigt. Wenn man aus dem recht uneinheitlichen Gesamtbild aller Ergebnisse schon einen Trend ableiten kann, dann mit Sicherheit nicht den, daß der männliche Säugling durchweg mehr und länger trinken darf und häufiger brust-gestillt wird als das Mädchen. Eher schon läßt sich die Tendenz herauslesen, daß die Jungen ihren kaum wahrnehmbaren Vorsprung (größere Anfälligkeit?) in Fütterungsdauer und -häufigkeit bald nach den ersten Monaten verlieren. In der Goldberg-Studie[160] jedenfalls werden sechs Monate alte Mädchen häufiger gestillt als gleichaltrige Jungen. Aber gerade im Stillbereich sind andere Faktoren entscheidender als die des Geschlechts: die Frage der Erst- oder Folgegeburt, das Geburtsgewicht, die Gesundheit des Kindes und der Mutter usw. Überhaupt – das zeigen sehr komplexe Versuchsergebnisse[161] – ist es mehr als fragwürdig, einfach von der Länge der Stillzeit mechanisch auf die Ausprägung bestimmter Persönlichkeitsstrukturen schlußzufolgern.

### *Verbale Interaktionen*

Obwohl nach den vorliegenden Untersuchungen[162] Mütter mit ihren Töchtern in den ersten Tagen und Wochen *nicht* mehr sprechen, lachen, singen usw. als mit gleichalten Söhnen – im Gegenteil –, haben sie sich bei den drei bis sechs Monate alten Säuglingen »angewöhnt«, mit den Mädchen stimmlich häufiger Kontakt aufzunehmen und ihnen zu »antworten«, als sie das bei männlichen Altersgenossen tun.[163]

Frau Scheu argwöhnt hier, »weibliche Babys werden akustisch auf sich selbst zurückgeworfen«[164], was lernpsychologisch natürlich geradezu absurd ist. Im Gegenteil wirkt die Nachahmung kindlicher Gebärden und Lautäußerungen fördernd, als Belohnung im Sinne des Konditionierens. Ohne es zu wissen, trainieren die Mütter die Mädchen in der Tat stärker als die Jungen im verbalen Kommunizieren. Aber warum tun sie das? Und warum erst nach einigen Monaten?

Wiederum, weil sie von ihren Kindern so »erzogen« worden sind: Bereits beim frühesten Termin, an dem man kindliches »Antwort«-Verhalten geprüft hat, lagen die Mädchen vorn. Und 14 Wochen alte Mädchen lernten besser, wenn man sie akustisch, Jungen, wenn man sie visuell belohnte.[165] Im Alter von drei Monaten antworteten Mädchen häufiger als Jungen stimmlich auf mütterliche Aktionen, auf Bewegungen oder Lautäußerungen.[166] Diese größere Sprech- und Antwortbereitschaft der Mutter gegenüber ist auch für das 6- und 8-Monate-Alter nachgewiesen worden. J. Kagan beispielsweise präsentierte sechs Monate alten Babys Töne, Musik, verschiedene menschliche Stimmen. Auf alle diese Reize »antworteten« die Mädchen mehr als die Jungen durch Lautäußerungen.[167] Das heißt, die Mädchen-Babys vokalisieren nicht unbedingt absolut mehr als die Jungen (schon deswegen, weil sie mehr schlafen), aber sie neigen mehr als diese dazu, den Vokalkontakt zur Bezugsperson aufrechtzuerhalten. So »belohnt«, beginnt die Mutter tatsächlich, mehr mit der Tochter zu sprechen.

Sicher also: Ein Löwenanteil des später sich ergebenden Vorsprungs in verbalen Fähigkeiten wird den von nun an verschieden ausgeprägten Erziehungseinflüssen zuzuschreiben sein. Aber wir müssen dennoch auch einen biologischen Mit-Faktor am Anfang der Sprachentwicklung vermuten.

### *Restriktionen und Erziehung zur Abhängigkeit*

»Sie leiden darunter, daß sie nicht auf Bäume klettern können oder auf Treppen oder auf Dächer«, schrieb Simone de Beauvoir vor 30 Jahren.[168] »Das kleine Mädchen, dem solche Unternehmungen nicht gestattet sind und das am Fuß eines Baumes oder einer Mauer stehen muß, sieht über sich den triumphierenden Jungen.« Erfahrungen von restriktiven Erziehungspraktiken, die in der ersten Hälfte dieses Jahrhunderts noch gang und gebe waren und die aus den Mädchen herausgeputzte, passive Püppchen machen wollten, werden von der italienischen Feministin Elena Belotti, ohne zu zögern, auf die Gegenwart übertragen. Und auf ihre Feststellungen wiederum, die für weite Teile Italiens sogar noch zutreffen mögen, stützen sich deutsche Feministinnen: Das Mädchen werde in seinem Unabhängigkeitsdrang drinnen und draußen eingeengt, es werde im Haus gehalten und »domestiziert«, während man den Jungen ermutigt, draußen seine Freiheit zu suchen.

Kaum noch etwas davon gilt in der Gegenwart Westeuropas und der USA. Die allermeisten Untersuchungen, die hier in den sechziger und siebziger Jahren angestellt worden sind, konnten keine Unterschiede bei elterlichen Restriktionen gegen oder Ermutigungen zu Unabhängigkeitsbestrebungen von Jungen und Mädchen feststellen. Aus den vielen Beispielen seien hier nur zwei Erhebungen zitiert. Englische Wissenschaftler untersuchten 1967 die Erziehungspraktiken in 700 Familien und fanden für die

Vierjährigen: keine geschlechtsabhängigen Unterschiede in den mütterlichen Anforderungen und Regelungen, die die Bettgehzeit, Sauberkeit, Tischsitten und den körperlichen Bewegungsdrang betreffen. Amerikanische Untersuchungen bekräftigen das Ergebnis auch in bezug auf die von den Kindern verlangten häuslichen Arbeiten und die Erlaubnis fernzusehen.[169] Auch wenn man den Umgang von Müttern und Vätern mit Neugeborenen, Säuglingen und Kleinkindern zu Hause und über längere Zeit verfolgte, ergab es dasselbe Bild: Eltern ermutigen die Mädchen heute und bei uns nicht weniger als die Jungen dazu, drinnen und draußen das zu spielen, was ihnen Spaß macht. Und davon kann sich eigentlich jeder selbst überzeugen: Wer kennt denn heute noch ein Mädchen, dem die Eltern verbieten würden, auf einen Baum zu klettern, weil es ein Mädchen sei! Pippi Langstrumpf hat viele kleine Schwestern bekommen.

Davon ist die Sexualpädagogik nicht ausgenommen. Wie Erhebungen an über 1000 Familien zeigen, wird auf die Sexualentwicklung des Mädchens nicht mehr Druck ausgeübt als auf die des Jungen. Die Eltern reagieren beispielsweise auf die Masturbation der Tochter nicht anders, als wenn sie entdecken, daß ihr Sohn onaniert.[170]

Wenn einige Untersucher überhaupt Unterschiede im Grad elterlicher Restriktionsmaßnahmen finden konnten, stellten sie überraschenderweise fest, daß die Eltern eher dazu neigten, den Jungen öfter Grenzen zu setzen, sie nach »festen Regeln« zu erziehen und Aktionen einzudämmen oder gar zu bestrafen: Jungen bekommen ganz eindeutig häufiger körperliche »Zwangsmaßnahmen« als die Mädchen zu spüren, von leichtem Knuff und Klaps bis zur Tracht Prügel. Auch sonst erhalten sie deutlichere Erziehungssignale der Eltern. Wahrnehmbarer, nachdrücklicher und öfter beziehen sie negatives oder positives Feedback nach Verbotenem oder Erwünschtem. Warum?

Nachdem Eleanor Maccoby eine ganze Reihe von Erklärungsversuchen dafür miteinander verglichen hat, scheut sie sich nicht, jenen simplen Satz auszusprechen, den vor ihr manche Mutter selbst erlebt haben mag: »Vielleicht brauchen's die Jungen eben etwas deutlicher!«[171] Solche verblüffende Erkenntnis kann sich unter anderem auf C. Mintons Analyse mütterlicher Erziehungsmaßnahmen stützen: Mütter begegnen normalerweise einer unerwünschten Tätigkeit ihres Kindes zunächst mit der niedrigsten »Repressions-Stufe« – etwa mit der einfachen Bitte »aufzuhören«. Bewirkt das nichts, steigert die Mutter die Intensität der Ermahnung. Fügt sich das Kind, stoppt die Mutter ihre Bemühungen. Im anderen Fall eskaliert sie sie weiter bis zur körperlichen Gewalt, zum Wegziehen, Rütteln oder Klapsen. Aber so weit lassen es eben meistens nur Jungen kommen. Die Mädchen reagieren schon vorher, auf leisere Zeichen.

Ganz allgemein hat man – auch in anderem Zusammenhang – ein »dickeres Fell« von Jungen und Männern gegen negative Konsequenzen ihres Verhaltens festgestellt. Mädchen lernen schneller aus negativem Feedback. Es ist fast so, als gäbe es so etwas wie einen männlichen Filter gegen schlechte Erfahrungen. Wie wir gesehen haben, neigen Männer sogar zu optimistischen Prognosen eigener Erfolge und überhören leicht Krankheitssymptome. Auch daß Jungen die eigene Rangstellung eher über- als unterschätzen, gehört hierher. Für die größere Unempfindlichkeit von Männern und Jungen gegen die Negativ-Folgen von Handlungen (= »Strafen« im Sinne des Konditionierens) spricht eine Reihe von Belegen.[172]

Minton hat zudem beobachtet, daß sich Kinder, die körperlich bestraft werden, in einer größeren Entfernung von der Mutter aufzuhalten pflegen.[173] Damit könnte ein sich selbst verstärkender Kreisprozeß beginnen, denn durch die größere Entfernung vom Jungen wird es der Mutter noch schwieriger, mit einfachen Erziehungsmaßnahmen »durchzukommen«. So ist sie gezwungen, noch »unmißverständlicher« auf Fehlverhalten zu reagieren, was die Jungen wiederum veranlaßt, ihren »Sicherheitsabstand« noch mehr zu vergrößern, usw. Alles in allem könnte sich daraus die Neigung des Zehn-, Elfjährigen mit ableiten, zumindest zeitweise weiter fort von zu Hause zu spielen als die Mädchen. Sicher ist die beschriebene Wechselwirkung zwischen Jungen und Erziehern auch mit heranzuziehen, wenn man nach Gründen dafür sucht, warum kleine Jungen beim Spielen untereinander etwas mehr auf Distanz halten und sich nicht so oft berühren wie kleine Mädchen und warum Mädchen und Frauen dichter mit guten Freundinnen zusammenstehen als Jungen und Männer. Männliches Streben nach Abstand und weibliches nach Nähe sind also *auch* Erziehungsergebnisse, die aber ihrerseits mit von der nicht so einfach zu klärenden Frage abhängen, warum Jungen so anders auf elterliche Maßnahmen reagieren.

Man hat auch lange gemeint, dieser Unterschied des Geschlechterverhaltens liege daran, daß Eltern von vornherein Abhängigkeitsverhalten von Mädchen belohnten, von Jungen dagegen bestraften. Aber auch hier lassen die zahlreichen wissenschaftlichen Veröffentlichungen keinen Zweifel zu: Mädchen, die ihre Eltern um Hilfe bitten, werden nicht mehr und nicht weniger unterstützt als Jungen, die dasselbe tun. Viele Untersuchungen haben darüber hinaus eine interessante Überkreuz-Beziehung ans Licht gebracht: Mütter verhalten sich dem Abhängigkeitsverhalten des Sohnes, Väter dem der Tochter gegenüber toleranter.

## *Einstellung zu eigenen Gefühlen*

Eine generelle sanfte Führung der Tochter zu unselbständigem Benehmen also ist nicht zu verzeichnen. Wohl aber findet E. Maccoby bei der Durchsicht der vorliegenden Untersuchungen Hinweise dafür, daß Eltern positivere und unterstützende Reaktionen zeigen, wenn Mädchen ihre Gefühle offenbaren und sich – sei es nun aus Angst oder Zuneigung – an sie schmiegen und mit ihnen »schmusen«.[174]

Wir haben bereits festgestellt: Je älter das Mädchen-Baby wird, desto mehr fühlt sich die Mutter durch belohnende Reaktionen des Babys veranlaßt, verstärkt mit taktilen Zärtlichkeiten (Streicheln, Wiegen, Hautkontakt) und stimmlicher Zuwendung (Gespräch, Singen) auf es einzuwirken. Wenn das Mädchen also Unruhe, Angst, Schmerzen zeigt, wird es als Baby häufiger in den Arm genommen und hört beruhigendere Worte. Weint es, verstärkt das die verbale und taktile Zuwendung der Mutter. (Beim Jungen stellt sich die Mutter in diesem Fall wohl durch seine nicht so belohnende Reaktion – wie Moss beobachten konnte – eher darauf ein, *nicht* mit gesteigerter Zärtlichkeit zu reagieren.) So lernt das Mädchen: »Die Offenbarung meiner Gefühle ist etwas Gutes, wird sie doch belohnt.« Und: »Worte und Streicheln sind gut, helfen sie mir doch bei der Bewältigung meiner Emotionen und Ängste.« Anders beim Jungen. Moss hat festgestellt, daß auch jene männlichen Babys, die genausoviel oder genausowenig schreien und schlafen wie die mit ihnen verglichenen Mädchen, von ihren Müttern häufiger durch neue Reize, oft optischer Art, *stimuliert* werden.

Natürlich unterstellen feministische Autoren hier der Mutter wieder sexistische Absichten, die Jungen durch optische Reize etwas mehr zu fördern als die Mädchen und diese durch Reizentzug etwas dümmer zu halten. Viel wahrscheinlicher aber ist, daß sich die Mehrzahl der Jungen besser durch die Darbietung optischer Reizobjekte beruhigen (ablenken!) läßt als durch verbale Aktionen der Mutter oder durch Streicheln und Wiegen.

Erste Stütze dieser Hypothese: Aus mehreren Versuchen zur Aufnahme und Verarbeitung optischer Reize von den ersten Wochen und Monaten des Babys an läßt sich ein – allerdings nur ganz leichter – Vorsprung für die Jungen ablesen. Wenn dieser das Ergebnis und nicht die Ursache des mütterlichen Verhaltens wäre, müßte er sich im Laufe des ersten Lebensjahres vergrößern. Aber das tut er nicht, im Gegenteil: Der Vorsprung wird kleiner und scheint ganz zu verschwinden, um erst nach der Pubertät plötzlich (mit Lerntheorien unerklärlich) auf verschiedenen optischen Gebieten wieder da zu sein, und zwar größer als je zuvor.[175]

Zweite Stütze: Man hat sechs Monate alte Säuglinge mit vertrauten und mit neuen optischen Objekten konfrontiert. Die Jungen reagierten mit dramatischen Änderungen der Herztätigkeit auf die neuen Eindrücke. Nicht dagegen die Mädchen.[176]

Die Mutter nun, dergestalt auf »Ablenkung« ihres Jungen »trainiert«, wird ihrerseits seine Disposition verstärken und ihm in Situationen, in denen sie ihr Mädchen eher streicheln oder mit ihr

reden würde, öfter ein ablenkendes Objekt anbieten.
Erlebt das Mädchen so die subjektive Offenbarung seiner Emotionen als erlaubt und kommunikationsfördernd, so lernt der Junge angesichts eines ablenkenden, neuen Reizobjekts eher, von dem, was ihn subjektiv bewegt, »Abstand« zu nehmen und seine Emotionen zu verdrängen. Auch kann die Kommunikation per Wort, Geste und Hautkontakt auf diese Weise für ihn nicht so leicht die befreiende Funktion gewinnen wie für das Mädchen. Hier ist wohl auch eine der Quellen männlicher Objektbezogenheit zu finden, die nicht selten zur Objektfixiertheit ausartet und um deretwillen der Mann nur allzuleicht die Bedeutung der Subjektivität unterschätzt.
*Zwischenfazit*: Der weibliche Vorsprung im Verbal-, Kommunikations- und Taktilbereich sowie in der Fähigkeit, Emotionen auszudrücken, und die Ansprechbarkeit des Mannes auf optische Signale, seine Objektorientierung und seine »Härte« eigenen Gefühlen gegenüber sind also mit Sicherheit stark *erziehungsbedingt*, aber eben *nicht nur*. Von Anfang an haben die geschlechtsverschiedenen Rückantworten männlicher und weiblicher Babys ihren Anteil an der Herausbildung geschlechtsspezifischen Erziehungsverhaltens.
Im Rückmeldesystem Kind – Eltern – Kind formen sich Kind und Elternverhalten gegenseitig. Diese Moss'sche Entdeckung aus den sechziger Jahren hat sich inzwischen vielfach bestätigt. Die Bonner Psychologin Ursula Lehr faßt die vielen Veröffentlichungen zwischen 1971 und 1976 zu diesem Themenkreis zusammen: »Generell gilt das Prinzip der *gegenseitigen Verstärkung*: Reagiert das Neugeborene durch Aktivität in der Motorik, durch Öffnen der Augen, durch Kopfbewegung, dann verstärkt die Mutter die Stimulation.« Reagiert das Kind weniger, »dann läßt die Mutter in ihrer Zuwendung, mit der Stimulation, auch nach, obwohl gerade diese Kinder eine Stimulation, ein ›enrichment‹, besonders nötig hätten«. Eine Interpretation, die nur die Einbahnstraße der elterlichen Einwirkung auf das Kind sieht, wird dem Wechselgefüge des Geschehens nicht gerecht.
Natürlich bringen die Eltern verschiedene Haltungen und Vor-

stellungen in diesen Rückmelde-Prozeß mit ein. Sie können sich – je nach kultureller, sozialer oder bildungsbedingter Situation – mehr oder weniger starre Rollenklischees zurechtgelegt haben, die sich verstärkend, hindernd oder verzerrend auf die Entwicklung kindlicher Eigenschaften auswirken. Nun aber mit der Aufdeckung solcher Einflüsse auch gleich alle geschlechtstypischen Verhaltensweisen erklären zu wollen, ist zu einfach.

*Räumliche Vorstellung*

Erziehungseinflüsse lassen sich auch bei der Ausbildung räumlicher Vorstellungsfähigkeiten nachweisen. So schneiden in verschiedenen Kulturen konservative Volksgruppen im Vergleich zu stärker an modernere Lebensformen angepaßten Gruppen in Raum-Tests schlechter ab.[177] Vergleiche zwischen afrikanischen Stämmen haben Ähnliches ergeben: Autoritärer mütterlicher Erziehungsstil geht Hand in Hand mit weniger Raum-Begabung des späteren männlichen Erwachsenen; wo dagegen toleranterer Stil zu beobachten ist, mißt man auch größere räumliche Vorstellungskraft.[178]

Wir können also durchaus davon ausgehen, daß viele Mädchen durch traditionelle Rollenklischees ihrer Eltern in der Entwicklung ihrer räumlichen Leistungen benachteiligt werden. Die Beschränkung auf »Mädchen-Spielzeug« bleibt – wo immer sie noch vorkommt – nicht ohne Folgen für die Ausbildung des Raum-Denkens. Genauso wie eine geringere Förderung der motorischen Entfaltung oder die immer noch nicht ausgestorbene entmutigende Erzieherüberzeugung, Mathematik sei nichts für Mädchen.

Die Saarbrücker Naturwissenschaftlerin Erika Schildkamp-Kündiger[179] hat nach auf Seite 84 beschriebenen projektiven Testmethoden geprüft, welches Leistungsverständnis dreizehn- und vierzehnjährige Gymnasiastinnen mit der Frauenrolle verbinden. Die Schülerinnen, die »Frau« mit »geringerer Leistung« assoziierten, blieben in ihren Mathematiknoten hinter dem Leistungsgrad zurück, der von ihren Intelligenzquotienten her zu erwarten gewesen wäre. Umgekehrt die Mädchen, die die Frauenrolle durchaus mit hohem Leistungsanspruch verbanden: Ihre Mathematiknote übertraf nicht selten das, was der IQ versprach. Allerdings erklären diese Zusammenhänge mehr das schlechtere Abschneiden der Mädchen im Fach Mathematik, nicht aber unbedingt die Nachteile im Raumverständnis. Denn beide, Mathematik und Raumvorstellung, müssen, wie wir auf Seite 69 gesehen haben – klar voneinander unterschieden werden. Außerdem muß mehr als zweifelhaft bleiben, ob die Einflüsse auf die Raumvorstellung der Mädchen noch so allgemein verbreitet und so hinreichend sind, um die gemessenen Unterschiede im räumlichen Denken in ihrer vollen Breite zu erklären.

Zu viele Fragen bleiben offen:

Wenn die entscheidenden geschlechtsspezifischen Erziehungseinflüsse schon in der Säuglings- und Kleinkinderzeit den Vorteil des Jungen im Raumdenken begründen sollen – wieso tritt er dann erst nach der Pubertät so plötzlich zutage?

Selbst wenn Eltern ihren Jungen noch immer lieber Baukästen und Konstruktionsspielzeug, den Mädchen eher Puppenstube und Knetmaterial schenken – warum sollte sich der Raumsinn nun ausgerechnet nur im Umgang mit Bausteinen, nicht aber beim Manipulieren mit der Inneneinrichtung der Puppenwohnung oder beim Manövrieren mit dem Puppenwagen entwickeln?

Warum sollte nur grobmotorisches und auf rauhbeinigere Muskelaktivität zielendes Training der Jungen, nicht aber mehr feinmotorische, rhythmischere Bewegungsweisen und Körpersensibilität des Mädchens die Entwicklung des Raumgefühls und damit der räumlichen Vorstellungskraft fördern? Vereinfacht ausgedrückt: Tanzen und Gymnastik lassen den Raum genauso intensiv erleben wie Boxen oder Fußballspiel.

Und schließlich: Es gibt in unseren Schulen gar keinen stärkeren Zensurendruck gegen »Weiblichkeit«. Man hat in den USA bei vielen Schülern die Punktzahl, die sie auf einer Männlichkeits-Weiblichkeits-Skala erreicht hatten, mit ihren Schulnoten verglichen. Dabei kam heraus: Je »männlicher« die Schüler waren, desto schlechter waren auch ihre Zensuren. Entsprechend hatten die »eher weiblichen« Schüler die besseren Noten. Man hat aus diesem Grunde sogar vom Feminisierungseffekt der (amerikanischen) Schule gesprochen.[180]

Nun gibt es zwar einige interessante Zusammenhänge zwischen Intelligenz und räumlicher Vorstellungskraft auf der einen, »Männlichkeit« und Aggressivität auf der anderen Seite: Aggressionsbereite »männlichere« Mädchen und Frauen erreichen mehr Raumtest-Punkte als weniger aggressionsbereite, sehr weibliche Frauen. Bei Jungen und Männern besteht der entgegengesetzte Zusammenhang: »Weibliche«, »friedlichere« punkten bei entsprechenden Untersuchungen höher als die wilderen Geschlechtsgenossen.

Doch der Schluß: durch Förderung weiblicher Aggressivität verhelfe man dem Mädchen zwangsläufig zu einem besseren Raumdenken, ist alles andere als zwingend. Es ist nämlich nicht gesagt, daß das ausgeprägtere Raumdenken die Folge der höheren Aggressivität ist. Genauso logisch oder unlogisch wäre der umgekehrte Schluß. Wahrscheinlicher ist, daß beide, Aggressionspotential und Raumdenken, von einem (oder mehreren) gemeinsamen Faktor(en) mit abhängen.

## *Erziehung zur Aggression?*

Wie weit ist der so eindeutige Geschlechtsunterschied im Aggressionsverhalten überhaupt nur das Ergebnis verschiedenen Erziehungsverhaltens der Eltern?

Es ist modern, diese Frage rückhaltslos zu bejahen. Man beruft sich dabei auf Beobachtungen, die man angeblich auch heute noch überall machen könne: Danach erzögen Eltern ihre Jungen stärker als ihre Mädchen zur Aggressivität (»Ein richtiger Junge wehrt sich!« »Hau doch zurück und sei kein Mädchen!« usw.). In der Tat liegen aus den fünfziger Jahren zwei Interviewauswertungen vor, die diese Behauptungen zu stützen scheinen. Doch unter dem Eindruck aller inzwischen durchgeführten Untersuchungen mit anderen Ergebnissen fordert Eleanor Maccoby, die an einem der beiden alten Berichte selbst mitgearbeitet hat, deren Revidierung.[181]

Wo die neuere Forschung geschlechtstypische Erziehungsunterschiede entdeckt hat, dann meist dahingehend, daß sich zwar Mütter den Frechheiten und Angriffen ihrer Söhne, Väter aber denen ihrer Töchter gegenüber toleranter verhalten. Mit solchen Überkreuzbeziehungen ist das einfache Schema der Verhaltensformung durch Konditionieren sowieso überfordert.

Wenn darüber hinaus Ungleichheiten in der Aggressionserziehung festgestellt wurden, was nur sehr selten gelang, dann bestanden sie gerade nicht in Repressionen auf das Mädchen, friedlicher als der Junge zu sein. Im Gegenteil: Dann erfuhr der Junge häufiger negative Konsequenzen für aggressives Tun. Die Eltern reagierten härter, wenn ein Sechsjähriger wütend wurde, als wenn die Altersgenossin ihrem Zorn freien Lauf ließ. Und in der Schule riefen Aggressionen von Jungen stärkeren Gegendruck des Lehrers hervor, als es die gleichen von Mädchen gezeigten Aggressionen vermochten, die oft nur eine sanfte Rüge einbrachten.[182]

Die allermeisten Erhebungen jedoch fanden überhaupt keine Unterschiede in der elterlichen Förderung oder Hemmung von Aggressionen ihrer Sprößlinge. Ob nun Mädchen oder Jungen: die Eltern der Mittelschicht fordern von ihnen gleichermaßen, ihre Streitigkeiten möglichst verbal zu lösen, und ermutigen beide gleich intensiv, sich in Wettkämpfen durchzusetzen und sich zu wehren, wenn sie körperlich angegriffen werden.[183]

Es ist also mit Sicherheit falsch, noch immer von der größeren Toleranz von Eltern und Gesellschaft dem Aggressionsverhalten des Jungen gegenüber zu sprechen.

Bleibt nur noch jene Berufung auf die inzwischen berühmt gewordenen »Tchambuli« und »Arapesh« der Margaret Mead. Die amerikanische Wissenschaftlerin hatte in den zwanziger Jahren das merkwürdige Verhalten dieser beiden neuseeländischen Stämme studiert. Danach sollten bei den »Arapesh« Männer und Frauen gleich friedlich sein. Die Frauen der »Tchambuli« beschrieb Mead als aktiver und härter, die Männer als passiv,

zurückgezogen, klatschsüchtig und intrigant.
Immer wieder sind die Meadschen Beobachtungen bemüht worden, um die ausschließliche Kulturabhängigkeit geschlechtstypischen Verhaltens zu beweisen. Inzwischen aber mußte Margret Mead ihre Auswertungen von damals stark revidieren[184], denn sie ließen sich einfach nicht mehr halten: Die »Arapesh«-Männer haben sich inzwischen sehr wohl als die Aggressiveren und Kämpferischen erwiesen. Und das Verhalten der »Tchambuli« läßt sich auf einleuchtende Art erklären. Den ehemaligen männlichen Kopfjägern (!) und Kriegern war ihr »Handwerk« von der Kolonialmacht strengstens verboten worden. Mit dieser Tätigkeit aber hatten sie die Möglichkeit verloren, sich Prestige im Stamm zu erkämpfen. Das hatte natürlich geradezu neurotisierende Folgen für ihre Selbstachtung. Im Gegensatz zu ihren Frauen, die ungestört weiter ihren Ackerbau und Fischfang betrieben, befanden sie sich in einer ausgesprochenen Rollenkrise. Außerdem hat man der alten Meadschen Arbeit inzwischen die subjektiv geformte Art der Berichterstattung angekreidet.[185]
Geschlechtsspezifische Erziehereinflüsse auf das Aggressionsverhalten sind also im Bereich des Konditionierens nicht feststellbar. Wohl aber spielt das Modell-Lernen hier eine wesentliche Rolle. In ihrem Alltag, aber auch in den Medien, bekommen die Kinder körperliche Aggressionen eher von Männern als von Frauen vorgeführt. Natürlich sehen daher die Jungen in der Aggression auch leichter einen Teil ihrer Rolle. Verstärkend mag sich auch auswirken, daß die Eltern dazu neigen, eher den Sohn als die Tochter körperlich zu bestrafen. Gerade die am eigenen Leib schmerzlich erlebte Erfahrung, daß sogar die Bezugsperson körperlich »angreift«, um ihren Willen durchzusetzen, wird im Jungen über den Vorgang der Identifikation die Bereitschaft steigern, sich auch so zu verhalten.
Wie gehabt: Das Modell-Lernen verstärkt Tendenzen, erklärt viel – aber nicht alles. Es verlagert die Frage nach der Herkunft des höheren Aggressionspotentials des Mannes nur vom Sohn auf den Vater zurück.
Man hat in der Diskussion über die Entstehung der Geschlechter-

rolle häufig vorschnell von dem, was Eltern wahrnehmen, auch auf ihre Erziehungsabsichten geschlossen. Man sah: Eltern beschreiben das Verhalten der Jungen und Mädchen als verschieden, den Jungen zum Beispiel als rauhbeinig und aggressiver, das Mädchen als anschmiegsamer und friedfertiger. Aha, sagte man, also meinen die Eltern: »So muß es sein, in diese Richtung wollen wir unsere Jungen und Mädchen auch erziehen.«

Das war ein Fehlschluß. Wie die von E. Maccoby zusammengestellten Untersuchungen belegen, muß man von dem, was die Eltern wahrnehmen, das unterscheiden, was sie für erstrebenswert halten. Und da stellt sich nun überraschenderweise heraus, daß sie – zumindest heute und in unserem Kulturkreis – dieselben Eigenschaften an Jungen und Mädchen schätzen: die Eltern wollen *beide* weniger aggressiv und weniger abhängig und *beide* durchsetzungsfähig und hilfsbereit. Wie Maccoby resümiert: Obwohl die Eltern aggressives Verhalten als typisch für Jungen ansehen, halten sie es für unerwünscht. Dennoch üben sie keinen größeren Erziehungsdruck dagegen aus, etwa weil sie in der Aggression eine größere Gefahr für Jungen sehen würden. Auf der andern Seite aber tolerieren sie männliche Aggression nun deswegen nicht auch gleich mehr, weil sie sie etwa für »natürlich« hielten.[186]

Fassen wir kurz zusammen:

- Durch die allgemeine Unterbewertung der Leistungen der Frau *entstehen* zwar Unterschiede des Geschlechterverhaltens (S. 95 f.); hierbei wirken auch viele Eltern durch eine geschlechtsverschiedene Leistungsförderung mit.
- Die Eltern sind außerdem zwar daran interessiert, daß Jungen und Mädchen nach außen hin als das eine oder andere Geschlecht erkennbar sind und sich auch als solches fühlen (S. 101 f.).
- Auch bei uns gibt es zwar noch immer extrem sexistische Elternhaltungen, deren Einfluß auf die Ausbildung der Geschlechterrollen weit über das hinausgeht, was wir hier – als statistisch erfaßbar – beschrieben haben.

– *Aber* für uns ist an dieser Stelle der Blick auf den Normalfall wichtiger: Im allgemeinen bleibt in unserem Kulturkreis der Erziehungseinfluß der Eltern auf *Verstärkung vorhandener Tendenzen* beschränkt. Denn zu dünn ist die Ausbeute auf der Suche nach geschlechtsspezifischem Drill einer Reihe von Verhaltensweisen geblieben. Wir kommen also nicht umhin, für die männlich-weiblichen Unterschiede im Aggressionsverhalten, in Verballeistung, räumlicher Vorstellung und Motorik nach biologischen Mit-Wurzeln zu suchen.

# Biologische Grundausstattung und Geschlechterverhalten

## Angeborene Reaktionsprogramme

### *Der »Schlüsselreiz«*

Wir haben von bestimmten Signalen gesprochen, die wir mit Affen gemein haben: Wir drohen, indem wir uns aufrichten, mit einem Phallussymbol herumfuchteln oder brüllen; wir besänftigen, indem wir uns klein machen, den Blick wegwenden oder flehend die Hand ausstrecken. Niemand hat diese Gesten gelernt, und doch werden sie von allen Menschen auf der ganzen Welt verstanden. Biologen sind sich sicher, daß die Grundstrukturen solcher Reaktionen angeboren sind, das Verständnis der Signale genauso wie die von ihnen ausgelösten Stimmungen.

Wie aber ist das möglich? Wie können Verhaltensweisen regelrecht vererbt werden? Sind sie doch nicht einfache Körpermerkmale wie braune Augen oder blondes Haar, sondern »irgendwie« unkörperlich! Um das Prinzip zu verstehen, sehen wir uns ein einfaches Beispiel an.

Hält man kleine schwarze Kartonstückchen vor die Augen einer Erdkröte, versucht sie, diese wie eine Beute zu fangen. Wählt man von Versuch zu Versuch ein größeres Stück, ist irgendwann eine Größe erreicht (Sehwinkel größer als 30°), bei der die Kröte plötzlich kehrtmacht und fliehen will. Obwohl sie unter Umständen noch nie einem bedrohlichen Feind begegnet ist, schaltet ihr Gehirn bei dem Reiz »große Scheibe« um auf die Entschlüsselung »Gefahr durch Feind«.

Mit Hilfe feiner, in verschiedene Abschnitte des Gehirns und der Netzhaut gesenkter Elektroden konnte man den Weg der Impulse verfolgen, die von den Reizattrappen ausgelöst worden waren.

Man fand, daß die Sinneszellen der Krötenaugen-Netzhaut mit Teilen des Mittel- und des Zwischenhirns in einer ganz bestimmten Weise verbunden sind. Hier versetzen sie jeweils verschiedene Nervenzellensysteme in Erregung. Die Nervenzellen sind in den dreidimensionalen Netzen des Gehirns so miteinander zu »Mustern« verschaltet, daß bei der Beute-Attrappe (Sehwinkel unter 30°) ein ganz bestimmtes »Muster« aktiviert wird, das seinerseits die Impulsnachrichten an jene Muskelgruppen auslöst, die die Fangbewegungen durchführen. Wenn die Scheibe eine gewisse Größe (Sehwinkel über 30°) überschreitet, wird ein anders geschaltetes Nervenzellen- »Muster« in Erregung versetzt, die die Fluchtbewegung zur Folge hat. Da die Vernetzung und Verkabelung der Zellen untereinander in den beiden Gehirnteilen Zwischenhirn und Mittelhirn vor jeder Erfahrung erfolgen, werden die Nervenzellen-Muster, die das »Erkennen« und die Reaktion in unserem Beispiel steuern, nach *vererbten Plänen* verschaltet.
Jede Art reagiert so auf ihre arttypischen, angeborenen Reizkombinationen, auf »Schlüsselreize«, wie man diese auch nennt: Wie ein Schlüssel *sein* Schloß öffnet, versetzt die Reizkombination des Schlüsselreizes eine ganz speziell verkabelte Zellgruppe im Gehirn in Erregung und löst ein hiermit gekoppeltes bestimmtes Reaktionsprogramm aus. Allerdings funktioniert das Ganze nur, wenn das System »geladen« ist: das Tier muß in Stimmung sein (= Motivation, Trieb), die Kröte muß also Hunger haben.
Beispiele weiterer Schlüsselreize: Ein roter Stichlingsbauch löst beim balzbereiten Artgenossenmännchen Aggression aus. Ein Fleck am Unterschnabel der Silbermöwe veranlaßt den hungrigen Jungvogel, heftig gegen den Schnabel des Altvogels zu picken. Das Angstpiepen des Kükens aktiviert die Suchreaktion der kükenführenden Henne – dem Anblick des sich unter einer schalldichten Glasglocke ängstigenden Kükens gegenüber bleibt sie teilnahmslos: Das Programm »Kükensuchen« ist nun mal mit den akustischen und nicht mit einem optischen Auslöser gekoppelt. Ganz bestimmte chemische Stoffe locken die hungrige Seidenspinnerraupe zur Futterpflanze, andere wieder wirken als Schlüsselreiz für das Hineinbeißen, und eine dritte Substanz

schließlich »paßt« genau in das Erregungsmuster des Gehirns, das das Hinunterschlucken auslöst.
Einige andere Reaktionsmuster werden erst nach der Geburt zusammengeschaltet, dürfen aber trotzdem nicht mit dem »Lernen« verwechselt werden: Man hat isoliert aufgezogenen Rhesusäffchen die Möglichkeit gegeben, durch Niederdrücken eines Hebels Diapositive an ihre Käfigwand zu projizieren. Am liebsten schauten sie sich Bilder von anderen Äffchen an, unter ihnen eines, das einen drohenden Rhesusaffen zeigte. »Im Alter von zweieinhalb Monaten änderten die Äffchen jedoch ihr Verhalten. Auf einmal löste das Bild Zurückweichen, Selbstumklammerung und Angstlaute aus. Die Rate der Selbstdarbietung sank rapide ab. Da die Tiere bis dahin keinerlei Sozialerfahrung gesammelt hatten, kann man diesen Wechsel nur durch die Annahme erklären, daß ein angeborener Auslösemechanismus für das Mimikerkennen in seiner Funktion heranreifte.«[187]
Auch Steuerung und Verständnis menschlicher Mimik folgen in ihren Grundzügen angeborenen Reaktionsmustern. Lächeln und Lachen, Schmollen und Weinen, wut- und angstverzerrte Gesichter sind auf der ganzen Welt verständlich. Auch taubblinde Kinder, die nie einen Menschen gesehen oder gehört haben, verändern in der uns bekannten Weise ihren Gesichtsausdruck. Bei Neugeborenen bereits ist die typische Mimik bei süßem, saurem oder bitterem Geschmack auszulösen.

## *Signale elterlicher Zuwendung*

Dem Baby ist die Fähigkeit angeboren, sich durch Wiegebewegungen, durch sanft-rhythmische Wiegenlieder und durch den Rhythmus des schlagenden Herzens beruhigen zu lassen. Als man Babys in einer Klinik Tonbandaufzeichnungen eines normal schlagenden Herzens (72 Schläge pro Minute) vorspielte, schrien sie wesentlich weniger als vorher und nachher. Und ohne solche Zusammenhänge zu kennen, handeln Mütter, als wüßten sie das. 83% der rechtshändigen und 78% der linkshändigen Frauen tragen ihr Kind auf der linken Seite, so daß es ihre Herztöne hören kann.[188] Gleichförmiger Rhythmus beseitigt Ängste – davon machen hospitalisierte und verhaltensgestörte Kinder mit ihren stereotypen Bewegungsmonotonien unbewußt genauso Gebrauch wie tanzende Krieger oder singend marschierende Soldaten vor der Schlacht.

Schreien kann das Menschenbaby von der ersten Sekunde seines Lebens an. Die angeborene Lächelreaktion tritt zwischen fünfter Woche und drittem Monat auf und ist in der ersten Zeit durch eine einfache Attrappe, eine Maske mit zwei Augen, auslösbar.

Das Baby kann sich nicht mehr wie ein kleiner Affe einfach am Fell seiner Mutter festklammern. Darum müssen die neuerworbenen Signale, Schreien und Lächeln, den Kontakt zur Bezugsperson garantieren – und das tun sie im Normalfall. Sie unterstützen damit die fast unwiderstehliche Wirkung, die ein Baby mit seiner hohen, runden Stirn, dem kleinen Gesicht, der Stupsnase, dem fliehenden Kinn und den Pausbacken auf unsere Zuwendungsbereitschaft ausübt. Warum finden wir so ein Baby eigentlich »niedlich«? Was treibt uns, uns ihm zu nähern, es auf den Arm zu nehmen, es zu berühren, durch sinnlos-neckisches da-da-Geplapper Kontakt mit ihm zu bekommen? Die Antwort mag banal klingen: Weil gerade diese Reizkonstellation des Hirnschädel-Gesichtsschädelverhältnisses – wie ein Schlüssel ins Schloß – genau in unseren angeborenen Mechanismus »hineinpaßt«, der normalerweise unsere Betreuungsreaktion auslöst.

Wie zuverlässig der Schlüsselreiz »Kleinkindchen-Schema« beim Durchschnittsbürger funktioniert, wissen inzwischen Fabrikanten von Spieltieren und Puppen, Zeichner von Cartoons und Trickfilmen, Werbefachleute. Möglichst zu einer Super-Attrappe übertrieben, garantiert das Kleinkindchen-Schema im Spielzeug, in einer Filmfigur oder in der Werbung untergebracht, seinem Produzenten klingende Münze. Von dem Baby-Äffchen Monchhichi wurden bei uns im Herbst 1978 eine halbe Million Exemplare abgesetzt, die Käufer rissen den Händlern die Ware aus den Händen. Bärchen, Mäuschen, Hündchen, Babys sitzen pausbäkkig Reklame für die verschiedensten Kaufgüter von Milch und

Lebensversicherungen bis zu Waschmitteln und Wolle. Es sind dies alles Produkte, die vor allem von Frauen und Vätern gekauft werden – jener Personengruppe, bei der man durch das Kleinkindchen-Schema auch eine unwillkürliche Pupillenerweiterung auslösen kann. Bei ledigen und kinderlosen Männern reagieren die Pupillen im allgemeinen nicht in diesem Maße darauf. Wie wir oben gesehen haben, kann ein Schlüsselreiz eben nur dann wirken, wenn die entsprechende Stimmung vorhanden ist: Die Kröte mußte Hunger haben, um auf die Beute-Attrappe zu reagieren, Menschen müssen »pflegegestimmt« sein, um sich vom Baby-Schema ansprechen zu lassen. Ledige, kinderlose Männer sind in diesem Sinn nicht so pflegemotiviert wie Väter und Frauen. Deshalb wird für Produkte, die primär von Männern gekauft werden sollen (Autos, Zigaretten, Alkohol), eher mit Sex- oder Macht-Schlüsselreizen geworben.

Wenn wir die Wirksamkeit angeborener Reaktionsprogramme auch beim Menschen feststellen, dürfen wir dabei natürlich nicht übersehen, daß sie bei weitem nicht so starr vererbt und umweltunabhängig verwirklicht werden wie bei niederen Tieren.

1. Da ist zunächst einmal die große Anfälligkeit der Reifung dieser Programme gegen mögliche Störfälle in der frühen Sozialisationsphase der ersten Lebensjahre. Das gilt schon für unsere Verwandten, die Affen. Isoliert aufgezogene Affen waren – nach dem Grad ihrer sozialen Schädigung – nicht mehr in der Lage, ein einwandfreies Pflegeverhalten zu entwickeln. (Auch ihr späteres Sexualverhalten war gestört.) Beim Menschen ist diese Störanfälligkeit noch größer: Eine asoziale Mutter, ein neurotischer Vater können die Signale des lächelnden oder schreienden Babys ungerührt überhören. Bei der Geburt höherer Primaten und Menschen sind sozusagen noch aufnahmebereite Leerstellen im Programm ihres Pflegeverhaltens vorhanden, in die hinein die (ungestörte) Sozial-Umwelt gleichsam ihren prägenden Stempel drücken muß, damit er später funktionieren kann. So enthält das Pflegeverhalten von Affenprimaten und Menschen dann auch mehr individuelle, gelernte Anteile und läuft nicht so starr ab wie das niederer Tiere.

2. Die Motivation der Eltern, ihrem schreienden Baby zu helfen, kommt zwar aus tieferen Gehirnschichten. In einem – im Vergleich zum Tierreich – einzigartigen Maß aber hat sich *über* diesem »Programm aus der Tiefe« der Gedanken- und Lernapparat der Neuen Großhirnrinde entfaltet, mit dessen Hilfe der Mensch in bestimmten Ausnahmesituationen die Ausführung der Pflegereaktion eben doch unterdrücken kann, wenn seine »Vernunft« ihm das vorschreibt. Nicht verhindern allerdings kann die Großhirnrinde, daß das Gefühl in solchen Fällen den Aufstand wider die Vernunft probt.
3. Auch wenn Verhaltensunterschiede zwischen den Geschlechtern deutlich mit angeborenen Reaktionsmustern tieferer Gehirnschichten zusammenhängen, dann sehen diese Unterschiede (Zeugen, Gebären, Stillen ausgenommen) nie so aus, daß nur das eine Geschlecht eine bestimmte Verhaltensweise zeigt, die dem anderen gänzlich fehlt. Vielmehr sind dann nur die *Häufigkeit* der zu beobachtenden *Reaktion* und die *Leichtigkeit, mit der sie auszulösen ist*, bei beiden Geschlechtern verschieden. Auch das gilt bereits bei höheren Säugern, besonders bei Affen. Praktisch alle Verhaltensweisen der Art kommen sowohl bei Männchen als auch bei Weibchen vor: Affenweibchen bespringen auch Artgenossen, Affenmännchen präsentieren das Gesäß. Nur treten beide Reaktionen wesentlich häufiger beim anderen Geschlecht auf. So lassen sich auch beim Rhesusaffenmännchen »weibliche« Pflegereaktionen auslösen – nur bedarf es dazu ausgesprochen starker Stimulation (längeres Zusammensperren mit Affenbaby). Entsprechend scheinen Männer – im Gegensatz zu Frauen – erst dann vom Baby-Schema emotional angesprochen zu werden, wenn sie selbst ein Kind haben.

### *Dominanz-Signale*

Menschen und Affenprimaten »verstehen« in diesem Sinn die Form des erigierten Penis als Signal des Dominanzanspruchs – mit

dem Unterschied, daß die abstraktions- und symbolisierungsfreudige Neue Großhirnrinde des Menschen zusätzlich viele Symbole gefunden hat, die auch in das Penisschema hineinpassen: Zunge, Mittelfinger allein, Zeige- und Mittelfinger zusammen, Daumen, Faust und Unterarm, mit abgewandelten Bewegungen gekoppelt, werden in den verschiedenen Kulturen der Welt als dominanzheischende Phallus-Zeichen eingesetzt, die dem Artgenossen seine niedere Rangstellung klarmachen sollen und daher so beleidigend wirken. »Sexuelle Beleidigungen sind also Bestandteil unseres tierischen Erbguts. Das bedeutet allerdings nicht, daß die einzelnen Gesten selbst angeboren sind. Nur der ihnen zugrunde liegende Mechanismus ist bei uns der gleiche wie bei unseren Verwandten, den Primaten. Die obszönen Gesten selbst sind sehr variabel und stark von den Traditionen der verschiedenen menschlichen Kulturen beeinflußt«, resümiert Desmond Morris seine ausführliche Zusammenstellung phallischer Dominanzgesten.
Kulturbedingte Abwandlungen eines vererbten Grundschemas finden wir auch bei anderen Dominanzsignalen. Wenn wir jemandem drohen, machen wir uns »unwillkürlich« größer. Unsere behaarten Vorfahren unterstützten die Wirkung dieser Geste, indem sich ihre Behaarung auf den Schultern aufrichtete. Noch beim heutigen Menschen läuft der Haarstrich von der Achselhöhle an aufwärts. Wir haben zwar den Schulter-Vergrößerungs-Effekt durch das dicke Haarfell verloren, nicht aber das damit gekoppelte Gefühl in der Rückengegend, wenn uns Schauer über den Rücken laufen. Auch sind die alten Verständnismuster »breite und erhöhte Schultern = Macht« in unserem Gehirn noch erhalten: Die Männermode aller Zeiten und Kulturen – seit kurzem bei uns auch die Frauenmode – verzeichnet immer wieder die Tendenz, die Schulterregion zu betonen und zu erhöhen.

Signale, die wie Schlüsselreize bestimmte Reaktionen auslösen, gibt es auch im menschlichen Sexualbereich (mit den Einschränkungen von Seite 127 und 128).
Schon durch den Anblick des nackten, teilweise nackten oder »reizvoll« angezogenen Körpers einer »gutgebauten« Frau kann ein Mann in sexuelle Erregung geraten und sein Glied erigieren. Vor allem sind es die spezifisch-weiblichen Rundformen des Pos, der Brüste, der Schultern und Knie, die die männliche Erregung – die notwendige Stimmung vorausgesetzt – auslösen können.
Die direkte Herkunft des Schlüsselreizes »weibliche Rundform« vom Gesäß-Signal bei den Affen ist nicht zu übersehen. Bei vielen Äffinnen vergrößern sich die Hinterteil-Schwellungen zur Zeit des Eisprungs sogar, um den Männchen Paarungs- und Empfängnisbereitschaft zu signalisieren. Auch für die meisten heutigen Männer sendet das Hinterteil der Frau noch immer die machtvollste sexuelle Botschaft überhaupt aus, was sowohl die bleibende Beliebtheit der a-tergo-Position beim Beischlaf als auch die Vorliebe vieler Illustrierten erklärt, just diesen Körperteil – möglichst noch durch die Hohlkreuzhaltung überbetont – als Vorlage für Titelfotos zu gebrauchen. (Da die gleiche Geste, losgelöst aus dem sexuellen Bereich, bei vielen Primaten *auch* ein Demutssignal ist, kann man die Empörung vieler Frauen über diese verkaufsfördernde Titelbildgestaltung verstehen.)
Schwieriger gestaltet sich die Suche nach typisch männlichen Signalen, die mit der gleichen Zuverlässigkeit die Frau erregen. Sind es die breiten Schultern oder Muskelpakete? Die schüchtern eher ein (s. o.!). Ist es der Bart? Der rasierte Mann zieht eine Frau genauso an. Sind es gar die männlichen Spezialbildungen Bauch und Glatze? Wohl kaum. Das Problem ist: Die Frau ist durch optische Signale, die vom Mann ausgehen, überhaupt nicht so leicht sexuell zu erregen wie der Mann durch weibliche. Die weibliche Pupillenreaktion auf einen männlichen Akt ist zwar auch nachweisbar, erreicht aber nicht den Grad der männlichen Reaktion auf einen weiblichen Akt. Es kommt sogar vor, daß

heterosexuelle Frauen auf den Anblick eines nackten weiblichen Körpers stärker mit der Pupillenerweiterung reagieren als auf den eines männlichen Körpers, was – entsprechend umgekehrt – beim heterosexuellen Mann nicht zu beobachten ist.[189]
Frauen sprechen eher auf Berührungsreize an, auf Streicheln, zärtliche Berührung – und zwar durch Männer, die sie von ihrer Persönlichkeit her erregend und anziehend empfinden. Unter den Menschen mit untypischem Sexualverhalten spielen Frauen überhaupt nur in zwei Bereichen eine nennenswerte Rolle, bei der Zoophilie und der Homosexualität. Bei beiden Formen dominieren in der typisch weiblichen Ausprägung kaum optische oder genitale, wohl aber *taktile* Elemente: Streicheln und Liebkosen der Partnerin oder des Schmusetiers, nicht jedoch Anschauen oder genitaler Kontakt lösen primär die Erregung aus.
Anders die (ungleich zahlreicheren) Männer mit untypischem Sexualverhalten. Ob es sich um Voyeure, Exhibitionisten, Fetischisten oder Transvestiten handelt – die Auslöser sexueller Erregung sind vor allem *optischer* Art. Eine Analyse von Heiratsinseraten in großen deutschen Zeitungen ergab, daß Frauen doppelt so oft wie Männer mit ihrem Aussehen werben und daß Männer gar 35mal häufiger optische Attraktivität fordern als Frauen.[190]
Striptease und Pornographie sind vom Altertum bis hin zur modernen Peep-Show männliche Vergnügungen geblieben. Immer, wenn findige Geschäftsleute die Marktlücke »Pornographie für Frauen« ausfüllen wollten, fanden sie auch bei moderneren Frauen kaum Absatz, wohl aber erstanden männliche Homosexuelle die gar nicht für sie produzierte heiße Ware. Die echte Pornographie der Frau sind jene Trivialheftchen voller Grafen, Frauenärzte und Förster, in denen es zwar keine scharfen Bilder zu begucken, wohl aber Umarmungen und Zärtlichkeiten nachzufühlen gibt.
Wenn Männer onanieren, sehen sie sich dabei gerne Pornoheftchen an. Oder sie malen sich in ihrer Phantasie großangelegte Szenarien ausschweifender Sexorgien aus und erfinden vor ihrem inneren Auge richtige Sexfilme mit choreographischen Variatio-

nen. Man vergleiche einmal die Masturbationsphantasien, von denen Männer und Frauen im *Ralf*- und Hite-Report berichten: Frauen sind bei weitem nicht so auf optische Untermalung ihrer Lust angewiesen und konzentrieren sich mehr auf ihre Körperempfindungen. Wenn Frauen von Bilderphantasien beim Masturbieren sprechen, dann bestenfalls in der Form, daß sie sich als Partnerin des einen oder anderen Mannes sehen.

Frauen zupfen und tasten mehr als Männer an sich herum, wenn sie am anderen Geschlecht interessiert sind und unbewußt Sex-Signale senden: Sie streichen sich häufiger übers Haar, lassen öfter ihr Kinn an der Schulter entlanggleiten und fahren sich zehnmal so oft wie der Mann mit der flachen Hand über die Oberschenkel.[191] An solchen femininen Selbstkontakten wird die große Bedeutung des taktilen Elements für die Frau deutlich. Darüber hinaus zeigen sie die Tendenz der am Mann interessierten Frau, zunächst an ihrer Erscheinung zu arbeiten, um sich der eigenen Wirkung zu vergewissern (vgl. Blick in den Spiegel). Die entsprechenden männlichen Interesse-Signale sind deutlich objektgerichteter: Ins-Auge-Fassen bis hin zum berüchtigten Ausziehblick, Anspannung der Muskulatur, Intensivierung der Atmung (Vorbereitung zum »Zugriff«).

### *Geprägte Anteile im Sexualprogramm*

Nun begeistert sich doch aber der eine Mann mehr für Busen, der andere mehr für Po, der dritte ist ein Homo, und der vierte fühlt sich eher von einem Wäschestück angesprochen. Kann man denn angesichts dieser Spannweite bei der sexuellen Erregung durch bestimmte Signale überhaupt noch von »angeborenen Reaktionsprogrammen« sprechen? Man kann. Nur: Es gilt dabei in verstärktem Maße, was wir bereits bei der Ansprechbarkeit des Menschen durch das Kleinkindchen-Schema gesehen haben: Unsere angeborenen Mechanismen werden sehr »unscharf« vererbt. Sie enthalten nach der Geburt noch unprogrammierte Leerstellen.

Deren Programmierung durch die Umwelt darf man aber nicht mit dem normalen »Lernen« verwechseln. Es ist gleich, ob ich mit 5, 10, 15 oder 20 Jahren lerne, wie die Hauptstadt eines Landes heißt, ich kann mein angelerntes Wissen auch vergessen oder, wenn es falsch war, beliebig korrigieren. Anders aber bei der Prägung der noch »offenen« Stellen in unserem Sexualprogramm durch die Umwelt:

Der *Zeitraum,* in dem solche Prägungen erfolgen können, ist beschränkt. Das eingeprägte Programm sitzt sehr *fest* und ist nahezu unverlernbar. Wenn es ausgelöst wird, funktioniert es fast so *»automatisch«* wie eine echt angeborene Reaktion nach dem Schlüsselreiz-Prinzip. Wir kennen extreme Prägungsformen mit sehr kurzen Prägungsphasen und absoluter Unwiderrufbarkeit der Programme aus dem Tierreich: Frisch geschlüpfte Entenküken folgen dem ersten bewegten Objekt oder Lebewesen, das Töne von sich gibt. Zwischen der 13. und 16. Stunde nach ihrem Schlüpfen prägt sich ihnen ihr Objekt als Mutterbild unwiderruflich ein, auch, wenn es ein Fußball mit eingebautem Lautsprecher ist. Ein Beispiel aus dem sexuellen Bereich: Stockerpel müssen genau in der Phase, in der sie mit Mutter und Geschwistern zusammenleben, Weibchen kennenlernen. Gibt man ihnen diese Möglichkeit in der Kindheit nicht, werden sie später, nach ihrer Geschlechtsreife, homosexuell.

Auch für den Sexualbereich des Menschen ist die Existenz von Prägungsvorgängen nachgewiesen worden, bislang allerdings erst in Form einer Negativ-Prägung: In israelischen Kibbuzim leben die Kinder tagsüber, getrennt von Vater und Mutter, mit anderen Kindern in der Obhut von Kindergärtnerinnen in festen Gruppen zusammen. Die Kinder entwickeln ein ausgesprochen familiäres Zusammengehörigkeitsgefühl – und das prägt sie im wahrsten Sinne des Wortes für ihr weiteres Leben. Wiewohl nicht wirklich Bruder und Schwester und obwohl niemand etwas gegen eine sexuelle Verbindung gehabt hätte, haben unter Tausenden von untersuchten Fällen keine zwei Gruppenmitglieder einander geheiratet.

Bislang hat man das Inzest-Tabu, das Verbot einer Verbindung von Bruder und Schwester, oft für ein Gesellschaftsprodukt gehalten. Doch das Verhalten der Kibbuz-Sprößlinge zeigt, daß das nicht so ist. Wenn zwei in einer Gruppe Aufgewachsene nicht heiraten, so nicht deshalb, weil die Gesellschaft es ihnen verböte, sondern weil sie »etwas in sich spüren«, was ihnen die Verbindung unmöglich macht. Entstanden ist dieses Gefühlsprogramm in ihrer frühen Kindheit, in der wir so etwas wie eine »Geschwister-Prägungsphase« durchlaufen. In ihr prägen sich uns die eng mit uns zusammenlebenden Kinder als Geschwister ein. Deren Bild wird mit einer Sexualhemmung gekoppelt, die erst beim Erwachsenen zur Auswirkung gelangt. Wir müssen uns vorstellen, daß auch bei der Einstimmung auf das Geschlecht des künftigen Sexualpartners prägungsähnliche Prozesse eine Rolle mitspielen, wenn auch nicht ganz so simpel wie bei der Stockente.

Für die Prägung des sexuellen Erregungsmusters des Menschen gibt es zwei zeitliche Schwerpunkte. Der eine (wichtigste und sensibelste) liegt in der frühkindlichen Phase, der zweite in der Pubertät, in der die Einprägungsfähigkeit für sexuelle Reize noch einmal fast die frühkindliche Sensibilität erreicht.

Bei ungestörten Vater-Mutter-Kind-Beziehungen prägen sich die vom anderen Geschlecht ausgehenden Signale, mehr optisch beim Jungen, mehr taktil beim Mädchen, fest ein und werden mit sexuellen Erregungsmöglichkeiten gekoppelt. Wir haben für die körperlichen Signale des anderen Geschlechts ohne jeden Zweifel eine ausgesprochene *Lernbegabung*, die uns gerade jene aus der bunten Umwelt voller Reize bevorzugt auswählen und einprägen läßt.

Dabei aber kann es – bei der komplizierten Sozialisation des Menschen – sehr leicht zu abweichenden Prägungen kommen. Ein zu mächtiges Mutterbild vom Typ der overprotective (= überbeschützenden) Mutter oder eine neurotische Beziehung zwischen Mutter und Sohn können die Koppelung der ja auch von ihr ausgehenden weiblichen Signale an die vom Sohn unter Umständen als »schmutzig« erlebte Sexualität blockieren. Der wachsende sexuelle Triebdruck »sucht« sich dann andere, weniger mächtige und bedrohliche Signale, an die er sich koppeln kann

und auf die er so geprägt wird. Schon bei relativ ungestörter Entwicklung versucht der Junge ja häufig in der Phantasie, die weiblichen Signale durch Zusatzrequisiten wie lange Stiefel, Gummi- oder Lederkleidung zu »entmuttern«. Weil diese so unmütterlich (= männlich) wirken, sind sie auch zu Hauptrequisiten von Prostituierten geworden. Man kann sich leicht vorstellen, wie bei stärkeren Störfaktoren die Übergänge von hier zum Fetischisten (der sich ausschließlich an das Kleidungsstück hält) und zum Homosexuellen (der ganz auf das Mann-Signal umgesprungen ist) fließend sind. Beim Mädchen läuft die Entwicklung zur Homosexualität oft über eine zu enge Vaterbeziehung.
Zwischen beiden Kerngruppen, den eindeutig auf die gegengeschlechtlichen Signale geprägten Heterosexuellen und den auf gleichgeschlechtliche Auslöser geprägten echten Homosexuellen, gibt es natürlich alle möglichen Formen von *Übergängen* – je nachdem, wie stark sich in der Erziehungssituation der frühkindlichen Phase die beschriebenen Faktoren auswirken konnten. Es sind dies die Bisexuellen, denen es leicht fällt, von einem Signaltyp auf den anderen umzusteigen oder sich von beiden gleichzeitig erregen zu lassen.
In ganz extremen Umweltsituationen kann die Abweichung noch weiter gehen: Nicht nur die Prägung auf gegengeschlechtliche Sexualsignale wird verhindert, sondern darüber hinaus die Geschlechtsidentifikation als Mann oder Frau. Ein Junge kann sich so intensiv mit seiner Mutter identifizieren, daß er seine Geschlechtsorgange schlichtweg als »Irrtum« erleben muß und sich später als Frau empfindet. Solchen Transsexuellen kann man nur durch eine operative Geschlechtsumwandlung helfen, denn Genitalien sind veränderbar – die eingeprägten Muster des geschlechtlichen Selbstverständnisses und der sexuellen Orientierung sind es kaum.
Wir haben hier einen wesentlichen Faktor gefunden, der dafür mitverantwortlich zu machen ist, daß es mehr männliche »echte« Homosexuelle und mehr Mann-zu-Frau-Transsexuelle gibt als »echte« Lesbierinnen und Frau-zu-Mann-Transsexuelle. Durch unsere Sozialisationsform sind zu enge Mutter-Sohn-Bindungen

einfach häufiger als zu enge Tochter-Vater-Beziehungen, ist es doch meistens die Mutter, die in der frühkindlichen Phase die Hauptbezugsperson der Kinder ist. Andererseits findet man mehr Frauen als Männer mit bisexuellem Potential. Das wird zum Teil mit daran liegen, daß die vom Mann ausgehenden sexuellen Signale, auf die das kleine Mädchen normalerweise geprägt ist, eher taktiler und persönlichkeitsbezogener Natur und damit bei weitem nicht so unverwechselbar »männlich« sind, wie die eher optischen Signale der Frau copyright-sicher weiblich sind.
Es haben also komplizierterweise Desmond Morris (»Geschlechtskennzeichen ..., die aus dem genetischen Erbe stammen, werden sich als ungemein widerstandsfähig erweisen«[192]) und Alice Schwarzer (»Männlichkeit und Weiblichkeit sind nicht Natur, sondern Kultur«[193]) gleichermaßen recht und unrecht: Bei der Entwicklung des subjektiven Geschlechts und der Prägung auf das Geschlecht künftiger Sexualpartner spricht die *Umwelt* der Sozialisation das entscheidende Wort (pro Schwarzer). Dennoch ist für beide Bereiche etwas *angeboren*: die Zeitspanne, in der die Prägung nur wirksam werden kann, die Festigkeit des geprägten Musters und die bemerkenswerte Lernbereitschaft, mit der bei ungestörter Mutter-Kind-Vater-Beziehung die jeweils gegengeschlechtlichen Sexualsignale aufgenommen und eingeprägt werden (pro Morris). Wie aber hat man sich die Vererbung *unterschiedlicher* Präge- und Lernbereitschaften (z. B. auf optische oder taktile Sexualsignale) und unterschiedlicher Ansprechbarkeitsschwellen bestimmten Signalen gegenüber (z. B. auf das Kleinkindchen-Schema) bei beiden Geschlechtern vorzustellen? Haben sie doch die gleichen Erbanlagenträger – mit jener kleinen Ausnahme des »kümmerlichen« y-Chromosoms, das als männliches Geschlechtschromosom lediglich dafür sorgt, daß sich die neutrale Keimdrüsenanlage nicht in einen Eierstock, sondern in Hoden umwandelt.
Tatsächlich werden wir im folgenden sehen, daß vom Einfluß des y-Chromosoms mehr abhängt als die Frage »Penis oder Scheide«: daß es sich nämlich indirekt in die Prägung und Beeinflussung von Verhaltensbereitschaften mit einmischt.

## Geschlechtschromosomen und Anfälligkeit

Der menschliche Körper besteht aus etwa 60 Billionen Zellen. Das Erbmaterial *jeder* Zelle ist im Zellkern in Form fadenförmiger Chromosomen gespeichert. Immer zwei davon sehen gleich aus; insgesamt sind es beim Menschen pro Zelle 23 Paare. Jedenfalls bei der Frau. Beim Mann sind es nur 22 richtige Paare, denn anstelle des bei der Frau vorhandenen 23. Paars zweier gleichgeformter sogenannter x-Chromosomen hat der Mann nur ein x-Chromosom und ein anders gebautes, kleineres y-Chromosom. Die Wirkung des kleineren y-Chromosoms auf den entstehenden Fetus ist zunächst einmal alles andere als positiv:

Viele Erbkrankheiten schaden dem Menschen nur deshalb nicht, weil die falsche Erbinformation nur auf jeweils einem von zwei Chromosomenpaarlingen sitzt und von der richtigen Information auf den anderen Paarling überspielt und wirkungslos gemacht wird. So können auch Erbfehler auf einem x-Chromosom unschädlich bleiben, wenn das andere x-Chromosom »es besser weiß«. Zwei x-Chromosomen aber hat nur die Frau. Beim Mann können solche Fehler verhängnisvoll werden, weil das y-Chromosom nichts dagegenzusetzen hat (es enthält ja lediglich die Information darüber, wie aus Keimdrüsen Hoden gemacht werden).

Die Folgen: Mehr als dreißig Erbkrankheiten befallen Männer wesentlich häufiger als Frauen, unter anderem Albinismus, Bluterkrankheit, Herzklappenfehler, Kurzsichtigkeit, Netzhautablösung, Farbenblindheit und Nachtblindheit. Sieben kommen so gut wie nur bei Männern vor. Unter den Erbanlagen auf dem x-Chromosom befinden sich höchstwahrscheinlich auch solche, die die Widerstandsfähigkeit des Organismus gegen Infektionen und Belastungen mitbestimmen. Das erklärt, warum das männliche Geschlecht auch anfälliger gegen Infektionen ist.

Bereits das männliche Ungeborene ist gefährdeter: Kommen nach der Befruchtung auf 100 weibliche Embryos noch ca. 130 männliche, so werden auf 100 weibliche nur noch 106 männliche Babys geboren. Das Verhältnis der Totgeborenen: 100 Mädchen zu 115

Jungen. Das Sterberisiko für Jungen liegt schon im ersten Lebensjahr 33% über dem der Mädchen, und in *allen* folgenden Lebensaltern gehen Krankheiten im männlichen Geschlecht häufiger tödlich aus als im weiblichen. Weibliche Säuglinge halten Streßsituationen aller Art besser aus als männliche. Sie sind ruhiger, weniger störanfällig und schlafen länger.

Die größere Irritabilität der Jungen beeinträchtigt auch ihre Gehirnentwicklung. Es gibt mehr männliche Gehörlose als weibliche. Auf jedes sprachbehinderte Mädchen kommen drei Jungen. Auch unter den lernbehinderten Kindern führen die Jungen, besonders groß ist ihr »Vorsprung« in der Legasthenie. Wenn man lese-rechtschreib-schwachen Kindern gezielt hilft, ist festzustellen, daß Mädchen den größeren Lernzuwachs erzielen.[194]

Es ist, als ob ungünstige Umweltbedingungen bei der Verhaltensformung des Jungen eher greifen. So gibt es wesentlich mehr verhaltensgestörte Jungen als Mädchen. In einer amerikanischen Erhebung zeigten sich bei 40 von 55 erfaßten Symptomen deutlich die Jungen vorn.[195] Nach amerikanischen Zahlen[196] wird Schizophrenie bei Jungen bis 15 Jahren um 42% häufiger diagnostiziert als bei Mädchen. Dementsprechend werden auf 100 Mädchen 150 Jungen in psychiatrischen Kliniken behandelt. Die schwerste Form psychischer Störung des Kindes, der Autismus, ist bei Jungen sogar drei- bis viermal so häufig wie bei Mädchen.

Die größere physiologisch-psychologische Widerstandskraft des weiblichen Individuums hat sich auch bei höheren Säugern nachweisen lassen: Entscheidungsstreß ruft eher bei männlichen als bei weiblichen Affen Geschwüre im Zwölffingerdarm hervor.[197] Und männliche Affen werden in der Isolation leichter teilnahmslos und passiv als weibliche.[198] »Ob man nun mit Tieren in einem Laboratorium experimentiert oder einfach das tägliche Leben beobachtet, überall sieht man, daß männliche Wesen leichter zerbrechen als die weiblichen, ihr endokrines System und ihr Zentralnervensystem hält einem Druck einfach nicht so gut stand.«[199]

Doch zurück zum y-Chromosom: Die einzige Erbinformation, die das y-Chromosom enthält, ist *die* geschlechtsbestimmende

Anlage überhaupt. Auf ihre Anweisung hin entwickeln sich die Keimdrüsen des Embryos am Ende des 2. Schwangerschaftsmonats zu Hoden und beginnen mit der Bildung eines männlichen Geschlechtshormons, eines Androgens, des Testosterons. Zu dieser Zeit ist die embryonale Genitalregion sowohl der xx- als auch der xy-Individuen noch neutral: Unter einer Schwellkörperanlage führt ein Geschlechtsgang nach außen. Die Androgene greifen nun in den weiteren Entwicklungsverlauf dramatisch ein. Bei ihrer Anwesenheit wächst sich die Schwellkörperanlage weiter zum Penis aus. Die Öffnung darunter verschließt sich, und aus ihren Verschlußfalten wird der Hodensack, in den die Keimdrüsen hinabwandern. Die Scheidenanlage und – unter Wirkung einer weiteren von den Hoden produzierten Hemmsubstanz – auch der innere weibliche Geschlechtsgang werden beseitigt.
Fehlt das y-Chromosom (bei der Frau!), wird kaum Testosteron gebildet. Dann bleibt die Schwellkörperanlage klein und wird später zur Klitoris. Die Körperöffnung bleibt ebenfalls (Schamlippen, Scheide), und aus dem beim Mann unterdrückten inneren Gangsystem entwickeln sich Eileiter, Gebärmutter und oberer Teil der Scheide. Die Keimdrüsen bleiben als Eierstöcke im Körperinneren.
Zu den vom y-Chromosom verursachten körperlichen Unterschieden der Geschlechtsorgane und der Anfälligkeit kommen in der Pubertät durch die Hormonschübe weitere hinzu.

## Körperbau und Verhalten

»Ein anderer Gang, eine unterschiedliche Körperhaltung der Frau oder größere Körperkraft ... des Mannes sind nicht natürliche Geschlechtsdifferenzen, sondern Resultat langjähriger systematischer Übungen«, meint Ursula Scheu.[200] Wie im Mittelalter kann man auch heute die haarsträubendsten Unsinnigkeiten als wissenschaftlich ausgeben, wenn sie nur mit dem Dogma einer gängigen Ideologie in Einklang zu bringen sind. Ein unvoreingenommener Blick offenbart die Unhaltbarkeit solcher Aussagen.

Dem jungen Mädchen wachsen das Becken, dem jungen Mann die Schultern breiter; das Mädchen bekommt einen Busen, dem Jüngling entwickelt sich die Muskulatur auf 42% seines Gesamtgewichts (der Frau auf 36%): all dies nicht als »Resultat langjähriger Übung«, sondern als Folge der in der Pubertät vermehrt produzierten Geschlechtshormone. So reagieren die Knorpelzellen des Schultergürtels stärker auf Androgene, die des Beckens stärker auf Östrogene. Und die auf diese Weise entstandenen sekundären Geschlechtsmerkmale beeinflussen das Verhalten. Den Gang, zum Beispiel: Das weibliche Becken ist bei der erwachsenen Frau etwas breiter und weiter nach hinten geneigt. Die Oberschenkelknochen sind in etwas weiterem Abstand voneinander in das Becken eingelassen. Um bei den Knien wieder zusammenzukommen, müssen die Oberschenkelknochen etwas nach innen gebogen sein, so daß die Stellung der beiden Beine etwas mehr als bei einem Mann einem X ähnelt. Die Anatomie hat natürlich ihre Konsequenzen für die Bewegung: Beim Laufen werden die Hacken zur Seite geworfen, weil die Beine einen halbkreisförmigen Schlenker beschreiben müssen. Auch beim Gehen schwenkt die Hüfte stärker aus, und das Hinterteil schwingt stärker mit als beim Mann. Der Effekt wird noch dadurch verstärkt, daß das (meist üppigere) Gesäß allein schon durch die weitere Neigung des Beckens auffälliger wirkt.
Geradezu beispielhaft läßt sich am Exempel der weiblichen/männlichen Gangart verfolgen, wie zu einem natürlich vorhandenen, biologisch fundierten Unterschied ein verstärkender Einfluß der Gesellschaft kommen kann. Um die optische Reizwirkung des weiblichen Geh-Signals zu vergrößern, erfindet man supranaturale Reize: kultiviert übertriebenes Hüftschwenken in Form von Bauchtanz- und Striptease-Elementen oder kreiert Moden (Stöckelschuhe, hautenge Jeans), die die vorhandenen Bewegungsunterschiede überbetonen. Der Kultureinfluß kann aber nicht verdecken, daß die Grundlagen der Verschiedenartigkeit eben doch biologisch angelegt sind.
Ähnliches gilt für den Gorillagang von Westernhelden und Kraftmeiern: die Arme herabhängend, mit leicht nach außen gewinkel-

ten Ellenbogen, beim Gehen leicht in den Schultern wiegend. Auch die Herausbildung dieses supranaturalen Reizes für männliche Macht hat eine anatomische Ursache. Von den etwas breiteren männlichen Schultern können die Arme ohne Schwierigkeit herabhängen und Lasten tragen, während die Arme der Frau durch das Verhältnis der schmaleren Schultern zu den breiteren Hüften beim Tragen oder Armschlenkern gegen die Hüftknochen stoßen würden. Die Natur hat das Problem dadurch gelöst, daß das weibliche Ellenbogengelenk eine über die Gerade hinausgehende Streckung des Unterarms nach außen zuläßt.[201] Die Frau kann also, Oberarm und Ellenbogen eng an den Körper angelegt, den Unterarm beträchtlich nach außen winkeln. Und von dieser femininen Bewegung möchten sich genannte Supermänner überdeutlich, wenn auch unbewußt, distanzieren. Sie heben die Oberarme leicht an und winkeln den Unterarm nach außen. Durch das Wiegen im Oberkörper betonen sie überdies ihre breiteren Schultern.

Die weibliche Schulter-Armkonstruktion beeinflußt weitere Verhaltensweisen: Würfe mit der Hand setzt die Frau unter Schulterhöhe an, oder sie zieht den Unterarm von hinten nach vorn direkt neben dem Kopf vorbei. Wahrscheinlich begünstigt der weibliche Bewegungsapparat auch die Handbewegungen mehr aus dem Handgelenk heraus bei Gelegenheiten, bei denen Männer eher mit dem gesamten Arm agieren. Andere Beispiele: Frauen tragen Bücher so, daß der Schwerpunkt des Buches weit oberhalb der Hüfte liegt; ihre Arme sind stark eingewinkelt. Männer lassen das Buch mit gestreckterem oder nur leicht eingewinkeltem Arm herunterhängen, so daß es an oder unterhalb der Hüfte getragen wird.[202] Und: Frauen ziehen einen Pullover aus, indem sie, ihre Arme kreuzend, den unteren Rand des Pullovers fassen und ihn, ihre Arme »entkreuzend«, nach oben über den Kopf ziehen. Die meisten Männer greifen ihrem Pullover in den Nacken, um ihn so von hinten nach vorn über den Kopf zu zerren.

Nehmen wir die physiologischen Grundlagen körperlicher Kraftleistungen dazu:

– Das Fassungsvermögen der weiblichen Lunge ist geringer.

Darum muß die Frau häufiger atmen: Wenn sie 20- bis 22mal ein- und ausgeatmet hat, brauchte er erst 16mal Luft zu holen.

- Weil das männliche Blut relativ zum Körpergewicht 20–25% mehr roten Blutfarbstoff enthält, kann es auch mehr Sauerstoff binden und den Muskeln bei hoher Belastung mehr Sauerstoff zur Verfügung stellen, als das weibliche Blut es kann.
- So sind die Frauen – wenn es um Kraftakte geht – nicht nur absolut »schwächer« als die Männer, auch relativ (auf das Gewicht umgerechnet) bringen weibliche Muskeln 20% weniger Kraftleistungen als männliche. Wissenschaftler führen das auf die unterschiedliche chemische Zusammensetzung der Muskelfasern beider Geschlechter zurück.
- Auch die Daten des Herzvolumens und des Herzmuskelgewichts sprechen für Kraftvorteile des Mannes. Um den Kreislauf aufrechtzuerhalten, muß ein Frauenherz in der Minute achtmal häufiger schlagen als ein Männerherz.

Allerdings erweisen sich männlicher Stoffwechsel und Körperbau nur als Vorteil, wenn es darum geht, kurzfristig möglichst viel Kraft zu mobilisieren. Wenn es bei der Körperleistung mehr auf Ausdauer oder auf Widerstandskraft gegen Kälte und Streß oder auf Einfühlungsvermögen und rhythmisches Empfinden ankommt, schrumpft der Vorsprung des Mannes zusammen, oder der Mann gerät gar ins Hintertreffen.
Im Kurzstreckenlauf, bei Spring- und Stoß-Sportarten ist die Überlegenheit des Mannes jedoch eindeutig. Spitzensportlerinnen bringen es in diesen Disziplinen nur dann zu überdurchschnittlichen Leistungen, wenn sie eben besonders »männlich« gebaut sind. Würde man in den Sportstadien die Durchschnittsfrau laufen, springen oder werfen sehen, würden die biologisch bedingten Körperunterschiede noch augenfälliger. Es hilft eben nichts an der Erkenntnis vorbei, daß der Mann eher als Schnelllauf-, Sprung- und Stoß»apparat« konzipiert wurde, während bei der Frau auch die Spezialaufgabe, Kinder auszutragen und zu gebären, mit »eingeplant« worden ist.

Schon bei der Geburt hat das Mädchen einen Entwicklungsalter-Vorsprung von etwa vier Wochen. Sein Skelettsystem ist weiter entwickelt, die Knochen sind schon härter als die der Jungen. Auch brechen die zweiten Zähne der Mädchen früher durch. Die Jungen holen den Entwicklungsvorsprung zunächst zwar ein, ab elf aber »laufen« die Mädchen ihnen wieder »davon«. Mit zwölf, dreizehn Jahren sind die Mädchen etwa zwei Zentimeter größer als sie und führen in der Pubertät im Entwicklungsalter um etwa zwei Jahre. Und während die Mädchen das Ende des Wachstums etwa mit 19 Jahren erreicht haben, wachsen die Jungen noch bis zum 25. Lebensjahr weiter.
Es gibt viele Hinweise dafür, daß auch das Nervensystem der Mädchen schneller reift. Die Tests, die die Körpermotorik im ersten Lebensjahr geprüft und die Unterschiede zwischen den Geschlechtern nachgewiesen haben, zeigen die Mädchen deutlich vorn.[203] Reifung und Entwicklung von Nervenbahnen und -schaltungen, die feinmotorische Bewegungen ermöglichen, erfolgen beim Mädchen früher als beim Jungen. Auch nähern sich Mädchen dem jeweiligen Endwert ihrer Arm- und Handkraft zwei bis drei Jahre vor den Jungen.
Bei erwachsenen Rechtshändern ist die linke Hand sensitiver für Druckempfindungen (bei Linkshändern die rechte). Beim Mädchen hat sich dieser Unterschied bereits im sechsten Lebensjahr ausgeprägt, bei Jungen erst im und nach dem elften.[203a]
Mädchen haben im Vorschulalter einen leichten Intelligenz-Vorsprung (in der Unterschicht einen größeren, was durch die größere Anfälligkeit der Jungen für ungünstige Umweltbedingungen zu erklären ist). In der Schule sind sie den Jungen anfangs etwa um ein halbes, mit 13 schon um ein ganzes Jahr voraus. Wissenschaftler des Gsell-Institute of Child Development verfolgten mehrere Jahre lang die geistige Entwicklung einer Anzahl von Kindern, die vom Familienmilieu, Alter und Intelligenzquotienten her vergleichbar waren: »Bei allen Tests... auf fast jeder Altersstufe waren die Antworten der Mädchen denen der Jungen überlegen.«[204]

Je weiter ein kindliches Gehirn entwickelt ist, desto ähnlicher wird der Intelligenzquotient den Quotienten der Eltern. Beim Mädchen ist diese größtmögliche Annäherung seines IQ an die IQs der Eltern wesentlich früher erreicht als beim Jungen. Auch das ist ein Hinweis für die schnellere Reife des Mädchens.
Wahrscheinlich ist auch die weibliche Fähigkeit, schneller aus schlechten Erfahrungen zu lernen, ein Ergebnis der schnelleren Gehirnentwicklung des Mädchens. In Tierversuchen jedenfalls ist dieser Zusammenhang deutlich geworden: Ältere Tiere vergessen schlechte Erfahrungen nicht so schnell wie jüngere und können sie besser auf andere Situationen übertragen.[205]
Besonders eindrucksvoll ist – wie wir gesehen haben – der weibliche Vorsprung in der Sprachentwicklung. Es beginnt damit, daß weibliche Kleinkinder etwa zwei bis sechs Wochen vor den männlichen zu sprechen beginnen, und setzt sich darin fort, daß Mädchen in einem Grad artikulieren, richtige Grammatik gebrauchen und komplexe Sätze bilden, wie ihn Jungen zumeist nicht erreichen.
Auch erlaubt die Beobachtung, wie gut oder wie schlecht frühe Sprachleistungen sind, beim Mädchen weit eher als beim Jungen eine Voraussage der zu erwartenden späteren Intelligenzleistung. Die frühe Fähigkeit (oder Unfähigkeit) im Erlernen der Sprache gibt bei Jungen weniger verläßlich Auskunft darüber, wie die weitere Intelligenzentwicklung verlaufen wird. Ein weiterer Hinweis dafür, daß die Jungen ganz allgemein (auch die klügeren) in der Sprachentwicklung hinter den Mädchen herhinken.[206]
Auch für die beiden verschiedenen Entwicklungen im Sprachverhalten gibt es höchstwahrscheinlich eine biologische Mitursache: In der Kindheit spezialisiert sich die linke Gehirnhälfte jedenfalls bei Rechtshändern meist stärker auf die Vorgänge, die mit sprachlichen Problemen verbunden sind (= Lateralisierung). Versuche mit der Verarbeitung beidseitig verschieden eingegebener akustischer Signale haben ergeben, daß dieser Prozeß der Gehirnhälften-Spezialisierung beim fünfjährigen Mädchen schon weiter fortgeschritten ist als beim Jungen.[207] Hierdurch entwickeln die Mädchen einen solchen Vorsprung in ihren sprachlichen Fähig-

keiten, daß er von den Jungen bis ins Erwachsenenalter kaum noch oder gar nicht mehr aufzuholen ist.
Das weibliche Gehirn reift schneller. Das ergibt sich auch aus der Tatsache, daß sich die frühkindliche Anfälligkeit des Gehirns gegen Störungen aller Art (wie Fieber und Sauerstoffmangel) beim Jungen länger als beim Mädchen nachweisen läßt. Gerade die linke, für das Sprachvermögen hauptverantwortliche Gehirnhälfte bleibt beim Jungen länger verwundbar.[207a]
Das biologisch begründete unterschiedliche Reifetempo wirkt sich auch in anderer Hinsicht auf das Verhalten aus: Mädchen neigen in der Vorpubertät und Pubertät dazu, ältere Jungen interessanter zu finden als ihre im Entwicklungsalter um etwa zwei Jahre »zurückgebliebenen« männlichen Altersgenossen. Ein Verhalten, das sie auch später gar nicht wieder so leicht ablegen können.
Was aber noch entscheidender sein dürfte: Das pubertierende Mädchen ist viel besser ausgerüstet, emotional und kognitiv mit den Umbrüchen und Problemen der Reifezeit fertig zu werden. Es ist auch häufig sinnvollen Argumenten von Eltern und Lehrern gegenüber etwas aufgeschlossener und dadurch auch in dieser letzten Erziehungsphase selten so problematisch wie Jungen.
Für den männlichen Vorsprung in der räumlichen Vorstellung kann man ebenfalls Reifevorgänge im Nervensystem mitverantwortlich machen: Während sich die linke Großhirnhälfte (sehr früh) auf sprachlich-schriftliche Verarbeitungs- und Beantwortungsfunktionen spezialisiert, übernimmt die rechte Gehirnhälfte im Verlauf der Entwicklung Aufgaben der räumlichen Wahrnehmung und Vorstellung. Es ist durchaus wahrscheinlich, daß diese Spezialisierung (rechts = Raum) beim männlichen Geschlecht später abgeschlossen wird, aber dafür auch einen höheren Grad erreicht als beim weiblichen Geschlecht. Wie überhaupt vieles dafür spricht, daß bei der länger hinausgeschobenen Entwicklungszeit beim Mann das Gehirn stärker lateralisiert wird, beide Gehirnhälften sich in ihren Funktionen also stärker voneinander unterscheiden als bei der Frau.[208]
Diese Gehirnentwicklung könnte eine direkte Folge eines beson-

deren »Raumfaktors« in den Erbanlagen des x-Chromosoms sein. Wie für die nachteiligen Erbfehler (S. 137) beschrieben, käme auch das Raumgen bei der Frau nur dann zur Wirkung, wenn es auf seinen beiden x-Chromosomen vorhanden wäre. Das ist aber statistisch seltener zu erwarten als seine Anwesenheit auf nur einem x-Chromosom. Beim Mann aber reicht es, wenn der Raumfaktor nur auf dem einen x-Chromosom sitzt, denn der y-Partner hat keine Möglichkeit, dessen Wirkung zu unterdrücken. Also kann sich die Raumbegabungsanlage beim Mann statistisch häufiger durchsetzen.

Für diese Annahme sprechen mehrere Beobachtungen.[209] (*Daß* Sonderbegabungen bis zu einem gewissen Grade erblich sein können, ist seit längerer Zeit bekannt. Für ganz herausragende mathematische Sonderbegabungen konnte ein DDR-Wissenschaftler vor einigen Jahren sogar zwei Erbanlagen genau bestimmen, die allerdings nicht an die Geschlechtschromosomen gekoppelt sind.[210]) Es ist möglich, daß sich auch hormonelle Einflüsse auf das Gehirn bei der Entwicklung räumlicher Vorstellung bemerkbar machen. Hierfür spricht, daß der männliche Vorsprung im Raumdenken erst in der Pubertät deutlich wird.

Hormone beeinflussen die körperliche Entwicklung – das sieht jeder ein. Wie aber sollen auch geistige Leistungen, Gefühle und Bereitschaften von Hormonen abhängen? Um das zu verstehen, müssen wir uns auf die Funktionen einiger wichtiger Gehirnteile besinnen.

## Die vorgeburtliche Einwirkung von Hormonen auf die Gehirnentwicklung

### *Das Gehirn der Emotionen und Antriebe: Das limbische System*

Unter unserem Denk-, Lern- und Bewußtseinshirn, der Neuen Großhirnrinde (Neocortex), liegt ein wesentlich älterer Hirnteil, den wir mit Reptilien und niederen Säugern gemeinsam haben: das limbische System.

Man hat es das »emotionale« Gehirn genannt, weil es bei der Steuerung selbst- und arterhaltender Lebensvorgänge, die mit Lust- oder Unlustgefühlen einhergehen, eine wichtige Rolle spielt. Es beeinflußt mit seinen Schaltmustern die drei Verhaltensbereiche

- Nahrungssuche und -aufnahme,
- Revierverhalten und Aggression: Flucht und Verteidigung,
- Sexualität und Sozialverhalten.

Im Tierversuch an höheren Wirbeltieren hat man mit Miniatursonden verschiedene Stellen der limbischen Zellschaltungen elektrisch gereizt und dadurch das mit ihnen verbundene Verhaltensprogramm abgerufen. Je nachdem, welches Muster man an welcher Stelle traf, konnte man das Tier in Apathie oder rasende Wut versetzen, konnte Angstreaktionen oder angenehme (»Glücks«-) Empfindungen produzieren, konnte Penis und Klitoris erigieren, die Pupillen sich weiten, die Haare sich sträuben lassen. Große Anteile dieser Programme sind schon fertig verschaltet, wenn das Tier geboren wird.

Durch Reizkontrollen, Erkrankungen oder auch gezielte neurochirurgische Eingriffe weiß man, daß die Aufgaben des limbischen Systems beim Menschen sich nicht wesentlich von denen des Tiers unterscheiden: Durch Entfernung von Gebieten, deren Reizung auch im Tierversuch Aggression hervorruft, konnte man Patienten mit bestimmten Epilepsieformen von ihren zeitweise auftretenden Wutanfällen befreien.

Nach »oben«, in die »Chefetage« menschlicher Entscheidungen, zum Neocortex, führen vom limbischen System her nur recht spärliche Verbindungen. Man hat dafür das einprägsame Bild gefunden: Der Neocortex sitzt auf dem limbischen System wie ein Reiter auf einem Pferd – ohne Zügel. Doch der Vergleich stimmt nur halb: Immerhin reichen die beim Menschen vorhandenen Verbindungen zwischen dem alten und dem neuen Hirnteil – jedenfalls bei gelungener frühkindlicher Sozialisation – einigermaßen für zwei ganz wichtige Aufgaben aus: erstens, um (von unten nach oben) der »Chefetage« Rechenschaft über die Vorgänge in der Tiefe zu geben = Gefühle bewußt werden zu lassen;

zweitens, um (umgekehrt von oben nach unten) die Einsicht und das Bewußtsein des Neocortex eine, wenn auch unvollkommene, Kontrolle darüber ausüben zu lassen, was von den limbischen Aktivitäten im Verhalten des Menschen zur Ausführung kommen darf.

Wesentlich besser als die Bahnen vom limbischen System zur Großhirnrinde sind die in noch tiefere Gehirnabschnitte, ins Zwischen- und Mittelhirn, ausgebildet. Mit Teilen dieser stammesgeschichtlich noch älteren Strukturen bildet das limbische System eine große funktionelle Einheit. Dazu gehören vor allem der untere Teil des Zwischenhirns, der *Hypothalamus*, die Zentralstelle des vegetativ-nervösen Geschehens (die die Gefühlsreaktionen ja meist begleiten) und die ihm angegliederte *Hypophyse*, jene wichtigste Hormondrüse des Körpers, über die der Hypothalamus das hormonelle Zusammenspiel steuert.

Sowohl im Hypothalamus als teilweise auch im Mittelhirn waren durch elektrische Stimulierung genau die Reaktionen künstlich auszulösen, wie sie nach Reizung des limbischen Systems beobachtet wurden: Katzen konnten zum Angriff, Stiere zum zahmen Stillhalten gebracht werden. Allerdings wirkten die auf dieser Ebene verursachten Handlungen irgendwie »unechter«, gefühlsloser, mechanischer. Es sieht so aus, als wären die starren motorischen Programme mehr im Zwischenhirn-/Mittelhirnbereich gespeichert, während die dazugehörenden Affekte und Emotionen in den Zellmustern des limbischen Systems entstehen.

Alles in allem darf man annehmen, daß die angeborenen und prägbaren Programme, von denen auf den Seiten 123 bis 136 die Rede war, vor allem in diesem Bereich (limbisches System – Zwischenhirn – Mittelhirn) gespeichert werden.

Recht gut ist die Entstehung einfacher Triebe, wie der des Durstes und des Hungers, in den tiefen Hirnzonen erforscht: Wenn in einem bestimmten Gebiet des Hypothalamus eine bestimmte Salzkonzentration von Fühlzellen gemessen wird, senden diese erregende Impulse an andere Gehirnzellen. Mensch und Tier erleben die Erregung dieses Zellmusters als »Durst« und fühlen sich zum Trinken getrieben.

Zwischenhirnzentren steuern auch den Sexualhormonspiegel und beeinflussen das damit verbundene Verhalten und die Stimmungslage. Indem Neurochirurgen mit Hilfe von Tiefenelektroden Teile eines im unteren Mittelbereich des Hypothalamus gelegenen Kerns ausschalteten, haben sie Homosexuelle zwar nicht gezielt von ihrer Neigung zu Jungen, aber doch von ihrem Triebdruck »befreien« können.

Auf Zwischenhirnsignale hin schickt die Hypophyse Botenstoffe zu den Keimdrüsen, die daraufhin Sexualhormone produzieren. Diese wirken sich ihrerseits auf Körper, Stimmung und Verhalten aus.

Bei der Frau und beim Säugetierweibchen arbeiten zwei solcher Zwischenhirnzentren. Das eine (A) gibt periodische Signale ab, das andere (B) befindet sich in Dauererregung. Zentrum A ist Zentrum B übergeordnet, verursacht durch einen monatlichen »Sonderimpuls«, den Eisprung und ist für den zyklischen Ablauf des weiblichen Hormongeschehens verantwortlich. Zentrum B sorgt für die Tätigkeit der Hypophyse vor und nach dem Eisprung.

Bei Tiermännchen und Menschenmann arbeitet nur das dauernd tätige Zentrum B und hält über relativ gleiche Impulse an die Hypophyse den Hormonspiegel im Gegensatz zu dem der Frau verhältnismäßig konstant.

Interessant ist nun, daß beim männlichen Ungeborenen das weibliche, später periodisch arbeitende Zwischenhirnzentrum (A) noch angelegt ist und erst im Verlauf der vorgeburtlichen Entwicklung zerstört wird.

*Ursache* der Vernichtung des weiblichen Zentrums (A), und damit Ursache auch der Vermännlichung des Zwischenhirns, ist das *Androgen.* Wie es aus der neutralen Doppelanlage der Geschlechtsorgane Penis und Hodensack entstehen läßt, so beeinflußt es auch die Entwicklung von Gehirnteilen und Zellschaltungen und drängt das Zwischenhirn in die männliche Richtung.

Fehlt dieser Entwicklungsdruck des Androgens, bleiben beide Zwischenhirnzentren erhalten, die Geschlechtsorgane werden weiblich: eine Frau entsteht.

## *Wesen zwischen Mann und Frau*

Es gibt eine Reihe von Menschen, die sich äußerlich und psychisch in nichts von Frauen unterscheiden, die sich als Frauen fühlen, oft sogar glücklich verheiratet sind – und die genetisch eigentlich »Männer« mit dem Chromosomenpaar xy sind. Nur werden sie mit einem Stoffwechselfehler geboren: Ihre Körperzellen konnten nicht auf das von ihren Hoden produzierte Androgen reagieren. So mußte, wie wir eben gesehen haben, die Vermännlichung ihres Körpers ausbleiben, und es mußten »richtige« Frauen entstehen, deren äußere Geschlechtsorgane denen einer xx-Frau vollkommen gleichen.

Das dieser Androgenresistenz vergleichbare Gegenstück kommt beim Menschen ebenfalls vor: Genetisch weibliche Ungeborene mit dem Chromosomenpaar xx stehen unter dem Einfluß zu hoher Androgendosen. Ursache ist hier meist die anlagebedingte Überproduktion von Androgenen in der Nebenniere des weiblichen Fetus selbst. Je nachdem, wieviel Androgen auf die Mädchen im Mutterleib einwirken konnte, kommen sie mit Geschlechtsorganen zur Welt, die alle möglichen Übergänge zwischen männlich und weiblich zeigen. Die Klitoris kann nur ein bißchen vergrößert, die großen Schamlippen können mehr oder weniger verschmolzen sein. Bei sehr hohen Dosen können sich auch normaler Penis und (leerer) Hodensack entwickeln.

Für uns ist nun vor allem die eine Frage interessant: Beeinflussen erhöhte Androgendosen und Androgenunempfindlichkeit auch die entstehende Gehirn-Verschaltung und das spätere Verhalten?

## *Tierversuche zur Gehirnentwicklung*

Man hat während nur weniger sensibler Tage männliche Rattenjunge unter den Einfluß einer Substanz gesetzt, die die Tätigkeit von Androgenen hemmen kann. Daraufhin wurde das weibliche Hypothalamuszentrum (A), das für die Periodizität des weiblichen Hormongeschehens sorgt, nicht zerstört, sondern konnte auch noch beim erwachsenen Rattenmännchen tätig bleiben. Nur

sechs Stunden Androgenanwesenheit während der fünf kritischen Entwicklungstage reichten in anderen Versuchen aus, um das weibliche Periodenzentrum im Zwischenhirn für immer zu blockieren.
In einem Sexualzentrum in der Nähe der Sehnervenkreuzung können direkt männliches Paarungsverhalten (»Aufspringen«) und weibliches Paarungsverhalten (»Präsentieren«) ausgelöst werden. Fehlt das Androgen in einer für dieses Zentrum kritischen Entwicklungszeit, bleiben Aufspringen und Präsentieren als bisexuelle Doppelanlage erhalten.
Das ist beim Weibchen (kein Androgeneinfluß!) der Fall, also verfügt es sein Leben lang über beide Verhaltensprogramme. Allerdings wird durch den nach der Geschlechtsreife ansteigenden Östrogenspiegel das weibliche Paarungsverhalten des Sich-Anbietens leichter abrufbar; die Auslösbarkeitsschwelle für das Präsentieren also bleibt niedriger.
Ist das Androgen in der für dieses Gebiet entscheidenden Phase jedoch vorhanden (beim Männchen also), wird das Verhaltensprogramm des Sich-Präsentierens als Sexualreaktion so blockiert, daß es später nur schwer wieder auszulösen ist.
Darüber hinaus konnte man zeigen: Androgen im Körper des ungeborenen Tiers wirkt sich auf Gehirnschaltungen aus, die nicht-sexuelle, allgemeine Verhaltensweisen steuern.

- Männliche Ratten bewegen sich im Laufrad gleichmäßig, Weibchen entwickeln einen Laufrhythmus, der mit ihrer Brunftperiode zusammenhängt. Rattenmännchen mit (durch Androgenblocker) feminisierten Zwischenhirnen laufen ebenfalls mit zyklischer Aktivität.
- Rattenweibchen trinken von gesüßtem Wasser mehr als Männchen. Werden sie während ihrer Gehirnentwicklung Androgenen ausgesetzt (androgenisiert), trinken sie davon nur soviel wie Männchen.
- Männchen sind aggressiver als Weibchen. Weibchen mit androgenisierten Zwischenhirnen kämpfen genauso aggressiv, Männchen mit feminisierten Zwischenhirnen werden weniger aggressiv.

- Dasselbe konnte man für Droh- und Dominanzverhalten beobachten.
- Rattenweibchen kümmern sich sofort um ihre Jungen, Männchen müssen zuvor erst einige Tage mit den Jungen zusammen sein, bis sie sie versorgen. Durch Androgenhemmer in der Entwicklungszeit feminisierte Rattenmännchen lassen sich von den Neugeborenen sofort zur Brutpflege anregen (niedrige Ansprechbarkeitsschwelle!).
- Androgenisierte Beagle-Hündinnen heben wie Hunde beim Urinieren häufig ein Hinterbein.
- Im Mutterleib androgenisierte Rhesusäffinnen ergreifen häufiger die Spielinitiative, spielen rauhere Tobespiele, drohen öfter als sonst, zeigen die männliche Bespringgeste häufiger als die weibliche Präsentationsgeste. Sie verhalten sich in allem etwas männlicher als ihre nichtandrogenisierten Geschlechtsgenossinnen.

### *Androgene beeinflussen auch die menschliche Gehirnentwicklung*

Die an Menschen erhobenen Befunde schließen sich widerspruchslos an die Ergebnisse der besprochenen Tierexperimente an. Die beiden Hormonforscher John Money und Anke Ehrhardt haben in den USA eine Reihe vorgeburtlich androgenisierter Mädchen untersucht und ihre Entwicklung verfolgt. Obwohl diese *eindeutig* als Mädchen erzogen worden waren und sich auch als Mädchen empfanden, benahmen sie sich doch auffällig anders als die Mädchen der Kontrollgruppen und – soweit das untersucht werden konnte – auch anders als die eigenen Schwestern, deren Gehirnentwicklung während der Fetalzeit nicht unter Androgeneinfluß stattfand.
Ihr Verhalten wurde von der Umwelt allgemein als »jungenhaft« beschrieben. Zum jungenhaften Benehmen gehörten vor allem der hohe körperliche Einsatz und wilde Spiele im Freien. Die androgenisierten Mädchen »übertrumpfen die Kontrollmädchen in ihrer Vorliebe für aktive Spiel- und Sportarten. Besonders

unterscheiden sie sich durch ihr großes Interesse, die wilden Gruppenspiele von Jungen mitzumachen, zum Beispiel Fußball oder Baseball«[211]. Sie interessierten sich für Jungenspielzeug, vor allem für Autos und Gewehre. Puppen lehnten sie ab und zeigten spontan keine Lust zur Babypflege. Dazu, so meinten sie, seien sie zu tolpatschig.
Money und Ehrhardt haben auch das Verhalten des Gegentyps untersucht, des genetisch männlichen Menschen, dessen Körper- und Gehirnzellen durch ihre Unempfindlichkeit für das Androgen von dessen Wirkung »verschont« bleiben. Wie auf S. 150 beschrieben, entwickeln sich diese Individuen zu Frauen. Money und Ehrhardt fanden heraus, daß sie sich nicht nur wesentlich weiblicher als androgenisierte Frauen verhalten, sondern daß sie auf der Weiblichkeitsskala noch femininere Werte erreichen als die Normalfrau. Sie sind besonders zärtlich, betonen ihr Bedürfnis nach Zuneigung, haben als Mädchen fast ausschließlich mit Puppen und Mädchenspielzeug gespielt, bekunden ein außergewöhnliches Interesse an Babypflege, wünschen sich noch dringender ein Kind als andere kinderlose Frauen und hängen – wenn unverheiratet – oft Tagträumen nach, eine Familie zu haben.
Ziehen wir ein *Zwischenfazit*: Androgen, normalerweise vom Hoden des männlichen Ungeborenen gebildet, sorgt während kritischer Phasen bereits im Mutterleib dafür, daß Geschlechtsorgane und bestimmte Hirnzentren vermännlichen. Die betroffenen Strukturen liegen in älteren Hirnteilen, vor allem im limbischen System und im Zwischenhirn, die noch nicht in dem Maße wie die stammesgeschichtlich jüngere Neue Großhirnrinde späteren Lerneinflüssen offengehalten werden, sondern mit fertigen, fast fertigen oder in der frühkindlichen Phase reifenden und teilweise prägbaren Vorprogrammen auf die Welt kommen.
Über dieser Ebene der Vorprogramme ist im Verlauf der Stammesgeschichte dann später die »Chefetage« Neue Großhirnrinde ausgebaut worden, die recht und schlecht mit den emotionellen Vorgängen in der Tiefe fertig wird.
Jene Gebiete des limbischen und Zwischenhirnbereichs, die später Revierverhalten, Dominanzstreben, Wettkampfverhalten

und körperlichen Einsatz mitbeeinflussen und motivieren, werden in der Fetalzeit unter dem Einfluß oder der Abwesenheit von Androgenen vorprogrammiert. Das heißt: Die Nervenzellen ihrer Muster werden bei Anwesenheit von Androgen so verschaltet (»gelötet«), daß später männliche Verhaltensweisen leichter und daher öfter auszulösen sind als weibliche. Ist umgekehrt der Androgenwert in dieser Entwicklungsphase niedriger, werden diese Gebiete so organisiert, daß die Ansprechbarkeitsschwelle für weibliches Verhalten niedriger wird als für männliches.
Die Entwicklung der hormonregelnden Sexualzentren im Zwischenhirn folgt denselben Bedingungen. Überdies beeinflußt die Androgenanwesenheit die Ausbildung solcher Gebiete und Bahnen (belegt sie mit etwas höheren Schwellenwerten), die das Mutterschaftsverhalten steuern. Da die androgenresistenten Frauen (= fetal feminisierte »Männer«) in ihrer Fetalzeit noch weniger unter Androgeneinfluß standen als »normale« Frauen (deren Nebennierenrinde ja einige, wenn auch geringe Mengen Androgen produziert), ist es einleuchtend, warum sie in mancher Hinsicht geradezu Superfrauen abgeben.
Eine weitere mögliche Ansatzstelle für vorgeburtlich-prägende Einflüsse des Androgens sind Bahnen und Gebiete im Gehirn, die visuelle Signale in limbische und hypothalamische Regionen leiten und mit der Auslösung sexueller Reaktionen zusammenhängen. Hier könnten sich androgenbedingte Schwellenunterschiede zwischen Mann und Frau ergeben. Denn optische Sexualsignale haben für den Mann eine ganz andere, direktere Bedeutung für das Zustandekommen von Erregung und Erektion als für die Frau. Die Rolle des Visuellen für die männliche Sexualität läßt sich unter anderem mit der Häufigkeit und Spontaneität bebilderter Orgasmusträume (mit Ejakulation) schon des pubertierenden Jungen belegen. Interessanterweise ähnelt das Traumverhalten androgenisierter Frauen in dieser Hinsicht dem der Männer. Feminisierte, genetisch männliche Individuen mit Androgenunempfindlichkeit dagegen kennen »nasse« Träume überhaupt nicht – auch nicht, wenn sie als Jungen erzogen werden.[212]
Unklarer ist zur Zeit noch, ob das unterschiedliche Gehirnreife-

tempo der Geschlechter sowie die später verschiedene Leistung ihrer beiden Großhirnhälften im räumlichen und sprachlichen Bereich mit der Androgeneinwirkung zusammenhängt und/oder von weiteren Erbfaktoren auf dem x-Chromosom beeinflußt wird.

Dreierlei muß noch einmal betont werden:

1. Die vorgeburtliche Einwirkung des Androgens auf die Gehirnentwicklung reicht *nicht* aus, um das *subjektive Geschlecht* vorauszubestimmen. Die prägenden Einflüsse der Umwelt entscheiden, ob sich das Kind als Junge oder Mädchen erlebt.
2. Auch die spätere *sexuelle Orientierung* des Kindes, die Anziehung durch gegen- oder gleichgeschlechtliche Sexualpartner oder durch Tiere oder Objekte, wird *nicht* hinreichend vom vorgeburtlich wirkenden Androgen entschieden, sondern von der Erlebnis- und Erziehungsumwelt des Kindes. (Allerdings sind die Androgenwirkungen in dieser Frage, wenn auch nicht entscheidend, so doch wohl auch nicht gänzlich unbedeutend.)
3. Von der Anwesenheit von viel oder wenig oder der Abwesenheit von Androgen hängt es jedoch *sehr wohl* ab, ob alte Hirnbereiche im limbischen System und im Zwischenhirn sich so entwickeln, daß das Lebewesen in bestimmten *geschlechtstypischen Verhaltensbereichen* (vor allem Wettkampf, Dominanz, körperlicher Krafteinsatz, Aggression, Pflegeverhalten, Ablauf der sexuellen Reaktion) eher männlich oder eher weiblich reagiert. Hier sei an jenen Fall des männlichen Zwillingspärchens von Seite 49 erinnert. Inzwischen sind weitere Fälle von als Mädchen erzogenen Jungen bekannt geworden, die sich zwar als Mädchen fühlten, jedoch sich in vielem jungenhaft verhielten.[213]

Dabei organisiert das Androgen nicht völlig verschiedene Verhaltensmuster. Es werden unter vorgeburtlichem Hormoneinfluß vielmehr verschieden hohe *Schwellen* etabliert, die dafür sorgen, daß die einzelnen Programme später verschieden schwer und mit unterschiedlicher Häufigkeit ausgelöst werden können.

Auch die Biologie gibt also keine Handhabe, die geschlechtstypischen Verhaltensweisen des Menschen in *nur* männliche und *nur*

weibliche zu polarisieren. Denn es entstehen – Zeugungs-, Gebär- und Stillfunktionen ausgenommen – unter Hormoneinfluß gar keine nur-männlichen oder nur-weiblichen Verhaltensmöglichkeiten, sondern nur Differenzen in der Auslösbarkeit der bei beiden Geschlechtern vorhandenen Reaktionsmuster.
Dazu kommt: Nicht alle Männer haben während ihrer Gehirnentwicklung unter gleich hohen, nicht alle Frauen unter gleich niedrigen Androgendosen gestanden. Es gibt unterschwellige Androgeneinflüsse auf den Fetus, die zwar nicht ausreichen, in seine körperliche Entwicklung einzugreifen, die aber doch Spuren in der Verschaltung einzelner Gehirnteile hinterlassen. So ist männliches Aufspringverhalten bei einer sonst durch und durch weiblichen Ratte um so leichter auszulösen, mit je mehr männlichen Brüdern sie den mütterlichen Uterus hat teilen müssen. (Das Androgen der Brüder wirkte auch auf sie ein.)[214] Und Streß, dem trächtige Weibchen ausgesetzt werden, verschiebt das Verhaltensspektrum männlicher Nachkommen eindeutig in den weiblichen Bereich.[215] Da man inzwischen weiß, daß auch Progesteron, bestimmte Beruhigungs- und Schlafmittel und Antibiotika die Einwirkung von Androgen auf Gehirnzellen hemmen können, kann man sich mit Money und Ehrhardt fragen, ob sich solche Medikamente »entmännlichend« auf die hypothalamische und limbische Differenzierung ungeborener Kinder auswirken und »wie weit sich Unregelmäßigkeiten oder Störungen im Östrogen- und Progesteronhaushalt der Mutter auf das Nervensystem (und spätere Verhalten) von Kindern beiderlei Geschlechts auswirken können«.[216]
Also sogar dann, wenn wir die späteren Erziehungseinflüsse und die flexiblere Tätigkeit der Neuen Großhirnrinde außer acht lassen und uns nur auf die Biologie tieferer Gehirnschichten beschränken, erkennen wir: Es gibt – auch biologisch – nicht *den* Mann, *die* Frau, sondern nur *eher* männliche und *eher* weibliche Verhaltensspielräume und alle möglichen fließenden Übergänge dazwischen. Andererseits führt nichts an der Einsicht vorbei, daß z. B. Dominanz- und Wettkampfverhalten oder körperliche Kraftakte beim »Normalmann« – auch aus biologischen Gründen

– leichter auszulösen sind als bei der »Normalfrau«. Die Biologie *formt* die Gefühle und Bereitschaften der Geschlechter in der Tiefe ihrer Gehirne *mit*. Nicht mehr. Und nicht weniger.

## Die nachgeburtliche Beeinflussung des Verhaltens der Geschlechter durch Hormone

### *Testosteron: »Scharfmacher« für beide Geschlechter*

»Hormone wirken sich nicht auf das Gefühl aus«, weiß die Psychologin Ursula Scheu zu berichten.[217] Doch leider stimmt das nicht.
Unser Organismus und sein Verhalten sind so komplex miteinander verwoben, daß man schon eher behaupten könnte: Es geschieht im Bereich von Körper, Stoffwechsel und Nervensystem fast nichts, was sich nicht aufs Gefühl auswirkt. Auch nachgeburtliche hormonelle Vorgänge gehören dazu. Der Testosterongehalt im Blut des Mannes ist rund fünfmal so hoch wie der der Frau. Diese produziert in bestimmten Lebensphasen zwar mehr Östrogen, doch das steigert (entgegen der landläufigen Meinung) nicht die sexuelle Erregbarkeit. Der Ärztevers »Scharf und schön durch Östrogen« ist mindestens im ersten Teil seiner Aussage falsch. Das *Lusthormon* beider Geschlechter ist das Testosteron. Wenn man Frauen (etwa bei Brustkrebs) mit Testosteron behandelt, steigert man damit gleichzeitig die Reaktionsfähigkeit der Klitoris, das sexuelle Verlangen generell und die Bereitschaft zur sexuellen Initiative. Entsprechend reagieren männliche Homosexuelle auf Testosterongaben, von denen sie sich eine Umkehrung ihrer sexuellen Vorlieben versprochen haben, im Gegenteil nur mit einer Steigerung ihrer (auf den Mann gerichteten) Lust. Umgekehrt nehmen beim Mann bei einer Östrogenbehandlung (etwa bei Prostatakrebs) Potenz und sexuelles Interesse ab. Inzwischen weiß man auch, warum Trinker sexuell oft apathisch werden: Der Alkoholgehalt hindert die Leber am Abbau des

Östrogens, der sonst niedrige Östrogengehalt steigt an und wirkt als Androgenhemmer.
Entfernung der Hoden bedeutet fast immer über kurz oder lang den Verlust sexueller Interessen. Dagegen sind bei Frauen, denen man den Eierstock herausnehmen mußte, Hitzewallungen, Schlafstörungen und emotionale Unausgeglichenheit, nicht aber eine Beeinträchtigung ihres sexuellen Empfindens zu beobachten.
Schon aus all dem wird deutlich: Der Mann steht normalerweise unter einem stärkeren Sexualdruck als die Frau. Das darf nicht mit Befriedigungsintensität und Orgasmusfähigkeiten (in denen die Frauen »überlegen« sein können, wie wir noch sehen werden) verwechselt werden. »Druck« meint hier vielmehr die drängende Motivation und die Häufigkeit, mit der nach sexueller Befriedigung gestrebt wird.
Bezeichnend für diesen Zusammenhang ist, daß die realen und gewünschten sexuellen Aktivitäten im Leben des Mannes parallel zum Abfallen des Testosterongehalts abnehmen, die der Frau dagegen parallel zum allmählichen Testosteronanstieg zunehmen. So hat der *Ralf*-Report 1978 für die Bundesrepublik ergeben, daß die Prozentanteile der Männer mit dem Wunsch nach mehr Sex von 78% (20jährige) auf ganze 38% (60jährige) sinken, bei den Frauen dagegen von 23% (20jährige) auf 60% (60jährige) zunehmen.[218]
Testosteron fördert außer der Geschlechtslust die Bereitschaft, sich in Auseinandersetzungen und Kämpfe aller Art zu stürzen und dafür große Energie- und Kraftpotentiale aufzubringen. Jener Säufer, dem der Alkohol die Östrogen-Abbaufähigkeit zerstört und damit die Androgenwirkung blockiert hat, verliert neben seinen sexuellen Fähigkeiten auch seine normale Aggressionsbereitschaft. Wir alle kennen diesen jovial-freundlichen, aggressionslosen Dicken, der bezeichnenderweise auch körperlich einen feminisierten Eindruck macht (Falstaff-Typ).
Mehrfach ist Östrogen bei sexuellen Gewalttätern erfolgreich eingesetzt worden, um deren aggressive Tendenzen zu mildern.[219]

Der positive Zusammenhang zwischen Aggressionsbereitschaft und männlichem Geschlechtshormon ist bei allen Säugern von der Ratte über den Hirsch bis zum Affen im Labor immer wieder bestätigt worden und in der Praxis der Tierhaltung seit Jahrhunderten bekannt, sind doch Bullen und Hengste durch Kastration in friedliche Ochsen und Wallache zu verwandeln. Unterzog man Rhesusäffinnen Testosteronbehandlungen, konnten sie – dosisabhängig – eine ranghöhere Position in der Gruppe erkämpfen. Schon die Entfernung des Eierstocks steigert beim weiblichen Tier die Aggressionsneigung, da nach Herausnahme dieser »Östrogenfabrik« der blockierende Einfluß des Östrogens auf das Testosteron fortfällt.

Auch bei Männern hat man einen, wenn auch nicht ganz so deutlichen, doch unübersehbaren Zusammenhang zwischen Hormonspiegel und Aggressionsbereitschaft gefunden. Und die Ergebnisse von Untersuchungen an hoch und weniger aggressiven Straftätern zielen in dieselbe Richtung.[220] (Allerdings darf man bei der Interpretation dieser Ergebnisse nicht übersehen, daß umgekehrt der Hormonhaushalt seinerseits auch von der Umweltsituation mitbeeinflußt wird.)

Im Verlauf des Klimakteriums bildet die Frau immer weniger Östrogen, aber steigende Mengen Testosteron, bis sie schließlich ab Mitte Fünfzig mehr »männliches« Geschlechtshormon als der gleichalte Mann produziert. Ohne den Einfluß sozialer Bedingungen zu leugnen, müssen wir auch dieses hormonelle Geschehen berücksichtigen, wenn wir nach den Ursachen dafür suchen, warum ältere Frauen im Verlauf ihrer Ehejahre immer dominanter werden und sich die anfänglichen Machtverhältnisse zwischen Mann und Frau geradezu umdrehen können.[221] Verständlicher auch, warum sich häufig erst ältere Frauen streitbar genug verhalten, um sich in der Männerwelt politisch durchzusetzen. Neben (den wohl wichtigeren) sozialen Faktoren (wie Kinder aus dem Haus usw.) spielen der ansteigende Testosteronspiegel und der gleichzeitige Östrogenabfall mit Sicherheit eine Rolle dabei.

### *Pubertät: Bei Jungen und Mädchen verschieden*

Die auffälligen Verhaltensänderungen in der Pubertät demonstrieren, wie Hormone sich auf Stimmung und Verhalten auch des Menschen auswirken können. Was sich da im Heranwachsenden zwischen elf und fünfzehn Jahren an neuen, ungewohnten Verhaltensweisen und Gefühlen der Unruhe, Erregung und Reizbarkeit, der Spannung und Entspannung, der Kraft und Ohnmacht auftut, das ist nicht mit »gesellschaftlichen Einflüssen« abzutun. Es sind dies großenteils die Auswirkungen des Schubs an Sexualhormonen, die auf Aktivitäten der Zwischenhirn-Sexualzentren hin beginnen, Körper und Gehirn zu überschwemmen.

Der Junge sieht sich dabei normalerweise dramatischeren Prozessen ausgesetzt als das Mädchen. Bereits das Körperwachstum dieser Zeit, ebenfalls durch das Zusammenspiel der Hormone gesteuert, verläuft bei ihm mehr in Wachstumsschüben und unter häufigeren Proportionsverschiebungen als beim Mädchen, das gleichmäßiger wächst.

Penis und Klitoris werden sensibler und können Orgasmen auslösen, was bei kindlicher Onanie noch nicht möglich ist. In Verbindung mit seiner aufsässigen Größe jedoch und seinem verwirrenden, oft ärgerlichen Eigenleben zwingt der Penis den Jungen viel stärker, sich mit ihm zu beschäftigen, als es die Klitoris beim Mädchen tut. Das Meßgerät, das da plötzlich scheinbar wahllos auf jedes weibliche Signal reagiert oder auf das, was auch nur entfernt damit zu tun hat, stellt den Jungen allein schon durch die Dringlichkeit und Unübersehbarkeit seines »Zeigerausschlages« wesentlich fordernder vor das Problem: Wie stelle ich das »Gerät« wieder ab? Dazu kommt dann der eruptive Verlauf der Produktion von Testosteron in den Reifejahren des Jungen. Der wird von dem Testosteronstoß geradezu überfallen, während sich die Testosteronproduktion im Körper des Mädchens nur langsam erhöht.

Menstruationsbeschwerden sind nicht nur angeboren, sondern sehr oft das Ergebnis der anerzogenen Unsicherheit und Verachtung gegenüber den Vorgängen im weiblichen Körper. Das ist richtig. Falsch aber ist, jede Rückwirkung der hormonellen Zyklusprozesse auf Gefühle und Reaktionen mit der Formel vom Tisch zu wischen, alles läge nur an »der gesellschaftlichen Wertung der Menstruation«.[222]

Wie wollte man auch mit dieser These beispielsweise die Tatsache erklären, daß das weibliche Riechvermögen um so besser ist, je höher der Östrogenspiegel innerhalb des Zyklus ansteigt, und nach dem Eisprung mit den fallenden Östrogenwerten wieder abfällt? Wie könnte man begründen, daß die Riechleistung der Frau nach der Pubertät die des Mannes übertrifft und nach dem Klimakterium wieder auf das männliche Maß zurückfällt?

Die erste Hälfte des weiblichen Zyklus steht unter der Dominanz steigender Östrogenwerte, die kurz vor dem Eisprung ihren Höhepunkt erreichen. In der zweiten Hälfte wird mehr Gelbkörperhormon (Progesteron) gebildet, wobei die Östrogenproduktion zurückgeht. Nach dem 22. Tag sinkt auch die Progesteronbildung ab.

Eine Gruppe Göttinger Wissenschaftler[223] zeichnete parallel zur täglichen Hormonbestimmung die Gehirnwellen (EEG) weiblicher Versuchspersonen auf. Dabei stellte sich heraus, daß ein Teil der Gehirnwellen im Verlauf des Zyklus eine Veränderung durchmachte: Er verlagert seinen Energieschwerpunkt aus einem bestimmten Frequenzbereich in einen anderen hinein. Parallel zu diesen EEG-Schwankungen veränderten sich auch die täglich gemessenen einfachen Rechen- und Reaktionsleistungen: Je höher der Progesterongehalt im Blut anstieg und je mehr die EEG-Wellen ihren Energieschwerpunkt verschoben, desto weniger Fehler machten die Frauen beim Rechnen und desto kürzere Reaktionszeiten ermittelten ihre Testgeräte. Zugegeben: Die praktische Auswirkung solcher (nur mit einem immens komplizierten Aufwand nachgewiesenen) Hormoneinwirkungen auf das Verhalten des Riechens und der einfachen Rechenreaktion dürfte kaum der Rede wert sein. Aber sie demonstrieren durch ihre exakte Meßbarkeit besonders gut die häufig bestrittene Wirkung auch der Geschlechtshormone auf das Nervensystem und das Verhalten: Sie werden, je nach ihrer chemischen Zusammensetzung, von Gehirnzellen ganz bestimmter Gehirnregionen angenommen und blockieren oder erleichtern die Übertragung der Signalimpulse von einer Nervenzelle auf die andere, indem sie in den chemophysikalischen Prozeß elektrischer Ladungs-Verschiebungen an den Zelloberflächen verändernd eingreifen.

Wichtiger für den Alltag der Frau ist das, was man über die Abhängigkeit ihrer Stimmungen vom Hormonspiegel herausgefunden hat. Die vielen vorliegenden Ergebnisse[224], hier kurz zusammengefaßt:

1. Mit dem ansteigenden Östrogenspiegel der ersten Hälfte des Zyklus fühlen sich viele Frauen zunehmend wohl und hingabebereiter gestimmt. Am deutlichsten läßt sich diese Stimmungslage um die Zeit des Eisprungs herum nachweisen. Die Bereitschaft, auch mal nachzugeben, darf jedoch nicht mit Ängstlichkeit verwechselt werden, im Gegenteil: »Eine hohe Selbstwertschätzung herrscht dann vor, wenig negative Affekte treten auf, Ängstlichkeit und Feindseligkeit sind deutlich reduziert.«[225]
2. In der zweiten, mehr vom Progesteron bestimmten Hälfte des Zyklus fühlen sich Frauen oft aktiver und aggressionsbereiter, sind zum Beispiel eher aufgelegt, sich gegen eine ungerechte Behandlung zu wehren oder jemandem die Meinung zu sagen. Auch im Sexualverhalten der Frau findet sich dieser Wechsel von Hingabebereitschaft zu mehr fordernden Aktivitäten wieder: Um die Zeit des Eisprungs, dem Höhepunkt der Östrogenphase (und des weiblichen Testosteronwertes!), steigen nach jüngeren und jüngsten Untersuchungen die Zahlen für die Geschlechtsverkehrsraten an.[226] Die Ursache kann in der Stimmungslage der Frau liegen, die mit einer »ungewöhnlichen sexuellen Rezeptivität, verbunden mit Passivität« beschrieben wird[227], mit dem Wunsch, sich fallen zu lassen und aufgefangen

zu werden. Einige Autoren[228] gehen so weit, als Mitursache für die zunehmenden weiblichen sexuellen Aktivitäten eine Reaktion der Männer auf die in der Zeit des Eisprungs vermehrt gebildeten Geruchsstoffe des Vaginalsekrets ins Auge zu fassen. Affenmännchen reagieren wie toll, wenn sie den Sexual-Lockduft an Weibchen wahrnehmen. Es ist durchaus möglich, daß Menschen-Männer unterschwellig die auch bei Frauen nachgewiesenen, parallel zum Östrogengehalt schwankenden Geruchsstoffe wahrnehmen und ihr Sexualverhalten davon beeinflussen lassen.

Während der Menstruationsphase möchte die Frau eher selbst nehmen, erobern, aktiv die Initiative ergreifen. Traumauswertungen stützen diese Ergebnisse: In der Menstruationsphase nehmen Trauminhalte mit gegen den Mann gerichteten Aggressionen zu.

3. Nach dem 22. Tag des Zyklus fallen der Gehalt sowohl des Progesterons als auch des Östrogens rapide ab. Viele Frauen fühlen sich in dieser letzten Woche vor der Menstruation nervöser, depressiver, ängstlicher als sonst. Selbstmordraten und Kriminalität steigen. Bei dieser »prämenstruellen Verstimmung« spielen mit Sicherheit *auch* soziale Umstände eine Rolle (Einstellung zum eigenen Körper, Erziehungsfragen). Aber noch unübersehbarer ist die Mitwirkung der biologisch hormonellen Faktoren: Frauen, die durch die Einnahme der »Pille« ihren Hormonhaushalt auf gleichmäßigeren Werten halten, zeigen die hier angesprochenen Stimmungsschwankungen nicht. Weder fühlen sie diesen Rhythmus von hingebungsvolleren zu aktiver-fordernden Stimmungen, noch zeigen sie eine Steigerung ihrer sexuellen Aktivitäten um den Eisprung herum, noch wirkt sich die prämenstruelle Verstimmung so bei ihnen aus wie bei den Frauen, die keine Pillen oder aber solche Kontrazeptiva benutzen, deren Hormonzusammensetzung entsprechend den natürlichen Vorgängen im Körper rhythmisch schwankt (»sequentielle« Präparate).[229]

Die dramatischste Wirkung von Hormonen auf die Gefühlslage überhaupt bekommen Frauen nach der Geburt eines

Kindes zu spüren: Mit der Nachgeburt verliert die Frau ihre derzeitige Hormonhauptfabrik, und ihr Körper und Nervensystem müssen den gewaltigen Umbruch von den hormonellen Spitzenwerten des letzten Schwangerschaftsmonats (außerhalb der Schwangerschaft nicht erreicht) zum absoluten Hormon-Tief verkraften. Es ist kein Wunder, daß viele Frauen ein paar Tage nach der Geburt von kleinem Weltschmerz, lähmendem Gefühl eigener Unzulänglichkeit und innerer Leere oder gar gefährlichen Depressionen heimgesucht werden. Wie gut, wenn die Frau und (erst recht) der Mann das vorher wissen und sich darauf einstellen.

## Millionen Jahre Steppenjagd – und ihre Folgen

### *Auslese als Entwicklungsprinzip auch des Menschen*

In einem Lebensraum, dessen Boden braun-grau gefärbt ist, hat ein Hase mit einem Fell derselben Farbe die beste Chance, sein Fortpflanzungsalter zu erreichen, weil der Fuchs ihn in dieser Tarnfarbe schlechter als jeden anders gefärbten Artgenossen entdecken kann. Deshalb sind bei uns die Hasen braun. Färbt sich in diesem Gebiet durch einen Klimaumschwung der Boden für die längste Zeit im Jahr weiß, sind auf einmal jene Hasen im Vorteil, die durch einen zufälligen Erbsprung (= Mutation) die Anlage für ein weißes Fell haben. Nach einigen Generationen hat sich hier der Schneehase durchgesetzt und das braune Langohr verdrängt. Dieses Verfahren, nach dem das Lebewesen mit den in seiner Umwelt erfolgreicheren Eigenschaften die größeren Fortpflanzungschancen zugeteilt bekommt, ist jedem Züchter als »Selektion«, als Auslese, bekannt.
Wer den Gang biologischer Entwicklungsverläufe verstehen will, muß also immer nach dem *Vorteil einer bestimmten neuen Eigenschaft in einer bestimmten Umwelt* fragen. Wie alle Pflanzen und Tiere auf diesem Planeten verdankt auch der Mensch seine Entwicklung der Selektion.

Die Umwelt unserer Vorfahren, tertiärer Affen, war noch vor 20 Millionen Jahren der Urwald. Sie waren als allesfressende, kletternde Augentiere hervorragend an ihren Lebensraum angepaßt, die Nahrung (von Früchten über Blattknospen bis zu Insekten und Jungvögeln) wuchs oder fiel ihnen geradezu in den Mund; Nahrungskonkurrenten und Feinde hatten sie in ihren luftigen Etagen kaum. Fast beiläufig sammelten sie beim Herumziehen Nahrung ein. Nur hin und wieder – wie heute noch bei freilebenden Schimpansen beobachtet – konnte das eine oder andere Männchen der Versuchung wohl nicht widerstehen, ein Buschschweinferkel, Buschbockbaby oder einen kleinen Affen einer anderen Art zu greifen und damit seinen Speisezettel zu erweitern.

Doch vor etwa 15 Millionen Jahren und danach verschlechterte sich die Situation für viele Primatengruppen. Wahrscheinlich durch eine Klimaänderung bedingt, schwanden die Urwaldbestände. Einige Gruppen, deren angeborene Verhaltensspielräume weit genug waren, werden aus dem Wald heraus in Steppe und Savanne abgedrängt worden sein. Wovon aber angesichts der öden Graswüsten leben? Und vor allem: Wie angesichts der vielen Bodenraubtiere überleben?

Auf einmal erwiesen sich die latent angelegte Neigung einiger Primatenmännchen, größere Tiere zu ergattern, und die Bereitschaft, gegen einen artfremden Gegner mit Stock oder Stein vorzugehen, als wichtige Überlebensfaktoren. Die selektierende Hand des Züchters (hier: der Natur) hatte damit für den neuen Steppenaffen das Zuchtziel »Jagd« und »Waffengebrauch« aufgestellt. Die besten Überlebenschancen hatten jene Primaten, die nicht nur körperlich und physiologisch am geeignetsten waren, als »Jagdmaschinen« zu laufen, springen, stoßen und zu werfen, sondern die auch intelligent genug waren, Jagdtechniken und Waffen zu schaffen, die der Konkurrenz und Gefahr der Raubtiergebisse überlegen waren.

Die neue Überlebungsmöglichkeit aber ließ sich nur nutzen, wenn der Steppen-Raubaffe zu einer stärkeren Arbeitsteilung zwischen den Geschlechtern fand, als sie bei den höheren Affen üblich ist, bei denen jedes Gruppenmitglied seine Nahrung selbst suchen muß.
Die Großwildjagd auf schnelle, oft nicht ungefährliche Tiere erforderte tage- oder wochenlange Streifzüge durch raubtierreiche Wildnis. Den damit verbundenen Strapazen und Gefahren wären Babys und Kleinkinder, Alte und Hochschwangere nicht gewachsen gewesen. Die Gruppen mußten sich also teilen: in umherziehende Jäger und die im Lager zurückbleibenden und die nähere Umgebung sammelnd durchstreifenden Frauen, Kinder und Alten.
Bereits Schimpansenmännchen entfernen sich hin und wieder in Gruppen kurze Zeit vom Rastplatz der Horde, um gemeinsam einem Beutetier nachzujagen. Dabei zeigen sie sogar Ansätze zu echter Kooperation, indem sie sich die Beute gegenseitig zutreiben. Der erfolgreiche Jäger allerdings schickt sich dann an, es allein zu verzehren und bequemt sich nur bei hartnäckigem Betteln der anderen, ein paar Fleischbrocken abzugeben. Es kann daher gar keinem Zweifel unterliegen, daß es die Männchen der Steppenprimaten waren, die sich auf die Jagd spezialisierten, und die Weibchen, die Kinderaufzucht, Lagerleben und Sammeln übernahmen.
In der jüngsten Vergangenheit hat sich ein vergleichbarer Vorgang abgespielt, der uns die Entstehung der Arbeitsteilung zwischen Mann und Frau als Reaktion auf eine bestimmte ökologische Situation noch einmal wie in einem kurzen Lehrfilm vor Augen geführt hat: Die Gründer der israelischen Kibbuzim gingen von der völligen Gleichheit von Mann und Frau – auch in ihren Vorlieben, Berufsneigungen und -fähigkeiten – aus. Eine geschlechtsspezifische Arbeitsteilung gab es nicht. Männer und Frauen sollten die gleichen Betätigungsmöglichkeiten haben. Doch die Umwelt spielte nicht mit: Die landwirtschaftliche

Arbeit verlangte schwersten körperlichen Einsatz. Es herrschte von allen Seiten ein starker Feinddruck. Der Bedarf an Nachwuchs überstieg die Erwartungen. Und so stellte sich – gegen den ursprünglichen Willen der Gründer – die Arbeitsteilung wie von allein wieder ein: »draußen«, in der Landwirtschaft, im Management, in der Politik: der Mann; »drinnen«, mit Erziehung, sozialen und kulturellen Fragen beschäftigt: die Frau.

Zurück zu jenem ersten Sprung ins Steppenjäger-Dasein und der damit verbundenen Arbeitsteilung. Seit Beginn der Menschheitsgeschichte wirkten auf Mann und Frau verstärkt verschiedene »Züchtungs«-Ziele ein: Von nun an hingen das Leben des Mannes, und damit seine Fortpflanzungschancen, etwas mehr als das der Frau davon ab, welche Höchstgeschwindigkeit er im Kurzstreckenlauf erreichte, wie zielgerichtet und weit er schleudern konnte und wieviel Kraft im Kampf zu mobilisieren war. Das bestimmt auch nicht einfachere Lager- und Sammelleben gab anderen Auslesewerten Priorität: Ausdauer, Widerstandskraft, Kälteresistenz, Gebären, Nähren. Möglicher Ansatzpunkt dieser Selektion war die Bevorzugung von männlichen und weiblichen Individuen, deren reifende Körper- und Gehirnzellen bei Anwesenheit von Androgen eher im Sinne des Jagdziels, bei Abwesenheit mehr in Richtung des Lagerziels sich organisierten.

Entwicklungen körperlicher Eigenarten bleiben in der Stammesgeschichte aber so lange sinnlos, wie die Lebewesen nicht motiviert und in der Lage sind, diese Neuerrungenschaften den Anforderungen der Umwelt gemäß auch einzusetzen. Das heißt: Es reichte nicht, den Körpertyp von Jägersmann und Campfrau zu schaffen. Es mußten die für das Funktionieren dieser Spezialkörper notwendigen Verhaltensbereitschaften gefördert werden. »Wenn wir uns daran erinnern«, schreiben die beiden Anthropologen Lionel Tiger und Robin Fox, »daß sich die Größe des Gehirns in diesem frühen Jägerstadium verdoppelte – eine der erstaunlichsten Organveränderungen in der gesamten Natur –, dann können wir ermessen, daß die Selektionsfaktoren, die hier wirksam wurden, in der Tat gewaltig gewesen sein müssen.«[230]

In der Zeit, in der die Großhirnrinde ihre explosive Entwicklung erlebte, wirkten auf den Jäger-Mann und die Lager-Frau unterschiedliche Auslesefaktoren ein. So konnten auch bei der Entstehung der neuen, typisch menschlichen Leistungen unterschiedliche, eher männliche und eher weibliche Bereitschaften und Verhaltensspielräume bevorzugt (= »ausgelesen«) werden. Sei es nun bei den Großhirnleistungen, bei sprachlichem Denken und räumlicher Vorstellung, sei es bei grob- und feinmotorischen Fertigkeiten, sei es im Kooperations-, Partner- und Sozialverhalten.

Für männlich-weibliche Schwerpunktunterschiede in diesen Verhaltensspielräumen sind darum durchaus biologische Miturachen anzunehmen. Zu offensichtlich wirkten die Selektionsvorteile in den jeweiligen Umwelten Steppenjagd und Steppenlager in verschiedene Richtungen, als daß sie sich nicht in unterschiedlichen Verhaltensdispositionen der Geschlechter hätten niederschlagen sollen.

### *Raumorientierung*

Gegen die Konkurrenz der hochspezialisierten Raubtiere des Katzen- und Wolfstyps wäre ein Steppenraubaffe, der auch nur mit Zähnen und Krallen seine Beute hätte fangen wollen, hoffnungslos auf der Strecke geblieben. Offen aber war der »Markt« für einen neuen Jägertyp, der mit Steinen, Knüppeln oder gefertigten Waffen Entfernungen überwand, die kein Raubtiersprung erreichte und der das System von Treibjagden in einem bis dahin unbekannten Maße weiterentwickelte. Damit wurde die Fähigkeit, sich zielsicher im Raum zu orientieren, Entfernungen und Geschwindigkeiten bewegter Objekte richtig und schnell einschätzen zu können, zu einem von der Auslese besonders geförderten Vorteil.

Der noch heute sichtbare männliche Vorsprung auf diesem Gebiet wird in der Pubertät deutlich, in der Zeit, in der die Sexualhormonproduktion erhöht wird. Der Amerikaner A. C. Petersen untersuchte an 13 bis 18 Jahre alten Jugendlichen den Zusammen-

hang zwischen Raum-Leistung und Ausbildung sekundärer Geschlechtsmerkmale. Dabei stellte er fest: Frauen und Mädchen, die auf der Männlichkeits-Weiblichkeitsskala überdurchschnittlich in den Männlichkeitsbereich hineinreichten (und also unter höheren Androgendosen standen), zeigten klar bessere Leistungen in der räumlichen Vorstellung. Aber Jungen und Männer, die äußerlich besonders männlich waren, schnitten in den Raum-Leistungen schlechter als der männliche Durchschnitt ab.[231]
Das bedeutet: Die Auslese auf die Jagd hin hat den Durchschnittsmann in die Richtung »hingezüchtet«, daß sein prä- und postnataler durchschnittlicher Hormonhaushalt sich optimal auf die Entwicklung der für die Raumorientierung zuständigen Gehirnstrukturen erwies. Die Durchschnittsfrau, auf andere primäre Selektionswerte hin »ausgelesen«, hat Androgenwerte, die unterhalb des männlichen Durchschnitts liegen. Jede individuelle Steigerung dieses niedrigen weiblichen Wertes nach oben in den männlichen Bereich muß ihre Raumbegabung steigern – wohingegen jede weitere Steigerung des männlichen Androgengehalts – vielleicht durch die damit verbundene Zunahme aggressiver und sexueller Motivation – die Raumbegabung beeinträchtigt.

### *Motorik: Stoß und Rhythmus*

Die Selektion hat die Jagdmaschine Mann für einen stärkeren Muskelbesatz prädisponiert. Kein Wunder, daß das seine Konsequenzen für Bewegungsvorlieben hat. Wer feststellt, daß er einen Widerstand durch eine direkte, wenn auch kraftaufwendige Methode des Stoßens, Schiebens, Werfens, Brechens schnell und leicht beseitigen kann, wird sich – durch das Erfolgserlebnis belohnt – solche Bewegungen eher angewöhnen als jemand, dessen Muskeln zwar ausdauernd, aber nicht mit solchem stoßweisen Krafteinsatz arbeiten können. Ein Mädchen wird daher, zumal, wenn mit größerer Sensibilität ausgestattet, dem Hindernis und Objekt »feinmechanischer« zu Leibe rücken: Schwachstellen ertastend, fingernd, wiederholt ansetzend, ausdauernd-

rhythmischer arbeitend. Verschiedene Erfolgsrückmeldungen vom jeweils effektivsten Umgang mit Objekten wirken in diesem Lernprozeß als Verstärker: Der Mann trainiert sich selbst etwas mehr die grobmotorischen Impulse an, die Frau mehr das feinmotorische Manipulieren und die Freude an rhythmischen Bewegungen.
Natürlich »können« auch Frauen Fußball spielen, boxen und Kugelstoßen, wie auch die Männer Gymnastik und Ballettanzen betreiben können. Es muß jedoch bezweifelt werden, ob der Durchschnittsmann sich je so intensiv, gleich häufig und mit der gleichen Befriedigung gymnastischem Rhythmus hingeben kann, wie es die Durchschnittsfrau tut, und ob diese bei schwerathletischen Sportarten oder beim Fußball wirklich denselben Spaß und dieselbe Leidenschaft entwickeln kann wie der Normalmann.

### *Männergruppen*

Die altsteinzeitlichen Jäger mußten sich getrieben fühlen, von Zeit zu Zeit in Gruppen loszuziehen und fern vom Lager einem gemeinsamen Jagdziel nachzujagen. Auch hierfür konnte die Selektion auf eine bereits bei höheren Primaten schemenhaft angelegte Bereitschaft zurückgreifen: Hin und wieder lösen einzelne Schimpansenmännchen, die zufällig ein Beutetier gefangen haben, in der ganzen Männergruppe regelrecht eine Fleischsucht aus. Bis zu zwei Monaten können sich daraufhin die heranwachsenden und erwachsenen Männchen vom Lager entfernen und zielbewußt Jagd auf größere Tiere machen. Dieses mehr zufällige und sporadische gemeinsame Verfolgen eines Ziels mußte beim Steppenraubaffen nur noch systematischer betrieben werden, um die Bildung altsteinzeitlicher Jägerhorden zu ermöglichen.
Auch die Grundlage für die dafür nötige Mann-zu-Mann-Bindung war vorhanden. Zwar sind Altweltaffen-Männchen – wie bei den Schimpansen – von den bindenden Zärtlichkeiten der Kerngruppe Mutter-Kind weitgehend ausgeschlossen. Um so häufiger aber können sie im stundenlangen Austausch von Bin-

dungsritualen sich gegenseitig das Fell pflegen. Oft geschieht das unmittelbar, nachdem sie in einer Rangordnungsstreitigkeit körperlich aneinander geraten sind. Die männliche Bindungsbereitschaft, die vor allem am Wettbewerb innerhalb der Rangordnung orientiert ist, wird bei der Evolution des Menschen als Ausgangspunkt geplanter Kooperation und kollektiver Jagd genutzt: Die Raubaffen, die aufgrund ihrer Bindungsbereitschaft in der Lage waren, mit anderen Männchen zusammenzuarbeiten, hatten angesichts der schnellen Beute und gefährlichen Raubtiere größere Überlebensaussichten. »Der Einzelgänger war wahrscheinlich ein toter Mann – jedenfalls ein Mann, der weniger Chancen hatte, einen wirksamen Beitrag zum Genbestand zu leisten.«[232]

Die männlichen Jägerhorden entwickeln von vornherein bestimmte Züge, die sich bis in das Gebaren heutiger Männergruppen verfolgen lassen. Dazu gehört die leidenschaftliche Identifikation mit einem gemeinsamen Ziel, das dem Mann im Augenblick des Einsatzes wichtiger sein kann als alles andere auf der Welt. Weiterhin sind Rangordnung und Dominanzstreben ganz wesentliche Festigungselemente der Männergruppe. Schließlich ist für sie der, zumindest zeitweise, Ausschluß der Frau oder die Herabsetzung der männlich-weiblichen Beziehung typisch.

Bei Rockern, am Stammtisch, bei einer Jagdgesellschaft, in einem Fußballverein, in Aufsichtsräten, Kegelclubs, Führungsgremien von Wirtschaft, Wissenschaft und Politik genauso wie bei Pfadfindern oder Feuerwehr, bei Rotaries, Lions und Round-Tablern nicht anders als bei einer militärischen Abteilung, einer schlagenden Studentenverbindung oder einer dörflichen Blaskapelle – je nach Alter und sozialem Umfeld mag das Erscheinungsbild verschieden wirken: Einiges aber haben die Männergruppen auf der ganzen Welt gemeinsam:

- den permanenten Wettkampf, um zu ermitteln, wer der Größte an Taten, Argumentationskraft oder Renommierkunst und wie die Hierarchie der Gruppe zu gestalten sei;
- die beständigen Beteuerungen, wie wichtig das gemeinsame Ziel sei und die Bereitschaft, um seinetwillen »Persönliches« zu vergessen und zu übergehen;

– den Ausschluß der Frauen: programmatisch oder durch die Anwesenheit einiger weniger Frauen kaschiert;
– die Abwehr- oder Angriffstendenzen gegen Gruppenfremde.

Noch nahezu unverändert durch die Einflüsse der Kultur treten uns diese Haltungen der alten Jägerhorde in der Abenteuerlust, der Hierarchiesucht, der Frauenverachtung und der Aggressionsbereitschaft der Banden pubertierender Jugendlicher entgegen. Ziel und Ergebnis solch männlicher Selbstbewährung durch wettkampforientiertes Streben nach der Bewältigung einer gemeinsamen großen Aufgabe sind heute nicht mehr (nur) erlegte Tiere, sondern »so großartige und anspruchsvolle Strukturen wie etwa Weltreiche, Raumfahrtprogramme, Industrieunternehmungen«[233], aber auch Weltkriege, Umweltverschmutzung, Atombombe, Schneller Brüter, Wirtschaftskrisen und Ausbeutung. Die männliche Lust, sich mit einem fernen Ziel der »Jagd«-gruppe zu identifizieren und gemeinsam mit den anderen Mitgliedern, dem jeweiligen Gruppenhöchsten loyal oder hemmungslos zu folgen, ist bislang von der Selektion als positiver Wert behandelt worden – hat sie doch die Ausbreitung des Menschen über die ganze Welt und seine Überlegenheit über alle anderen Kreaturen mitbegründet. Heute allerdings stehen wir genau an einem Wendepunkt, an dem – durch veränderte Umweltbedingungen – gerade diese Qualität in einen negativen Selektionswert umschlägt (wie das braune Fell des Hasen bei einem Klimawechsel). Doch dazu später.

*Kommunikation und Sprache*

Stärker als die Weibchen urwaldbewohnender Primaten waren die Frauen der steppenjagenden Vor- und Frühmenschengruppen an längere Aufenthalte in bestimmten Gebieten gebunden. Denn die Jäger mußten sie ja wiederfinden können. Hingen die Überlebenschancen der Jäger vor allem von ihren Jagdfertigkeiten ab, so das der Frauen etwas mehr davon, wie gut sie ihr Zusammenleben im Camp organisieren konnten.

Auch hierfür war eine Intensivierung sozialer Bindungsmechanismen nötig. Die Männergruppen gewannen sie aus der koordinierenden Blickrichtung auf ein gemeinsam zu erjagendes Ziel, wobei persönliche Beziehungen in den Hintergrund treten konnten. Aber gerade um letztere ging es ja im täglichen Miteinander des Lagerlebens der Frauen-, Kinder- und Altersgruppe. Auch für dieses Modell der persönlicheren Bindung fand die Selektion einen Ansatzpunkt im Verhalten der Primaten. Schimpansenweibchen, gleich, ob Töchter oder Nicht-Verwandte, versuchen leidenschaftlich, die Mutter eines Babys dazu zu bewegen, es ihnen zum Halten, Herumtragen und Pflegen zu überlassen. Die gegenseitige persönliche Anteilnahme an der Kinderaufzucht unter den Hordengenossinnen, die enge Mutter-Kind-Beziehung und die damit verbundenen sozialen Signale waren eine geeignete Grundlage für die Intensivierung des persönlichen Zusammengehörigkeitsgefühls im Lager.

So entwickelte sich auch die menschliche Sprache zunächst als soziales Bindungssignal im Mutter-Kind-System:

Der ständige Kontakt zwischen Mutter und Baby ist bei Säugern eine Frage des Überlebens. Kleine Affen krallen sich, wenn die Mutter keine Hand freihat, am Fell der Mutter fest. Der Klammergriff ermöglicht dem Äffchen, »Halt« an der Mutter zu finden, auch im übertragenen Sinne: Das mütterliche Fell gibt ihm das Gefühl der Geborgenheit und signalisiert ihm auf diese Weise, daß der Kontakt zur Mutter noch vorhanden ist. Versuche mit isoliert aufgezogenen Affen haben gezeigt, daß die Kleinen wesentlich neurotischer wurden, wenn man ihnen ein Drahtgestell als Muttersatz anbot, als wenn man ihnen eine weiche Kuschelattrappe in den Käfig setzte. Noch der menschliche Säugling zeigt das Relikt des Greifreflexes von Händen und Füßen. Nur nützt ihnen der nichts mehr, denn die Menschenfrau hat ihr Fell verloren. Doch das Fell unserer Vorfahren konnte sich nur in dem Maße zurückentwickeln, wie ein neues Signal das alte Fell-Klammern ersetzte und die Bindung Mutter-Kind unterstützte: die Sprache.

Affen können mit Hilfe ihrer Stimme nur Stimmungen ausdrükken. Das Menschenbaby zeigt über dieses Stimmungssprechen hinaus schon im 1. Lebensjahr nach dem ersten Lächeln, daß die menschliche Stimme eine zweite Aufgabe übernehmen kann: Sie sichert Kontakt. Das Baby fragt durch sein Lallen: »Mutter, bist du da?« Die Mutter gibt durch ihr liebevolles, scheinbar sinnloses »Geschwätz« die beruhigende Antwort und fragt gleichzeitig: »Bist du satt und gesund?« Das Baby antwortet usw., usf. Mutter und Kind bestätigen sich auf diese Weise Wärme, Wohlbefinden, Zuneigung, Bindung.

Ein solches Kontaktsprechen gibt es auch zwischen erwachsenen Menschen. All die freundlichen Nichtigkeiten vom Plausch über das Wetter bis zur Frage nach dem werten Befinden, vom Klöhnschnack beim Kaufmann bis hin zum Kaffeeklatsch zu Hause haben keine andere Bedeutung, als sich zu vergewissern, daß die Kontakte zu anderen Menschen noch funktionieren. Erwachsene Affen pflegen sich zum selben Zweck gegenseitig das Fell. Daher nennen Biologen das Kontaktsprechen auch »Putzsprechen«. Und genauso, wie sich die soziale Geste des Fellpflegens bei erwachsenen Affen aus der mütterlichen Zuwendung zu ihrem Kind, aus Babypflege und Fellkontakt-Signalen zwischen Mutter und Kind, entwickelt hat, ist das »Putzsprechen« zwischen erwachsenen Menschen als einfachste Form menschlicher Sprache auf die bindenden Kontaktlaute zwischen Mutter und Kind zurückzuführen.

Überspitzt formuliert: Die Mütter im Camp konnten früher »sprechen« als die Jäger draußen, wenn auch zunächst nur als »Putzsprechen«. (Die höhere Art des Sprechens, die Übermittlung von Informationen über Objekte und Sachverhalte, kam erst später dazu, als sich die Abstraktion- und Symbolisierungsfähigkeiten der Neuen Großhirnrinde weiterentwickelten). Die Jägerhorden waren bei ihrem Tun nicht so auf das Putzsprechen angewiesen. Sie wurden durch Rangordnungsrituale und das gemeinsame Jagdziel zusammengehalten. Um das zu erreichen, kam man mit dem stammesgeschichtlich alten Stimmungsgeschrei aus. Die laute, weittragende Stimme des Mannes wird vor diesem Hindergrund sinnvoll und erklärbar. Genauso wie die

Tatsache, daß auch heute noch sein Gesicht zuwächst. Seine Mimik stand eben nicht so unter dem Selektionsdruck, die sprachliche Kommunikation unterstützen zu müssen. Die Mundgegend der Frau, die Arbeit der Lippen, das Faltenspiel der unteren Gesichtshälfte wurden bei der Entwicklung des Putzsprechens mit als Signalträger bedeutsam.
Auch die Frauen bildeten Gruppen. Von Anfang an aber bevorzugte in diesen die Auslese kommunikationsfähige und -bereite Individuen in stärkerem Maße als bei den Jägerhorden. Zwischenmenschliche Beziehungen und persönliche Kontakte spielten im Camp eine ganz entscheidende Rolle. Man nahm am Alltag der Gruppengenossin lebhaft Anteil, an Gesundheit, Ernährung, Kinderaufzucht der anderen. Das Putzgespräch war ein treffliches Medium für diese Kommunikationsbereitschaft. Männergruppen beziehen ihr Einigkeitsgefühl aus »der großen Sache«, sei diese eine Beute, ein Feind, ein göttlicher Auftrag oder eine Fahne, und versichern sich dessen gegenseitig durch Schwüre, Gelübde oder Verträge. Frauengruppen hatten und haben das angesichts ihrer persönlicheren Bindung nicht in dem Maße nötig.

### *Paarbindung*

Gorilla- und Schimpansenmännchen zeigen hin und wieder andeutungsweise besondere Vorlieben für bestimmte Weibchen, doch im allgemeinen kommen die in Gruppen lebenden höheren Affen ohne feste Partnerbindung aus. Durch das gemeinsame Herumziehen der Gruppe sind immer beide Geschlechter anwesend. Und die allgegenwärtige Hierarchie sichert den ranghöheren Männchen größere Fortpflanzungschancen zu. Beides wäre nicht mehr gewährleistet, wenn die Geschlechter getrennt herumzögen und sich weiterhin ausschließlich promiskuitiv verhielten. Als daher bei unseren Vorfahren die Jägerhorden sich für längere Zeit von Frauen und Kinder trennten, mag es Selektionsvorteile für die Gruppen bedeutet haben, wenn die Jäger verhältnismäßig sicher sein konnten, daß ihre Frauen noch auf sie warteten. Die

Ranghöheren wahrten damit ihre besseren Fortpflanzungschancen, und die Kämpfe um die Frauen wurden auf ein geringeres Maß reduziert. Jedenfalls wurden zu Beginn der Menschheitsgeschichte jene Signal-Reaktions-Mechanismen verstärkt, die geeignet waren, den Kontakt zwischen Mann und Frau zu intensivieren und zu festigen. Das herausragendste Ergebnis dieses Selektionsdrucks war zweifellos die Entwicklung der Orgasmuspotenz der Frau. Natürlich prägen gemeinsam erlebte Orgasmen zwei Partner nicht automatisch aufeinander. Aber sie sind für ein Kennenlernen, ein Sich-gegenseitig-Bevorzugen und für eine kürzere oder längere Bindung der beiden doch eine bessere Basis als die ca. 15 Beckenstöße, die der Pavian in Sekundenschnelle (!) dem recht unbeteiligten Weibchen verpaßt.

Bei den höheren Affen ermöglichen sexuelle Schlüsselreize nur die Erregung des Männchens, z. B. die Sexualstoffe des Scheidensekrets oder die beim Weibchen zur Zeit des Eisprungs auffälliger werdenden Gesäßschwellungen. Nun aber erhielt auch die Menschenfrau einen »Anlasser«: Durch taktile Reizung der Klitoris kann auch sie in Erregung versetzt werden und – wie bislang nur die Männchen – den Orgasmus erleben. Die Sensibilität des ganzen weiblichen Körpers nahm zu und wurde vermehrt in den Dienst sexueller Erregung gestellt. Das ist mit ein Grund dafür, warum die Haut der Frau weniger behaart und taktilen Reizen gegenüber wesentlich empfänglicher ist als die des Mannes. (Noch heute empfinden Frauen Art und Qualität von Kleidungsstoffen auf der Haut viel intensiver als Männer.)

Der Sexuallockstoff konnte bei den Menschen nicht mehr die bedeutende Rolle wie bei den Affen spielen. Denn er signalisierte, wie auch die rhythmischen Hinterteilschwellungen, genau die fruchtbaren Tage des Weibchens. Gerade aber diese nur auf wenige Tage im Monat (beim Schimpansen sogar nur alle vier, fünf Jahre) beschränkte Paarungsbereitschaft galt es zugunsten einer dauernden Paarungswilligkeit zu überwinden. Die zyklisch gesendeten Signale mußten Dauersendern weichen: Die Sexualduftstoffe verloren ihre überragende Bedeutung, das weibliche Hinterteil, nun nicht mehr rhythmisch anschwellend, wurde zum dauernd signalisierenden Auslöser. Allerdings war dessen Wirksamkeit durch die Aufrichtung des Menschen stark beeinträchtigt. Vor allem dann, wenn sich die Partner von Angesicht zu Angesicht gegenüberstanden. Da die angeboren-geprägten Sexualprogramme nun aber bereits die beiden Rundformen der Pobacken als besonders reizvoll bevorzugten, hatten bei den sich aufrichtenden Primaten jene Weibchen einen Selektionsvorteil, bei denen ähnliche Doppelrundformen auch in der Vorderansicht zu sehen waren: Die Brüste entstanden, die weicheren, runderen Schultern und Knie der Frau. Der Zoologe Desmond Morris hat diese »Selbstnachahmung« des Körpers als mögliches Selektionsergebnis auch bei anderen Lebewesen nachgewiesen. Morris sieht[234] auch in den aufgeworfenen Lippen vieler Frauen eine solche »Selbstmimikry« der durch den aufrechten Gang verborgenen Geschlechtsöffnung. Ein solcher Zusammenhang erklärt sowohl die merkwürdige Faszination, die weibliche Lippen auf den Mann ausüben, als auch die seit Jahrtausenden belegte Neigung der Frau, die Lippen durch Schminken zu betonen. Auch von hierher hätten wir einen Selektionsdruck in Richtung »Haarlosigkeit des weiblichen Gesichts« zu verzeichnen.

## Sexualität: Mehr als eine Frage verschiedener Geschlechtsorgane

In wohl keinem Verhaltensbereich werden biologische Mitursachen für geschlechtstypisch verschiedene Verhaltensweisen so deutlich wie beim Sexualverhalten von Mann und Frau. Das hindert viele Autoren heute nicht daran, auch hier nur wieder die Auswirkung gesellschaftlicher Faktoren zu sehen.

### *Triebdruck*

Deren Meinung nach hat das sexuelle Verlangen der Frau nur deswegen nicht den so häufig nach Befriedigung drängenden

Charakter wie beim Mann, weil sie in ihrer Jugend sexuell verstümmelt worden ist.

Wir sahen dagegen schon auf Seite 157 den Zusammenhang zwischen dem sexuellen Triebdruck und den Androgenen. Unsere Überlegungen werden durch weitere Beobachtungen gestützt: Fünfzehn Jahre nach der sogenannten sexuellen Revolution hätte sich die Frau eigentlich in der Häufigkeit gewünschter Sexualkontakte und in ihrem Promiskuitivverhalten dem Mann wesentlich stärker angleichen müssen, als das bisher tatsächlich geschehen ist. Zwar ist die Frau in allen Fragen der Sexualität heute freier und selbstbewußter geworden. Das hat aber ihre Bedürfnisse mit denen des Mannes bei weitem nicht identisch werden lassen. Statt genauso oft wie er zu »wollen« (braucht sie doch keine ungewollte Empfängnis und weithin auch keine Ächtung durch die Gesellschaft mehr zu fürchten!), wehrt sie sich nun auf einmal gegen den »Orgasmuszwang«. Statt nun die neue Freiheit zu nutzen, die einstmals nur Männern zugestandenen Seitensprungquoten einzuholen, machen Frauen, mutiger geworden, wieder vermehrt von der Möglichkeit Gebrauch, »nein zu sagen, wenn sie dem Drängen der Männer auf Sex nicht nachgeben wollen«, wie amerikanische Sex-Therapeuten auf ihrem 1978er Kongreß anmerkten.[235] Erica Jong, der man nun wirklich nicht gerade sexuelle Verklemmung vorwerfen kann, wies in einem Interview den Neid der Männer zurück, mit dem diese auf die Möglichkeit einer schönen Frau sehen, zu jeder Zeit sich beliebig viele Sexualpartner verschaffen zu können: genau das sei die Art Sex, nach der eine Frau eben kein Verlangen hätte.[236]

Es gibt keine weiblichen Lustmörder. Aber in der Kriminalstatistik wimmelt es von Männern, die nicht in der Lage sind, das Übergreifen sexueller Erregung auf aggressionsauslösende Hirnzonen zu verhindern und – umgekehrt –, die im Töten und Verletzen sexuelle Lust erleben. Diese Triebtäter sind krank. Strukturen und/oder Funktionen von Gehirnregionen sind bei ihnen fehlerhaft organisiert. Und nichts wäre falscher, als aus dem Fehlverhalten des Triebtäters abzuleiten, von der männlichen

Sexualität gehe eine Bedrohung für die Frau aus, der Penis sei eben doch vor allem ein Drohorgan. Wie wir S. 42 ff. gesehen haben, kann sogar der Affe die beiden Bereiche Drohen und Kopulieren gut auseinanderhalten, wenn auch beide zufällig ähnlich aussehende Signalelemente enthalten. Um so deutlicher werden beim Normalmann Aggression und Sexualität von *verschiedenen* Motivationslagen getragen.
Trotzdem: Auch hier, in einer möglichen pervertierten Verbindung von Geschlechtslust und Aggression zum Sadismus müssen wir (wieder einmal) eine größere Störbarkeit des Mannes verzeichnen. Und das nicht nur im Hinblick auf den Lustmörder. Das gilt auch in Anbetracht der höheren Anfälligkeit gegen bestimmte historisch-politische und soziale Faktoren, die vor allem bei Männern die Krankheit der »Sex-und-Blut-Verbindung« hervorrufen können: wie bei den Blutbädern mittelalterlicher Hexenprozesse, den Massenabschlachtungen bei altrömischen Zirkusspielen oder der ekligen Gier jener Zuschauer, die sich in den USA der Gegenwart an Filmen delektieren, in denen Frauen tatsächlich verstümmelt oder getötet werden (sollen).
Dieses Buch weiß kein Patentrezept gegen diese entsetzlichen Entgleisungen. Der Autor ist aber der Meinung, es sei besser, sich solche Gefahren, die dem vermännlichten Gehirn innewohnen, klarzumachen, als die Augen vor ihnen zu schließen. Nur so können wir zum zweiten Schritt gelangen: Welche Möglichkeit hat die Erziehung des Jungen und welche Möglichkeiten haben spätere Bewußtseinsprozesse des Mannes, solche lauernden Gefahren möglichst auszuschalten? Dazu im letzten Kapitel.

## *Geschlechtsorgane und Verhalten*

Die Klitoris entspricht in ihrer Funktion (der Orgasmusauslösung) der Peniseichel. Die Schwellorgane liegen beim Mann im Penisschaft, bei der Frau in der Tiefe und umgeben den Vorhof und das äußere Drittel der Scheide. »Kurz«, folgert Shere Hite, »der einzige Unterschied zwischen den Erektionen von Mann

und Frau besteht darin, daß die des Mannes außerhalb und die der Frau innerhalb des Körpers stattfinden.«[237]
Anatomisch richtig. Falsch aber, was die Physiologie und die Folgen für das Verhalten angeht.
*Er* dringt ein und braucht dafür unbedingt einen steifen Stab. *Sie* läßt ein, kann das notfalls aber auch tun, ohne genügend erregt zu sein. Dieses Schloß-Schlüssel-Prinzip bringt sie leichter in Gefahr, Opfer zu sein, und ihn, Vergewaltiger zu werden. Bereits die Physiologie setzt den Möglichkeiten von Männern, sich als männliche Prostituierte an Frauen zu verkaufen, gewisse Grenzen. Umgekehrt hätten Vergewaltigungsversuche von Frauen an Männern nur sehr, sehr bedingt Erfolg. »Na los, Typ, bring's doch mal! Zeig, was du kannst!« gingen auf einer Frankfurter Frauendemonstration gegen Vergewaltigung 1978 drei Demonstrantinnen einen männlichen Zaungast an, um einmal den Spieß umzudrehen.[238]
Eben: Selbst die militanten Damen mußten ihrem »Opfer« den aktiveren Part zuschieben, »es zu bringen«. Ohne Erregung geht beim Mann eben nichts, und damit wird jede weibliche Vergewaltigung des Mannes nur denkbar als Verführung, an der der Verführte innerlich (positiv) beteiligt ist.
Trotz aller Veränderungen im Sexualverhalten in den letzten Jahrzehnten ist das unbestimmte Empfinden des Mannes, er »hole« sich im Sexualakt etwas, und das Gefühl der Frau, sie »schenke« etwas, nicht ganz verschwunden. Frauenrechtlerinnen mit dem klaren Blick der Psychiaterin Jean Baker Miller verschließen vor der Langlebigkeit dieser Gefühle nicht die Augen und lassen sich wegen der (zeitweisen!) weiblichen Hingabelust im sexuellen Bereich kein schlechtes Gewissen einreden. Denn, so meint Baker Miller, die Frau könne dennoch ihr Leben aktiv gestalten, auch wenn sie sich beim Beischlaf hin und wieder das Gefühl leiste, »genommen« zu werden und zu »schenken«.[239]
Die anatomischen und physiologischen Besonderheiten von Penis und Klitoris sorgen spätestens von der Pubertät ab für einen weiteren Verhaltensunterschied. Sowohl die Erregbarkeit der Klitoris als auch die der Peniseichel steigt in den Reifejahren. Aber

die aufdringlichere Verpackungsform, in der die Entwicklung dem Jungen die hochsensiblen, lustauslösenden Nervenendigungen anbietet, macht es ihm fast unmöglich, diese nicht zu entdekken und sich ihrer zum Zweck des Lustgewinns nicht zu bedienen. Auch wenn das gar nicht willentlich geschieht, meldet sich das Organ durch Reibung an der Kleidung, durch Bewegung beim Gehen. Es ist im Körpergefühl immer dabei.

Beim Mädchen ist das anders. Ihm kann es passieren, daß es zur Frau wird, ohne das sexuelle Lustorgan überhaupt als solches be»griffen« zu haben. In der *Ralf*-Untersuchung geben 25 % der Frauen gegenüber nur 3 % der Männer an, noch nie onaniert zu haben.[240]

Immer wieder wird der Tatbestand, daß Mädchen die Möglichkeit der Selbstbefriedigung oft gar nicht entdecken, mit angeblich härteren gesellschaftlichen Sanktionen gegen die Masturbation eines Mädchens begründet. Diese Erklärung überzeugt schon deswegen nicht, weil onanierende Mädchen die Entdeckung ihres Tuns viel weniger fürchten müssen als die Jungen. Denn erstens brauchen sie kein Ejakulat zu beseitigen. Zweitens erlaubt die weibliche Masturbationspraxis, in aller Stille mit der Fingerspitze zu manipulieren, wohingegen die Jungen durch ihre Tätigkeit mit der hohlen Faust unter der Bettdecke oft einen verräterischen Geräuschpegel erreichen. Trotzdem onanieren die Jungen mehr und taten das auch, als man sie mit Lähmung, Verblödung und Rückenmarksschwindsucht schreckte. Wann hätte man je Mädchen unter den Druck solcher Drohungen gesetzt?

Der pubertierende Junge wird in allen möglichen und unmöglichen Situationen von seinen Erektionen geradezu überfallen und kann sie nicht so leicht übersehen oder weginterpretieren, wie es dem Mädchen bei seinen versteckteren physiologischen Reaktionen ohne weiteres gelingt. Da viele Frauen gar nicht wissen, daß auch im inneren weiblichen Genitaltrakt bei Erregung Schwellkörper anschwellen, muß Shere Hite ihre Leserinnen ermutigen, durch Konzentration und Tastkontrolle auf diesen Vorgang einmal besonders zu achten. Kein männlicher Pubertierender mußte bisher dazu aufgefordert werden.

So erlebt der Junge seinen steifen Penis viel bewußter als das Mädchen seine Klitoris als »etwas an ihm«, das von Zeit zu Zeit sein Recht fordert. Schuldgefühle ändern nichts daran, verstärken höchstens die Neigung, sich von seinem Penis als einem vom Willen unabhängigen Tierchen mehr oder weniger zu distanzieren. Der erwachsene Mann objektiviert seinen Penis: Er steht ihm gegenüber als selbständigerem, oft aufsässigem Wesen, das sich bei der Erektion, ihrem unerwünschten Ausbleiben oder dem schnellen Schlaffwerden allzuoft und allzu spürbar der Kontrolle seines Kopfes entzieht.

Die Frau hat es leichter, sich mit ihren Geschlechtsorganen als Teil ihrer selbst zu identifizieren.

Wahrscheinlich überträgt der Mann sein Penisgefühl leicht auch auf sein Verständnis von weiblicher Sexualität und mißversteht die Partnerin so als »Ansammlung von Körperteilen, als Objekt, nicht als Person. Er teilt sie auf – Sex kommt in ein Kästchen, Liebe in ein anderes.«[241]

Die eruptive Gewalt, mit der der plötzliche Hormonstoß und die aufdringliche Penisform Lusterfahrung und Lustverlangen von heute auf morgen über den Jungen hereinbrechen lassen, ist eine weitere Gefahrenquelle für untypische Sexualprägungen. Nach der frühkindlichen Zeit haben wir es in der Pubertät ja mit einer zweiten hochsensiblen Phase für Sexualprägungen zu tun. Und da können die bei den ersten stürmischen Orgasmen zufällig vorhandenen Reize (seien sie nun voyeuristischer, fetischistischer oder homosexueller Art) durch den überwältigenden »Belohnungs«-effekt des Orgasmus unter Umständen mit der sexuellen Reaktion so eng gekoppelt (konditioniert) werden, daß diese von ihnen ganz und gar abhängig wird. Das Mädchen, dessen hormonelle Entwicklung und Klitoris-Erfahrung ruhiger und selbst-kontrollierbarer verlaufen, hat größere Chancen, daß Körper und Psyche, Sexualität und Intellekt gemeinsam wachsen und sich nicht auseinanderentwickeln. Wenn die Frau sexuell gefährdet ist, dann nicht so sehr durch ihr auf untypische Objekte geprägtes Verlangen, sondern eher durch die Unterentwicklung sexuellen Triebes überhaupt. Damit es dazu kommt, müssen die Eltern gar nicht besonders repressiv erziehen. Es genügen dafür schon fehlende Ermutigungen, die eigene Sexualität anzunehmen.

*Erregung*

Das unter Androgeneinfluß vermännlichte Gehirn ist offener für eine Prägung des Sexualverhaltens auf optische Signalmuster, während das verweiblichte Gehirn eher Berührungsreize durchschaltet.
Das soll nun nicht heißen, daß Frauen von Abbildungen und Filmen sexuellen Inhalts grundsätzlich kalt gelassen werden: Auch Frauen reagieren auf Bilder nackter Menschen stärker mit Pupillenerweiterungen, als wenn die abgebildeten Personen bekleidet sind. Aber: Ein Mann reagiert nur auf weibliche Aktbilder – soweit er nicht homo- oder bi-sexuell ist. Eine heterosexuelle Frau dagegen kann auch weibliche Aktbilder erregend finden. Und ihre Reaktion auf männliche Aktbilder ist oft recht gering oder bleibt ganz aus, es sei denn, der Mann ist in einer ganz besonders anziehend-erotischen Haltung (mit schlaffem Penis) dargestellt, oder eine weibliche Partnerin ist mit abgebildet.
John Money und Anke Ehrhardt[242] erklären diesen merkwürdigen Befund damit, daß der Mann dazu neigt, die Frau optisch aus dem Foto »herauszunehmen«, sie als sein sexuelles Gegenüber, sein Objekt zu betrachten und in der Phantasie Geschlechtsverkehr mit ihr zu haben. Deswegen berührt ein männlicher Akt seine Vorstellung auch kaum. Im Gegensatz dazu projiziert sich die Frau in das Bild hinein, identifiziert sich mit der abgebildeten Schönen und stellt sich vor, so verführerisch wie sie auf den Betrachter zu wirken. Darum erregt sie ein weiblicher Akt.
Stark vereinfacht formuliert: Der Mann *sieht* vor allem das sexuell verlockende Objekt, fühlt sich getrieben, sozusagen danach zu *greifen*. In diesem Moment sind ihm eigener Körper und eigene Wirkung relativ unwichtig. Umgekehrt die Frau: Sie *fühlt* sich mehr in die Situation *hinein*, und ihre Erregung ist dabei stark davon abhängig, wie sie auf den anderen *wirkt*.

Natürlich lauern in beiden Tendenzen der Geschlechter – der männlichen Objektivation und der weiblichen Selbstprojektion – immer dann Gefahren, wenn Gesellschaft und Erziehung sie über ein bestimmtes Maß hinaus verstärken. Der Mann kann leicht dazu gebracht werden, seine Partnerin (oder überhaupt die Frauen) rücksichtslos zu Sexualobjekten herabzuwürdigen, deren Feedback über seine Wirkung auf sie ihm völlig gleichgültig wird. Ihr dagegen droht sexuelle Verunsicherung und Abhängigkeit, denn mit der zu intensiven Beschäftigung mit ihrer Wirkung auf andere fällt es ihr möglicherweise zu schwer, sich vom Urteil der anderen über sie auch mal freizumachen und eigene Aktivitäten durchzustehen.

### *Orgasmusverlauf*

Die Welt hat in den sechziger Jahren durch die Masters-Johnsonschen Untersuchungen mit großem Erstaunen erfahren, wie ähnlich die männliche und die weibliche sexuelle Reaktion verläuft: Die Reizung der *Klitoris* bewirkt *wie die der Peniseichel* den Orgasmus. Beide Organe sind durchaus gleichwertig und homolog. Die alte Freudsche Lehre vom »reiferen« vaginalen Orgasmus ist endgültig widerlegt. Auch bei jenen etwa 30 % der Frauen[243], die ohne gesonderte Stimulierung der Klitoris durch die Penisbewegung ihren Orgasmus erreichen können, ist die Klitoris (indirekt durch die Gewebebewegungen gereizt) der Auslöser.

Aber durch die in der Tat eindrucksvollen Gemeinsamkeiten der Orgasmusprogramme der Geschlechter darf man sich nicht den Blick auf ihre zwar feinen, aber für das Verhalten von Mann und Frau folgenreichen Unterschiede verstellen lassen.

Die Erregungsphase zieht sich bei Frauen länger hin. Der Pulsschlag bleibt längere Zeit leicht erhöht, um dann dramatisch von unter 100 Schlägen pro Minute auf 130 zur folgenden sogenannten Plateauphase (= »Hochebene«) emporzuschnellen.

Der Mann kommt schneller auf sein »Plateau«, das aber mit 120

Herzschlägen pro Minute niedriger liegt. Außerdem ist dessen Verlauf gleichmäßiger, ebener, während das der Frau schon Sekunden nach Erreichen ihres Plateaus von orgastischen Krämpfen geschüttelt werden kann. Dabei übertrifft die durch Blutstau im venösen Geflecht entstehende Volumenvergrößerung in der Brust und den (unsichtbaren) Schwellkörpern der weiblichen Genitalien die entsprechenden Reaktionen des Mannes bei weitem. Auch die Haut ist bei der Frau stärker durchblutet und gerötet. Die weiblichen Orgasmusspitzen jagen den Pulsschlag mehrfach hintereinander auf Werte um und über 150. »Jedem Orgasmus folgt ein neues Sichanfüllen der Schwellkörper; Ausdehnung erzeugt wiederum Stauung und Ödematisierung, die ihrerseits weitere Gewebespannung zur Folge hat usw.«[244]

Völlig anders der Mann. Er durchläuft eine vergleichsweise ruhige Plateauphase, zu deren Ende ihn *der eine* Punkt zieht: der unvermittelte steile Gipfel seines einzigen Orgasmus. Danach geht es für ihn unaufhaltsam, abrupt wieder abwärts in die Lösungsphase, in der seine Erregung einer wohligen Entspannung gewichen ist.

Auch in dieser letzten Phase, und vor allem in ihr, läuft für die Frau ein anderes Verhaltensprogramm. Richtiger als von einer Lösungsphase könnte man bei ihr von einer nur sehr langsam abklingenden »Festhalteperiode« sprechen, wie sie in den vielen Selbstprotokollen des Hite-Reports eindrucksvoll beschrieben wird: »Meine Arme, die Vaginamuskeln und die Gefühle wollen meinen Partner festhalten, und dann lockert sich allmählich diese Klammerungsaktion stufenweise.«[245]

Beim Mann fließt in dieser Phase das Blut schnell aus dem Penis ab. Eine längere Reaktionsunfähigkeit blockiert normalerweise die sofortige erneute Erektion und die weitere sexuelle Motivation. Dagegen können die Beckenorgane der Frau bis zu 20 Minuten überfüllt bleiben. Die weiblichen Gewebeschwellungen gehen nur sehr langsam zurück und ermöglichen bei erneutem Reizen in manchen Fällen Folgeorgasmen.

Das schnellere »Anspringen« und das abruptere »Abschalten« von Erektion und Lust und der damit verbundene fast übergangslose Wechsel vom Normalzustand zur höchsten Erregung und wieder zurück lassen den Mann beide Stadien als deutlicher trennbar erleben. Sekunden nach dem Orgasmus kann er fühlen: So, das war's. Der Penis hat sein Recht gehabt, nun kann der Kopf wieder arbeiten. Er steht seinem Penis mehr als einem von ihm unabhängigen Wesen gegenüber, das ihm zwar Lust verschafft und ihm gehört, das aber irgendwie anders ist als sein Denken, Wollen und Bewußtsein. Um so bedingungsloser mag er sich in Erregungs- und Plateauphase dessen Anspruch unterwerfen und geradezu penisfixiert erscheinen.

Die Klitoris führt kein so deutlich abgrenzbares Eigenleben. Der weibliche Erregungszustand schleicht sich mehr ein und klingt viel weicher aus. Damit verfügt die Frau über eine bessere Möglichkeit, die sexuelle Lust mehr als Teil ihres Ichs zu integrieren und damit zu identifizieren. Schon dadurch ist sie nicht so genitalfixiert wie der Mann und verlangt am Anfang der Erregungsphase mehr nach allgemeinen Zärtlichkeiten, die ihren ganzen Körper und ihre Persönlichkeit mit einbeziehen.

Die weibliche Fähigkeit zu wiederholten Orgasmen und das Wissen des Mannes um das abrupte Ende seines only-one-Programms stellen die Männer vor das bewußt oder unbewußt erlebte Problem, vielleicht einmal den Ansprüchen ihrer Partnerinnen nicht mehr genügen zu können. Die latente Furcht davor kann sich beim Macho zu Angst und Wut der weiblichen »Unersättlichkeit« gegenüber steigern. Beim Normalmann kann sie eine uneingestandene Barriere gegen eine langfristige Praktizierung der offenen Ehe oder der Promiskuität beider Partner bilden. Die von vielen Männern zur Schau gestellte sexuelle Überlegenheit über die weibliche Potenz steht auf sehr tönernen Füßen. Hinter männlicher Sexualprotzerei verbirgt sich die nackte Furcht vor den Möglichkeiten der Frau. Denn, wenn man so will: Der Mann hat nur den stärkeren Trieb, die Frau aber ist potenter. Und meist spürt er das.

Andersartiges männliches und weibliches Masturbationsverhalten verrät auch Unterschiede in den *motorischen* Programmen der sexuellen Reaktion. Aus den Selbstbeobachtungen des Hite-

Reports ergibt sich das weibliche Grundschema: Feine, zunächst langsame, dann schnellere rhythmische Reizung des Klitorisgebiets mit einer oder mehreren Fingerspitze(n). Dabei wird immer wieder das rhythmische Kreisen der Finger genannt. Wichtig die regelmäßige Konstanz dieser Bewegung. Aussetzen oder Unterbrechung der Reizung in der Plateauphase bedeutet oft den Rückfall zum Punkt Null. Der Körper selbst ist – entgegen den Vorstellungen männlicher Pornoproduzenten – verhältnismäßig still. Die Beine, leicht gespreizt und mit angewinkelten Knien, bewegen sich kaum. Dann, gegen den Orgasmus zu, eine zunehmende Muskelanspannung. Schließlich ein mehr starres als wildes Aufbäumen, Zusammenpressen der Beine.

Die äußere Bewegungsarmut ist begleitet von dem inneren Gefühl, »auf etwas zu warten«, wie es in den Hiteschen Protokollen heißt. Oder: »Ich neige dazu, vor dem Orgasmus plötzlich passiv zu werden.«[246] In den Momenten unmittelbar vor dem Orgasmus bläht sich der hintere Teil der Vagina wie eine Saugglocke zu einer kleinen Erweiterung auf, was die Hiteschen Protokolle subjektiv »vaginales Ziehen«, »Bedürfnis nach Penetration« nennen. Selbst Feministin Hite kann nicht umhin, in diesem Teil des angeborenen Programms den »biologischen Sinn« einer Erhöhung der Empfangsbereitschaft zu erkennen. Um so unverständlicher ist es, wenn sie dann als militante Gegnerin der Penetration befindet: ». . . gibt es nichts in der Natur, nichts Physisches, das ihn zwingt, diesen Orgasmus in einer Vagina zu haben.«[247]

»Zwingend« ergibt sich im Bereich menschlichen (Sexual-)Verhaltens sowieso kaum etwas. Aber es gibt eine Reihe von angeborenen und geprägten Programmanteilen und Erregungsbereitschaften, die das statistische Durchschnittspaar einen beidseitigen Orgasmus mit »Penetration« einfach als befriedigender erleben lassen als jede Masturbations- oder Pettingtechnik. Das »vaginale Ziehen« gehört dazu. Der intensive Körperkontakt der Partner und die damit verbundenen direkten taktilen Rückmeldungen der Erregung des anderen ebenso. Und schließlich auch das Ineinandergreifen der Bewegungsprogramme von Mann und Frau: Während sie in der Erregungsphase und vor dem Orgasmus sich weniger bewegt und intensiv in sich hineinspürt, steigt bei ihm der Drang zu stoßartigen Bewegungen. Bereits bei der männlichen Onanie läßt sich der aufwendigere Bewegungsantrieb in den weiterausholenden, kraftvolleren Hand- und Armbewegungen, manchmal unterstützt von Beckenstößen, nachweisen. Selbst die inzwischen oft propagierte »Frau-oben«-Stellung hat daran wenig geändert: Meist stößt der Mann von unten stärker als sie von oben. So beschreibt der Psychiater Pietropinto diese Stellung als für beide befriedigend, wenn »er von Zeit zu Zeit stoßen kann, während sie sich eine eigene rhythmische Stimulierung aufbaut«.[248]

Nicht zuletzt die unterschiedlichen Bewegungsdispositionen tragen mit dazu bei, die Frau den Koitus etwas mehr als »Hingabe«, den Mann mehr als »Tun« erleben zu lassen.

*Typisch menschlich…*

... sind diese Verhaltensweisen: Auf zwei Beinen ins Büro zu gehen, Tränen zu lachen, sich mittels aneinandergereihter Buchstaben zu verständigen, mit Hilfe von Geld ein Mittagessen zu erjagen, Nahrung gar zu kochen, zu arbeiten, um buntbedrucktes Papiergeld zu verdienen, Verliehenes wieder zurückzuverlangen. Übriges auf die hohe Kante zu legen, um es dort wachsen zu lassen.

Was ist schon eine Hamsterhöhle voll Körner gegen ein Depot voller Pfandbriefe!

## Das Fazit: Geschlechtstypisches Verhalten als Ergebnis des Wechselspiels zwischen Grundausstattung und Umwelt

### *Subjektives Geschlecht und sexuelle Orientierung*

Bei den meisten Tieren wird die genaue »Kenntnis« vom Geschlecht des künftigen Sexualpartners und die Bereitschaft, einen solchen aufzusuchen, bereits als fertiges Instinktprogramm mitgeliefert.

Auch beim Menschen spielen zwar vorgeburtliche hormonelle Prozesse bei der Verschaltung tieferer Gehirnschichten im geschlechtlichen Bereich eine Rolle. Dennoch sind diese »Anlagen« bei weitem nicht so zwingend fixiert, daß damit auch die *Richtung* der psychischen Geschlechtsentwicklung festgelegt wird: Ob sich nämlich das zwei-, dreijährige Kind als Junge oder Mädchen begreift (subjektives Geschlecht), ist ausschließlich das Ergebnis seiner Umweltsituation. Auch in der Frage der sexuellen Orientierung, ob das Kind seinen entstehenden Geschlechtstrieb an Menschen des anderen oder des eignen Geschlechts oder gar an Dinge, Tiere oder bestimmte Situationen koppelt, spielt die Erziehungsumwelt des Kleinkindes die entscheidende Rolle. Der angeborene, noch sehr prägsame Schaltplan sieht nur folgendes Programm vor: Bei ungestörten, nicht-neurotischen Beziehungen zwischen Kind und Bezugsperson verbindet das Kind sein Geschlechtsverlangen bevorzugt mit dem Muster des jeweils anderen Geschlechts.

Die Ergebnisse beider Prozesse, Geschlechtsidentifikation und sexuelle Orientierung, sind, wenn auch so »gelernt« (besser: geprägt), später kaum wieder umzustoßen. Menschen, die erst als Erwachsene ihre »verborgene« Homosexualität entdecken und sich zu ihr bekennen, sind kein Beweis dafür, daß man beliebig seine eingeprägten Sexualmuster ändern könnte, sondern nur dafür, daß in der frühkindlichen Phase der betreffenden Personen eben doch gestörte Beziehungen zwischen Kind und Mutter (und/oder Vater) geherrscht hatten.

### *Geschlechtstypisches Verhalten*

Von der Geschlechtsidentität und der sexuellen Orientierung haben wir die *geschlechtstypischen* Verhaltensweisen unterschieden, die vermehrt bei dem einen oder anderen Geschlecht vorzufinden sind, ohne unabdingbar daran gekoppelt zu sein. Entgegen dem heute allenthalben verbreiteten Dogma der Entstehung dieser Verhaltensweisen ausschließlich durch das Rollendiktat haben wir einen deutlichen Einfluß der letztlich vom y-Chromosom initiierten Bio-Faktoren auf das Verhalten der Geschlechter festgestellt. Natürlich nicht in dem Maße, daß man alle heute bei uns noch nachweisbaren Unterschiede auf sie zurückführen könnte. Aber doch so weit, daß wir die gängige Formel »gleiches Verhalten durch gleiche Erziehung« deutlich als unrichtig erkennen können.

1. Geschlechtsorgane, körperliche Unterschiede, physiologisch verschiedene Prozesse sind nicht einfach – wie etwa im Mittelalter – von der »Seele« abzutrennen. Sie beeinflussen im Wirkungsgefüge Körper–Psyche auch das Verhalten.
2. Bei der Gehirnentwicklung des Jungen und des Mädchens im Mutterleib wirkt sich die Anwesenheit beziehungsweise Abwesenheit männlicher Sexualhormone auf das entstehende Gehirnzellen-Verschaltungsmuster tieferer Schichten aus. Dabei beeinflußt ein größerer Androgengehalt die entstehende Programm-Verschaltung dahingehend, daß später gewisse Verhaltensweisen (wie z. B. Dominanz-, Wettbewerbs- und Aggressionshandlungen) leichter auszulösen und zu lernen sind. Ein niedriger oder fehlender Androgeneinfluß in dieser Phase vorgeburtlicher Gehirnentwicklung wirkt so auf die

Verschaltung ein, daß später andere Verhaltensweisen (wie verbale Kommunikation) leichter auszulösen und zu lernen sind.

Auf diese Weise sind biologisch vorgegebene Auslöse-Schwellen und Lernbereitschaften zu *Grundlagen* für »männliche« oder »weibliche«, d. h. geschlechtstypische Verhaltensbereitschaften geworden, ohne jedoch – und das ist wichtig – unabdingbar an das eine oder andere Geschlecht gekoppelt zu sein. In manchen Fällen zielen eben die vorgeburtliche Wirkung von Hormonen (→ geschlechtstypische Verhaltensweisen) und Umwelteinflüsse (→ subjektives Geschlecht, sexuelle Orientierung und geschlechtstypisches Verhalten) in verschiedene Richtungen, wobei die Entscheidung der Geschlechtszuweisung eindeutig die Umwelt trifft. So können sich ja Frauen, die wie die androgenisierten xx-Individuen durch vorgeburtlichen Androgeneinfluß auf ihre Gehirnentwicklung eher zu »männlichen« Verhaltensweisen neigen, sehr wohl durch Erziehung als Frauen empfinden, als solche von ihrer Umwelt eingeschätzt werden und Männer sexuell lieben.

Außerdem muß man wohl davon ausgehen, daß auch die Gehirnentwicklung der »normalen« Frauen in deren Fetalzeit unter verschieden hohen Androgeneinflüssen stand (Nebennierenproduktion der Mutter, Medikamente, etwaiger Zwillingsbruder etc.). So hätte man auch unter den äußerlich nicht androgenisierten Frauen von den Bio-Faktoren her verschiedene Bereitschaften für gewisse »männliche« Verhaltensweisen anzunehmen.

Auch die vorgeburtliche Entwicklung der Männer steht nicht für jeden Mann unter der Einwirkung gleich großer Androgenmengen. Es gibt daher auch bei Männern mehr oder weniger ausgeprägte biologische Grundausstattungen für »männliches« Verhalten – bis hin zum seelischen und körperlichen Erscheinungsbild eines xy-Individuums als Superfrau (wenn das Androgen in der vorgeburtlichen Phase überhaupt nicht wirken konnte).

Aber all diese Kombinationsmöglichkeiten von genetischem Geschlecht einerseits und vorgeburtlicher Hormonwirkung andererseits ändern nichts an der fundamentalen Tatsache: Die Gehirne der *meisten* Männer haben sich unter der Einwirkung von

mehr Androgen entwickelt als die der Mehrzahl der Frauen.
Die durch vorgeburtliche Hormonwirkung beeinflußten Gehirnnerven-Schaltungen legen nicht etwa einzelne Verhaltensweisen fest, so daß diese unabhängig von der späteren Umwelt instinkthaft durchbrechen müßten. Sie fundieren vielmehr *Verhaltensspielräume.* Aus diesen heraus werden unter Einwirkung von fördernden, neutralen oder hemmenden, immer aber unbedingt notwendigen *Umweltfaktoren* bestimmte Verhaltensbereitschaften *(Dispositionen)* entwickelt. Als verborgenes, stets vorhandenes »Programm aus der Tiefe« *begünstigen* sie so durch Vorgabe von Auslöse-Schwellen und Lernbereitschaften Auftreten und Häufigkeit bestimmter Verhaltensweisen.
Bei Jungen und Männern sind dies, wie wir gehört haben:
- leichter auszulösende Aggression,
- größere Neigung zu rauhbeinigen und wilden Jagd- und Tobespielen und zum körperlichen Einsatz,
- leichter zu aktivierende Begeisterung für den Wettkampf,
- häufiger Einsatz von Dominanzsignalen,
- die Neigung, Hierarchien und Rangordnungssysteme in Männergruppen zu errichten,
- die Vorliebe für eher grobmotorische (Stoß-)Bewegungen,
- Vorteile in der visuell-räumlichen Orientierung und im räumlichen Denken,
- Vorteile in der »objektiveren«, vom Umfeld unbeeinflußten Ausrichtung auf Objekte und Ziele.

Auf eine Formel gebracht: Auch bei gleicher Erziehung wären viele Männer »ein bißchen mehr« Durchsetzer, Wettkämpfer, Dominierer, Objektivierer als viele Frauen.
Die von Androgenen nicht in dem Maße beeinflußte Gehirnentwicklung des Mädchens läßt Verhaltensspielräume entstehen, die andere Verhaltensweisen begünstigen und somit häufiger auftreten lassen:
- geringere Neigung zu aggressiven Ausbrüchen,
- geringerer Drang zu Rauhbeinertum und Wildheit,
- frühere Reife,
- einfachere »Sozialisierbarkeit« und – damit verbunden – ge-

ringere Aussicht auf »Gegendruck«-Erfahrung durch die Erziehungsumwelt,
- größere Begabung für sprachliches Denken,
- Vorteile auf kommunikativer Ebene,
- eher feinmotorische und rhythmische Bewegungen,
- Vorteile im taktilen Bereich,
- eine etwas leichtere Ansprechbarkeit durch das Baby-Schema.

Um auch hier eine Formel zu finden: Selbst bei absolut gleichen Erziehungsbedingungen wären viele Frauen »ein bißchen mehr« Du-Ich-Interessierte, Soziale, Sprechende, Sich-Einfühlende als viele Männer.

*Damit sind keine starren Instinktprogramme fixiert!*

1. Biologisch vorgegebene Verhaltensspielräume determinieren nicht. Sie setzen *Grenzen,* innerhalb derer durch Umwelteinflüsse verschiedene Möglichkeiten zu verwirklichen sind.
2. Biologisch vorgegebene Verhaltensspielräume bestimmen Ansprechbarkeits*schwellen* und *Lernbereitschaften.*
3. Biologisch vorgegebene Verhaltensspielräume sagen damit etwas über die *Häufigkeit* aus, mit der bestimmte Verhaltensweisen unter bestimmten Umweltverhältnissen zu erwarten sind.

*Zwar* sind *männliche und weibliche Verhaltensspielräume* durch ihre biologischen Fundamente *verschieden,* aber sie *überlappen sich in so weiten Bereichen,* daß die Geschlechter sich *auf mehr Gebieten ähnlicher verhalten könnten,* als sie es heute tun.

Wie aber sind Verhaltensangleichungen der Geschlechter möglich, obwohl ihre Verhaltensspielräume verschieden sind? Nehmen wir als Beispiel dafür die eben aufgelistete leichtere weibliche Ansprechbarkeit durch das Baby-Schema.

Beispiel: Pflegeverhalten von Mann und Frau.

Kleine Mädchen reagieren auch heute noch auf Baby-Puppen, wollen sie liebhaben und pflegen – sogar, wenn sie selbst keine kleineren Geschwister haben.[249] Auch ledige und kinderlos verheiratete Frauen zeigen eine verräterische Pupillenerweiterung bei der Konfrontation mit dem Kleinkindchenschema.[250] Bei geschwisterlosen Jungen und kinderlosen Männern fehlen diese

Reaktionen. Das heißt nun aber keineswegs, daß Frauen einen »Mutterinstinkt« hätten, Männer aber nicht.
Jungen nämlich, die selbst ein Geschwisterbaby hatten, zeigten sich Babypuppen gegenüber genauso interessiert und pflegebereit wie Mädchen. »Während Frauen, unabhängig von Alter und Personenstand, etwa in dem gleichen hohen Maß für Bilder junger Tiere empfänglich waren, schienen die Reaktionen der Männer mit Ehe und Elternschaft zuzunehmen. Männer, deren Frauen zum erstenmal ein Baby erwarteten, zeigten eine ausgeprägtere Empfänglichkeit als alleinstehende Männer; die Empfänglichkeit derer, die Kinder hatten, war sogar noch stärker«, berichtet Pupillenreaktions-Forscher Eckard H. Hess.[251]
Das heißt: Das eine Geschlecht »schaltet« das auslösende Muster etwas »bereitwilliger durch«, beim anderen Geschlecht muß eine etwas höhere Schwelle überwunden werden, um die gleiche Reaktionslage auszulösen. Jungen und Männer müssen erst mit dem stärkeren Reiz »eigenes Geschwisterbaby« beziehungsweise »eigenes Kind« konfrontiert worden sein und diesen verarbeitet haben (oder besonders nachdrückliche vergleichbare Erfahrungen gemacht haben), um so zu reagieren wie Mädchen und Frauen.
Mit der Ansprechbarkeit auf das Kindmuster hat »Mutterschaftsverhalten« natürlich nicht sein Bewenden. Dazu gehörten dann die ganze komplexe Folge von Signalen und Reaktionen, wechselseitigen Beeinflussungen und Lernvorgängen, die sich großenteils auf unbewußter Ebene abspielt. Dazu Hanuš Papoušek (Max-Planck-Institut für Psychiatrie, München), der mit seinem Team die Interaktionen zwischen Bezugsperson und Baby beobachtet: »Was sich zwischen Mutter und Kind abspielt, ist etwas tief biologisch Vorprogrammiertes: das auf Gegenseitigkeit beruhende, vollkommene und wahrscheinlich schönste Modell, das von der Natur geschaffen wurde. Doch ist es offenbar nicht auf Mutter und Kind beschränkt. Voruntersuchungen haben gezeigt, daß es sich um eine allgemein menschliche Fähigkeit handelt. Nur scheinen Mütter empfindlicher zu sein und deutlicher zu reagieren.«[252]

Die Hormonforscher J. Money und A. Ehrhardt kommen unter der Einbeziehung von Tierversuchen zu vergleichbaren Ergebnissen: »Danach sind viele Elemente des Verhaltens, das wir im allgemeinen als Mutterverhalten bezeichnen, auch im Gehirn des Männchens programmiert, obwohl Männchen dieses Mutterverhalten im allgemeinen nicht zeigen.« So konnte man durch gezielte Stimulation bestimmter Hirnteile männlicher Tiere auch Mutterschaftsverhalten auslösen. Und ihre eigenen Beobachtungen, daß androgenisierte Mädchen nicht so gern mit Puppen spielen, interpretieren Money/Ehrhardt so:
»Möglicherweise hat die pränatale Androgenisierung bei diesen Frauen einen hemmenden Effekt auf das spielerische Einüben von Mutterschaftsverhalten in der Kindheit.« Aber: »Elternverhalten ist beim Menschen kein geschlechtsspezifischer Verhaltenszug, obwohl die Schwelle für seine Aktivierung bei Frauen niedriger liegen mag als bei Männern.«[253]
Kurz gesagt: Männer können genauso gute Mütter sein wie Frauen, nur ist ihre biologische Schwelle, um dieses Verhalten auszulösen, etwas höher.
Im Tierreich können solche Schwellen-Unterschiede eine ausreichende Ursache dafür sein, daß nur das eine Geschlecht die Aufzucht der Jungen aufnimmt. Die männlichen Schimpansen oder Rhesusaffen »lernen« es unter normalen Umständen eben nie, sich so richtig vom Baby-Schema ansprechen zu lassen. Denn sie sind bereits als »Halbstarke« – im Gegensatz zu ihren weiblichen Geschwistern – durch ihre höhere Schwelle der Ansprechbarkeit vor der eigenen Pflegereaktion »geschützt«. Und die Weibchen »nehmen« ihnen dann die Kinder zu schnell »weg«, bevor sie auf diese reagieren lernen. Im Experiment – etwa durch Zusammensperren von Männchen und Affenbaby – kann man nach einiger Zeit die männliche Schwelle abbauen und auch beim Männchen Pflegereaktionen beobachten. Was bei Tieren nur im Laborversuch klappt – die schlummernden Verhaltensmöglichkeiten zu wecken, die »normalerweise« verborgen bleiben, weil die zur Auslösung erforderliche Reizschwelle nicht überwunden wird –, das ist beim Menschen im Alltag möglich:

»Männer, welche unmittelbar nach der Geburt Gelegenheit zu ausgiebigem Kontakt mit ihren Neugeborenen haben oder auch bei der Geburt anwesend waren, zeigen extrem positive Gefühle: Sie erleben eine starke Faszination, welche vom Baby ausgeht: Sie müssen es immer wieder berühren und anschauen, sehen es als perfekt und schön an und entdekken schon jetzt individuelle Eigenschaften an ihm. Die meisten Väter sind der Meinung, das Neugeborene sähe ihnen selbst ähnlich. Die Reflex-Aktivität des Kindes vermittelt ihnen den Eindruck, daß sie schon jetzt richtig mit ihm kommunizieren können. Diese Väter erleben ein emotionales Hoch und fühlen sich bedeutender und reifer.
Einige Theoretiker betrachten diesen Gefühlskomplex als ein angeborenes Potential des Mannes, welches durch den frühen Kontakt mit dem eigenen Kind freigesetzt wird.«[254]

Unterschiede zwischen den Geschlechtern in der biologischen Grundausstattung meinen also nicht ein *entweder–oder*. Sie sagen nur etwas darüber aus, ob es leichter oder schwerer sein wird, bei einem Geschlecht die einen oder anderen Verhaltensweisen zu aktivieren.

Ein weiteres Beispiel: Der Satz »Ihre biologische Grundausstattung disponiert die Mädchen zu leichterer Sozialisierbarkeit« heißt nicht »Mädchen müssen sozialer als Jungen werden«. Der Satz beinhaltet vielmehr drei Aussagen:

1. Es bedarf weniger Erziehungsreize, um Mädchen zu sozial erwünschtem Verhalten zu bewegen.
2. Selbst bei gänzlich *geschlechtsneutraler* Erziehung hätten die Mädchen und Frauen einen statistisch nachzuweisenden Vorsprung auf diesem Gebiet.
3. Nur durch gezielt intensivere, fördernde Erziehungsmaßnahmen und Umwelteinflüsse sind Jungen auf dasselbe Niveau sozial erwünschter Verhaltensweisen zu bringen.

Nun sind die biologisch fundierten Spielraum-Unterschiede zwischen den Geschlechtern in den beiden Verhaltensbereichen »Mutterschaftsverhalten« und »soziales Verhalten« zugegebenermaßen recht klein und durch gezielt ausgleichende Erziehung verhältnismäßig einfach zu überwinden.

Andere Anlageunterschiede wie etwa in der Motorik, der Aggression, dem Sexualverhalten, der Verbal- und Raumintelligenz mögen wesentlich größer sein. Aber auch sie legen die Verhaltens-

unterschiede zwischen den Geschlechtern nicht auf das Ausmaß fest, wie es sich heute bei uns noch nachweisen läßt. Auch in diesen Bereichen könnte man – wenn man wollte – durch gezielt fördernde und ausgleichende Erziehung die Geschlechter ähnlicher werden lassen.
Allerdings »nur« ähnlicher, nicht gleich. Denn wollte man alle Verhaltensweisen von Mann und Frau gleich werden lassen, dann würde man bald auf eine erziehungs-praktische (nicht theoretische!) Grenze stoßen:
Man stelle sich einmal den (unmenschlichen) Aufwand vor, Jungen weibliche und Mädchen männliche Motorik anzutrainieren. Oder durch welche fragwürdigen Dressurmethoden nur könnte es gelingen, Mädchen so häufig wie Jungen oder Jungen so selten wie Mädchen onanieren zu lassen?
Wir erkennen deutlich: Je mehr eine Verhaltensweise von tieferliegenden, festverschalteten Gehirnschichten mitbestimmt wird, desto schmaler ist der Spielraum zwischen den bestimmenden Grenzen einer Anlage; desto schwieriger dürfte es auch sein, in solchen Bereichen geschlechtstypische Verhaltensunterschiede *völlig* verschwinden zu lassen. Die Größe der Unterschiede mancher angelegten Verhaltensspielräume würde in den betreffenden Bereichen dafür einen solchen Erziehungsdruck nötig machen, daß eine sinnvoll fördernde Erziehung in brutale Vergewaltigung des Kindes umschlagen würde. Aber wir reden hier bereits über Möglichkeiten und Grenzen ausgleichender Erziehung. In der Gegenwart unserer Gesellschaft aber ist noch nicht einmal die geschlechtsneutrale Erziehung durchgängige Realität.

### *Die Auswirkungen sexistischer Erziehung*

Wenn auch, wie wir gesehen haben, die heute bei uns nachzuweisenden Unterschiede im Verhalten der Geschlechter nicht *nur* der Erziehung anzulasten sind, so muß man doch andererseits auch ihren gewichtigen Anteil daran erkennen: Auch die bei uns übliche Erziehung versucht, wahrgenommene Unterschiede

nicht immer und überall neutral zu behandeln oder gar auszugleichen, sondern – im Gegenteil – obendrein zu verstärken.
Man ist nicht einfach mit Junge und Mädchen zufrieden – es soll ein »richtiger« Junge, ein »richtiges« Mädchen sein. Mann und Frau: gut; sehr männlicher Mann und sehr weibliche Frau: besser! Die Überbetonung von wahrgenommenen Geschlechtsunterschieden und ihre Verzerrung zu absoluten, sich ausschließenden Gegensätzen geht und ging in verschiedenen Kulturen und Epochen bis ins Skurrile hinein. Um zwei von vielen Beispielen zu nennen: Bei vielen Stämmen Neuguineas dürfen Männer und Frauen nicht in denselben Häusern wohnen, bei den Jivaro (Equador) gar müssen Männer und Frauen verschiedene Speisen zu sich nehmen, weil auch die Nahrung »männlich« oder »weiblich« ist. Doch wir brauchen gar nicht weitere exotische Formen des Geschlechtstotemismus zu bemühen. Die hinlänglich bekannten Erziehungspraktiken sexistischer Erziehung, die auch in unserem Kulturkreis noch nicht ausgestorben sind, beruhen auf denselben Mechanismen. Erziehungsgrundsätze wie »Ein richtiger Junge weint nicht«, »Wie kann man als anständiges Mädchen so herumlaufen?«, »Babypflege ist doch nichts für'n echten Kerl« treiben die Geschlechter und ihr Verhalten nicht weniger wirksam auseinander als das System von Männer- und Frauenhäusern oder männlicher und weiblicher Nahrung.
Außer der Überbetonung vorhandener Verhaltensunterschiede hatten wir einen zweiten gesellschaftlichen Faktor gefunden, der bei der Ausbildung geschlechtstypischer Verhaltensweisen eine Rolle spielt – der sogar für die *Entstehung* weiterer geschlechtstypischer Unterschiede allein verantwortlich zu machen ist: Der Dominierer und Durchsetzer Mann engt das soziale Wesen Frau ein, läßt sie nicht das tun, was sie tun könnte, und beschränkt sie – und dadurch auch sich – in der Entwicklung und Ausnutzung des gesamten Spielraums angelegter Fähigkeiten. Just so, wie wir es im ersten Kapitel in extremer Form bei den Mantelpavianen kennengelernt haben. Doch damit nicht genug: Ob ihrer leichten Unterdrückbarkeit, ihres geringeren Wettkampf-Drucks und ihrer körperlichen Unterlegenheit sind die Frauen obendrein bis-

lang Menschen zweiter Klasse gewesen. Die »männlichen« Verhaltensweisen Kampf, Aggression, Dominanz, Raum- und Objektbezogenheit zählten in der Bewertung durch die Gesellschaft mehr als die »weiblichen« Qualitäten Einfühlungsvermögen, Sprache und Kommunikation.

Die Koppelung von Unterdrückung *und* Mißachtung bewirken in jedem Menschen Unsicherheit, vermindern seine Leistung, zerstören sein Selbstwertgefühl, verursachen quälende Abhängigkeitszwänge und sind endlich ein fruchtbarer Nährboden für Depressionen.

So produzierten Zwang und Geringschätzung des einen Geschlechts zu den *sozio-biologisch* bedingten Verhaltensunterschieden sekundär eine Gruppe *rein gesellschaftlich* erzeugter Unterschiede hinzu, die mit der Beseitigung von Einengung und Verachtung der Frau sofort verschwinden würden.

Überbewertung des »Männlichen« und Überbetonung vorhandener Verhaltensunterschiede mögen sich in der Evolution des Menschen im großen und ganzen als günstig für das Überleben in seiner Umwelt erwiesen haben. So förderten die männlichen Bereitschaften das aggressive Eindringen in neue Räume, ermöglichten so die Expansion der Menschheit über die gesamte Welt und waren deswegen »wertvoller« als die weiblichen Qualitäten.

Weiterhin begünstigte die Überbetonung von Geschlechtsunterschieden indirekt die Vermehrungsrate und das reibungslose Funktionieren der Arbeitsteilung, die – wie wir gesehen haben – in der langen Phase der Steppenjagd lebensnotwendig war.

Doch die Umwelt-Situation hat sich inzwischen gründlich gewandelt. Und was in der einen ökologischen Situation von Vorteil ist, kann in einer anderen vielleicht von Nachteil oder gar tödlich sein.

# Die NUTZANWENDUNG: Was wir tun müssen

## Aufwertung des Weiblichen

Die Entwicklung des Menschen vom ersten steppenjagenden Vor-Menschen bis zum Homo sapiens der Jetzt-Zeit war begleitet von Auslese-Kämpfen gegen Naturgewalten, Tiere, andere Gattungs- und Artgenossen. Es ging ums Durchsetzen, Erobern, Unterwerfen, Eingreifen und Eindringen. Die Denkstrukturen, die auch heute Politik und Wirtschaft, teilweise sogar die Wissenschaft bestimmen, sind von diesen »männlichen« Werten noch weitgehend bestimmt. Atombombe und hemmungslose Ausbeutung der Naturschätze sind nur der folgerichtige Endpunkt einer Entwicklung, die mit dem Steinbeil begann und sich mit Branddrohungen fortsetzte. Aber eben: sie bezeichnen einen *End*punkt.

Der (Mann-)Mensch hat seine eigene Umwelt so verändert, daß ihm plötzlich die »männlicheren« Qualitäten Aggression und Expansion in vielen Situationen nicht nur nichts mehr nützen, sondern in ihrer einseitigen Überbewertung sogar seinen Untergang bedeuten würden.

Fast alle Lebensräume sind besetzt.

Die Waffenarsenale möglicher Kriegsgegner übertreffen in ihrem Vernichtungspotential um ein Mehrfaches das Maß, das zur Vernichtung des gesamten Lebens auf der Erde nötig ist. Rohstoffe gehen in absehbarer Zeit zu Ende. Die lebenserhaltenden Ernährungsfunktionen der Natur würden bei weiter hemmungslosem Expandieren der Wirtschaft zusammenbrechen. Die Grenzen expansionistischer Lebensweise und damit auch die Grenzen der Höherbewertung »männlicher« expansionistischer Bereit-

schaften werden von stinkenden Flüssen, abnehmenden Grundwasserspiegeln, ausgerotteten Tier- und Pflanzenarten und dem militärischen Overkill beschrieben.
Dieselben Grenzen zeichnen sich auch durch die Tatsache ab, daß die Lebenserwartung für Männer schon seit einigen Jahren nicht mehr ansteigt, sondern gar rückläufig ist – trotz aller Fortschritte der Medizin. Ursache dafür sind zwei Krankheitskomplexe, die schon eine direkte Rückwirkung der veränderten ökologischen Situation auf den Menschen anzeigen: Gifte und Streß lassen die Zahlen von Krebs und Herz-Kreislauf-Erkrankungen ansteigen, bezeichnenderweise mehr unter Männern als unter Frauen.
So stehen wir vor der Erkenntnis: Mit Expansion läuft langfristig kaum noch etwas – weder in der Politik noch in der Wirtschaft, noch in der Auseinandersetzung mit der Natur. Wir stoßen auf neue begrenzende Faktoren in einer neuen ökologischen Situation. Entweder wir lernen, mit ihnen zu leben, uns ihnen anzupassen – oder wir gehen unter wie alle die Arten, die es nicht rechtzeitig geschafft haben, sich auf neue ökologische Bedingungen einzustellen.
Vor einer vergleichbaren Situation haben »wir« ja schon einmal gestanden – vor etwa 15 Millionen Jahren. Damals drängten klimatische Veränderungen die Urwaldbestände kräftig zurück und bereiteten damit der paradiesischen Versorgungslage unserer äffischen Vorfahren ein Ende. Die Nahrung wuchs nicht mehr allen so einfach in den Mund, und mit ein bißchen Sammeln hier und Pflücken da war es hinfort nicht mehr getan. Arten und Rassen, die weiter auf diese alte »Wirtschaftsform« setzten, hatten kaum Entfaltungsmöglichkeiten, mußten sich weniger Nahrung teilen, ihr Bestand wurde reduziert oder sie starben aus.
Unsere Vorfahren dagegen stellten sich der Herausforderung. Ihre angelegten Verhaltensspielräume waren weit genug, um sich auf die härteren Bedingungen der Steppe einzulassen. So konnten völlig andere Auslesefaktoren auf sie einwirken. Das Ergebnis dieses Anpassungsprozesses war der Steinzeitjäger mit seinem doppelt so groß gewordenen Gehirn, aber auch mit der Vertiefung der Kluft zwischen den Geschlechtern.

Damals wie heute hat es einen grundlegenden Wandel in der ökologischen Situation gegeben, der den Menschen vor die Alternative Anpassung oder Untergang stellt. Und ähnlich wie damals unsere Vorfahren mit dem Problem fertig werden mußten, nicht mehr wie bisher von der Hand in den Mund leben zu können, und »daraufhin« das Prinzip der Steppenjagd entwickelten – so stehen wir heute vor der entsprechenden Erkenntnis, mit »Steppenjägertum« und Expansion nicht mehr weiter zu können. Einen wichtigen Unterschied allerdings gibt es: Hatten die Vormenschen für die Anpassung an die Steppe einige Millionen Jahre Zeit, so stehen uns bestenfalls *ein paar Jahrzehnte* zur Verfügung, um uns auf die neuen Bedingungen einzustellen.
Aber das ist – auch biologisch betrachtet – kein Grund zur Resignation. Denn zwar wird es in dieser kurzen Zeit keine genetischen Veränderungen geben. Anpassungen sind jedoch auch ohne genetische Neuerungen möglich, wenn nur die angelegten Spielräume für zu entwickelnde Verhaltensdispositionen weit genug sind.
Wie weit unsere biologisch fundierten Verhaltensspielräume, die zum Beispiel das Sozialverhalten betreffen, tatsächlich sind, wird uns klar, wenn wir die Formen des Zusammenlebens zwischen Mann und Frau bei den Menschen und bei den ihnen nahestehenden Primaten miteinander vergleichen. Die einzelnen Affenarten bevorzugen aufgrund ihrer Anlage bestimmte Sozialformen, seien es nun Harem *oder* Einehe *oder* Promiskuität. Dementsprechend können nur ökologische Räume besetzt werden, in denen das jeweils angelegte Sozialverhalten ein Überleben ermöglicht. Anders der Mensch: Er kann – je nach den Bedingungen der verschiedensten ökologischen Räume – die verschiedensten Formen des Zusammenlebens der Geschlechter realisieren: »Da der Mensch in einer größeren Zahl von Biotopen überlebt als alle anderen Primaten zusammengenommen, sollte man annehmen, daß sein Sozialverhalten, soweit es sich auf ökologische Gegebenheiten bezieht, entsprechend variiert. Der Verhaltensspielraum des Menschen müßte dann so groß sein wie der nicht einer, sondern vieler Primatenarten.«[255]

Aus der Tatsache, daß sich in den israelischen Kibbuzim, entgegen der Absicht ihrer Gründer, wieder die alte Arbeitsteilung »Mann = Jäger, draußen; Frau = Campleiterin, drinnen« entwickelt hat, darf man nicht schließen, ein solches Verhalten sei uns »angeboren«. Sie besagt nur: Die Umweltverhältnisse im Kibbuz enthalten viele Elemente der alten Steppenjagd (harte Körperarbeit, Feinddruck, Lebensgefahr, Nachwuchsbedarf) und dürfen nicht auf die Umwelt mitteleuropäischer oder nordamerikanischer Verhältnisse übertragen werden. Und was gegenüber der Situation vor 15 Millionen Jahren von entscheidendem Vorteil sein dürfte: Nach der Entwicklung unserer Großhirnrinde und der damit verbundenen Fähigkeit zu Selbstbewußtsein und Kultur sind wir in der Lage, bewußt auf unsere Umwelt und unsere eigenen Erziehungsmaßstäbe verändernd einzuwirken. Damit aber können wir gezielt Verhaltensweisen aus dem gesamten Bereich des angelegten Verhaltensspielraums aktivieren, die sonst verborgen geblieben wären.
Ein Beispiel: Ein Papagei hüpft, klettert oder fliegt in seiner Umwelt. Aber er läuft nicht Rollschuh. Dennoch hat er eine Lerndisposition dafür. Doch das »weiß« er nicht und käme nie von sich aus auf die Idee, sie zu aktivieren. So bleibt sie verborgen. Erst der menschliche Experimentator und Dresseur, der anstelle des nicht vorhandenen Papageien-Bewußtseins davon weiß, kann sie mobilisieren und zutage treten lassen. (Dieser Vorgang ist jedoch kein Beweis dafür, daß man Tieren, erst recht Menschen, »alles Mögliche« antrainieren könnte. Er besagt nur: Lebewesen können »alles Mögliche« nur lernen, wenn es in den Spielraum ihrer Lernbereitschaft fällt. Und die hat Grenzen.)
Wir aber haben den Vorteil, nicht auf einen Dresseur warten zu müssen. Wir könnten unsere bis dahin verborgene Möglichkeit für das – bildlich gesprochen – »Rollschuhlaufen« aktivieren, wenn wir aufgrund veränderter ökologischer Verhältnisse zu der Einsicht kämen, Rollschuhlaufen sei hinfort günstiger für unser Überleben als hüpfen oder klettern.
Die ökologische Situation für den Menschen *hat* sich geändert. Steppenjagd und Expansion haben weitgehend ihren überragend

positiven Überlebenswert verloren. Sie sind, unreflektiert weiterbetrieben, sogar zu einer Gefahr geworden.
Für die Lösung vieler Probleme, die sich der zivilisierten Massengesellschaft heute als Fragen des Überlebens stellen, sind vor allem Verhaltensweisen geeignet, für die viele Frauen etwas günstiger disponiert sind: Gespräch, Kommunikation, Wahrnehmung und Ausdrucksfähigkeit eigener Empfindungen, soziales Verhalten, niedrigere Neigung zu Wettkampf-, Dominanz- und Aggressionsverhalten.
Ein Beispiel: Immer wieder hat man die männliche Disposition, Objekte, gleich welcher Art, »besser« von ihrem Hintergrund abheben und isolieren und sich zielgerichteter auf sie konzentrieren zu können, als *Stärke* gefeiert. Die andere Verhaltensweise, sich in seinem Urteil über ein Objekt eben nicht so ganz von dem umgebenden Hintergrund lösen zu können, ist als weibliche *Schwäche* abgewertet worden. Solche Wertung ist so lange zu rechtfertigen, als ich in einer Umwelt lebe, in der mein Überleben vor allem davon abhängt, wie gut ich mich auf *ein* Objekt konzentrieren kann: Wenn es genug Mammuts gibt und ich einen davon für meine Gruppe erlegen will, ist es gut, mich dabei von dem störenden Hintergrund (Umgebung, Jahreszeit, Herdengröße, Geschlecht, Alter des Tieres usw.) nicht im geringsten stören zu lassen. Wenn die Welt noch weit genug ist und ich unseren Wohlstand durch den Bau einer Fabrik verbessern kann, dann tue ich das besser schnell und zielgerichtet, als mich durch Betrachtung und Analyse der Umgebung lange aufhalten zu lassen.
In dem Moment jedoch, in dem ich mit meinem objektfixierten, *rück-sichts-losen* Vorgehen meine Lebensgrundlagen zu zerstören beginne, wäre eine Haltung sinnvoller, die das Objekt nicht aus seinem »Hintergrund« so schlankweg isoliert, sondern die Wechselbeziehungen zwischen Objekt, Hintergrund und mir als Subjekt sehr wohl berücksichtigt.
Diese neue Situation ist heute gegeben. Sie fordert eher ein Denken in Wechselbeziehungs-*Netzen* als in den objektfixierten *Pfeil*-Systemen des Jägers.
Frauen haben in dieser Umfeld-Bezogenheit gewisse Vorteile: Sie

studieren, wie wir gesehen haben, mehr als Männer um ihr Fach »herum«, sie erinnern sich nach einem Film besser als Männer an Details von scheinbaren Nebenhandlungen; sie lassen sich in der Wahl ihrer Freundschaften stärker auch von zwischenmenschlichen Beziehungen und nicht so primär von einer Ausrichtung auf ein Objekt hin lenken; sie erleben ihren Körper eher als komplexes System und weniger als eine Ansammlung einzelner Objekte (= Organe) usw., usf. Auf einmal wird das, was man gesellschaftlich bislang als Schwäche brandmarkte, ein erstrebenswertes Verhalten.

Was hier nur exemplarisch für den Bereich »Umfeldabhängigkeit« vorgeführt wurde, ließe sich ebenso deutlich auf anderen Gebieten zeigen: etwa mit dem neuen Zwang zu Kooperation und Koexistenz in der Politik angesichts des geschaffenen Vernichtungspotentials. Oder mit der angewachsenen Bedeutung von Sprache, Sensibilität und Kommunikation für die Lösung von Problemen, die die Zusammenballung von Menschenmassen in den Zivilisationszentren mit sich bringt. Ob man nun die beängstigend angestiegene Zahl kindlicher Verhaltensstörungen, psychischer Erkrankungen und Selbstmorde oder ein scheinbar so ganz anderes Problem wie die sich bedrohlich vertiefende Kluft zwischen Industrie- und Entwicklungsländern herausgreift: Es mehren sich Fragen, für deren Beantwortung jene Verhaltensweisen weniger gut geeignet scheinen, für die Männer im allgemeinen etwas günstiger disponiert sind: Wettkampf, Dominanz, Aggression, Risikobereitschaft.

Damit aber gibt es keinen biologischen Grund mehr, die »männlichen« Dispositionen höher als die entsprechenden »weiblichen« einzuschätzen.

Die theoretischen Konsequenzen aus dieser Erkenntnis sind klar: Futurologe Robert Jungk fordert die Feminisierung der Wissenschaft, der Wirtschaftswissenschaftler Kenneth Boulding sieht die Probleme der Wirtschaft und Zivilisation durch Aufnahme weiblicher Denkstrategien als eher lösbar an, und der Psychosomatiker Horst-Eberhard Richter wünscht sich mehr weibliche Einflußnahme auf politische Entscheidungen. Soweit ist das Ziel

beschrieben. Die Frage ist nur: Wie ist es zu realisieren?
Das Dilemma besteht darin: Entweder besitzen Frauen jene positiven weiblichen Qualitäten – dann haben sie zur Zeit kaum Aussichten, bis in die Spitzen von Politik oder Wirtschaft aufzusteigen (von Vorzeige-Frauen abgesehen). Oder aber sie beißen sich nach oben durch – dann sind es meist ausgesprochen »männliche« Vertreter ihres Geschlechts. H.-E. Richter beschreibt die Situation treffend:

»Solange in der Selektion für politische Karriere wiederum einseitig die Typen begünstigt werden, die sich in der Konkurrenz am härtesten und robustesten erweisen, sieht man speziell solche Frauen nach vorn dringen, die gar nicht die Qualitäten repräsentieren, die zu einer sinnvollen Umorientierung führen könnten... So bestehen in diesem Rennen allenfalls bislang solche Frauen, die sich dem Männlichkeits-Stereotyp so weit angepaßt haben, daß sie am Ende gar nicht mehr fähig sind, den traditionellen politischen Perspektiven mit echten Gegenbildern zu widersprechen. Jedermann kennt solche Erfolgspolitikerinnen, die sich als perfekt vermännlichte technokratische Taktikerinnen oder gar als machtberauschte Generalinnen darstellen... Es ist offenbar viel Richtiges an dem Spruch, daß eine Frau – bislang jedenfalls – im Grunde männlicher als ihre männlichen Politikerkonkurrenten sein müsse, um sich durchsetzen zu können.«[256]

Karrierefrauen dieses Typs, aber auch Feministinnen, die die aggressiv-revolutionären Möglichkeiten der Frau auf ihre Fahnen geschrieben haben, laufen Gefahr, einem Vorbild von Männlichkeit nachzueifern, das gerade dabei ist, seinen Bankrott zu erklären.
Gerade, wenn bestimmte Feministinnen, angetan und geblendet von männlichen »Möglichkeiten«, die weiblichen Dispositionen *nur* als Dressurergebnis einer erniedrigenden Erziehung begreifen, übernehmen sie damit die patriarchalische Geringschätzung eher weiblichen Haltungen. Auf diese Art helfen sie nicht mit bei der nötigen Feminisierung von Politik, Wirtschaft und Gesellschaft, sondern sorgen für eine zunehmende Maskulinisierung der Gesamtgesellschaft, einschließlich der Frauen.
Es gibt aber einen Weg aus diesem Dilemma. Doch der führt eben *nicht* über das Dogma, daß Mann und Frau dieselben Verhaltensdispositionen hätten und daß der gesamte Katalog heutiger weib-

licher Verhaltensweisen ein reines Unterdrückungsprodukt sei, das »frau« möglichst schnell abzulegen habe.
Der Weg geht gerade von der Einsicht in die unterschiedlichen Dispositionen der Geschlechter aus und versucht, anstatt sie zu verleugnen, sie zunächst konstruktiv zu verwenden:

1. *Das Selbstbewußtsein der Frau muß auf alle erdenklichen Arten gestärkt werden.* Sie hat keinen Grund mehr, sich als das schwache Geschlecht zu fühlen und alle weiblichen Verhaltensweisen als »Schwächen« und als »geringer« hinter männlicheren zu verstecken.
2. *Ohne Bewußtseinsveränderung der Männer werden wir nicht weiterkommen.* Sonst werden sie weibliche Frauen (und Männer) weiterhin von der Macht ausschließen und bestenfalls männliche Frauen in ihren Konkurrenzspielen und Machtkämpfen mittun lassen. »Vermutlich«, schreibt der Biologe Lionel Tiger, »ist die Gleichheit nur dann realisierbar, wenn die Männer ihr eigenes Pfauengebaren hinreichend durchschauen und einsehen, daß sie tatsächlich versäumt haben, die Voraussetzungen für eine vollwertige politische Partizipation der Frauen zu schaffen.«[257]

Beide Punkte müssen nicht in der Theorie steckenbleiben wie so vieles, was auf dem Gebiet der Emanzipation »gefordert« wurde, denn sie gehen nicht von einer vermuteten Verhaltensgleichheit der Geschlechter, sondern von realen Unterschieden aus und verlangen zunächst nichts weiter als die *Einsicht* in die Art des Anders-Seins. (Und »Einsicht« funktioniert beim Menschen immer dann besonders gut, wenn davon sein wirtschaftlicher Vorteil abhängt. Und genau darum geht es hier – wenn auch nur langfristig.)
Hat sich die Einsicht in die Art der Unterschiede wenigstens unter den intelligenten Frauen und Männern der Mittelschicht verbreitet, begreift die Frau, was sie wert ist und kann, und sieht der Mann unter den gegebenen Umständen die Begrenztheit und Gefahren des bislang so hoch bewerteten »männlichen« Konkurrenz-, Aggressions- und Machtverhaltens, dann ist – mit H.-E. Richter – zu erwarten, »daß auch in den Männern selbst jene neuen Bedürf-

nisse und Leitbilder an Boden gewinnen, die auf eine eigene Veränderung dringen und neue Orientierungspunkte setzen.«[258] Der Mann muß und wird erkennen, daß er ohne aktive Teilhabe der Frau an den wichtigen Entscheidungsprozessen von Politik, Wirtschaft und Wissenschaft nicht mehr weiterkommt – nicht nur, weil sie ihm in allem gleich sei, sondern gerade, weil *sie unter Umständen einiges anders (besser) kann.*

## Geschlechtsneutrale Erziehung

An dieser Stelle bleibt der vorgeschlagene Weg zur Emanzipation nun nicht in der Einsicht in »biologische Gegebenheiten« stehen. Hier setzt er sich in aktiven und praktisch realisierbaren Veränderungsversuchen zur Geschlechterrolle fort: Wir haben gesehen, daß sich die angelegten Verhaltensspielräume in einem mehr oder weniger breiten Zwischenfeld überlappen:

Um die geschlechtsspezifische Arbeitsteilung besser funktionieren zu lassen, haben die verschiedenen Kulturen und Epochen bisher verschieden intensiv mit Erziehungs- und Gesellschaftsdruck versucht, das an den Tag gelegte Verhalten der Geschlechter weit »auseinanderzudrücken«, es – oft, soweit es ging – an die entgegengesetzten Extreme ihrer jeweiligen Spielräume heranzubringen:

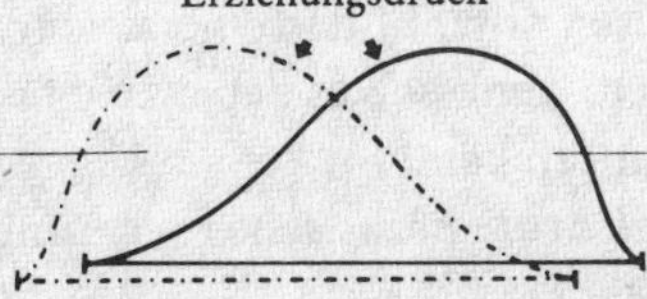

Sollte nun – durch eine veränderte ökologische Situation – kein Zwang mehr zur geschlechtsspezifischen Arbeitsteilung bestehen, ist es auch für die Gesellschaft sinnlos geworden, die Geschlechtsunterschiede zu betonen.
Auch in dieser Hinsicht hat sich die Umwelt des Menschen tatsächlich geändert: Durch technologische, wissenschaftliche und soziale Umweltveränderungen gibt es keinen Überlebensvorteil mehr, wenn sich die Menschheit in männliche Jäger und weibliche Campverwalter aufteilt; die Frau kann mitjagen, der Mann das Lager organisieren:

- Die Frau kann – durch Automatisierung und Technisierung der Arbeitswelt – für ihren Lebensunterhalt und den ihrer Familie genauso gut sorgen wie bislang der Mann.
- Seit Entwicklung wirkungsvoller Verhütungsmittel muß sich die Frau nicht mehr die längste Zeit ihres Lebens zwischen 20 und 40 Jahren auf die Bedingungen der Schwangerschaft einstellen. Dazu kommt, daß durch den Rückgang der Kindersterblichkeit und durch die drohende Überbevölkerung der Erde sowieso weniger Kinder geboren werden müssen, um das Fortbestehen der Menschheit zu sichern.
- Umgekehrt ist der Mann durch Erfindung von Babyflasche und künstlicher Babynahrung in die Lage versetzt, Kleinkinder zu versorgen.
- Kantinenessen, Sozialstaat (Versorgung von Alten und Kranken), Automatisierung des Haushalts u. a. m. entbinden die Familie, und darin vor allem die Frau, von einer Reihe von Aufgaben, für die sie bislang zuständig war.

Wenn aber sinnvolle Gründe zur geschlechtsspezifischen Arbeitsteilung entfallen, dann braucht man die Geschlechter auch nicht mehr auf ihre »verschiedenen Aufgaben vorzubereiten«, denn außer Zeugung und Kinderkriegen könnten alle anderen menschlichen Tätigkeiten sowohl das eine als auch das andere Geschlecht durchführen, ohne daß es dabei zu einer Minderung unserer Überlebenschancen käme.
Damit haben wir unsere dritte praktische Folgerung aus unseren Erkenntnissen zu ziehen:

3. Anstelle von geschlechtsspezifischer (sexistischer) Erziehungspraxis »zum« Jungen und »zum« Mädchen müssen wir eine *geschlechtsneutrale* Erziehung anstreben, *soweit uns dies möglich ist.* Jeder sollte sich wenigstens *bemühen,* Jungen nicht anders zu erziehen als Mädchen. Daß sich bereits heute viele Menschen in unserem Kulturkreis in diese Richtung bewegen, wurde schon erwähnt (vgl. S. 121 ff.).

Entgegen den Erwartungen mancher Feministin allerdings werden damit die männlichen und weiblichen Verhaltensweisen *nicht* zu den neutralen eines androgynen Mischtyps verschmelzen. Denn erstens wird die geschlechtsneutrale Erziehung wegen der komplexen Identifikationsvorgänge (S. 104) immer ein Ideal bleiben, das man nur in Annäherung verwirklichen können wird. Und zweitens würden die verschiedenen biologischen Grundausstattungen der Geschlechter auch noch bei theoretisch absolut gleicher Erziehung für leichte Vorteile des Mannes hier und der Frau dort sorgen. Aber männliches und weibliches Verhalten werden einander ähnlicher werden. Beide geschlechtstypischen Erscheinungsbilder, freier vom trennenden Umweltdruck, »rutschen« sozusagen aufeinander zu, in die »Mitte« der jeweiligen Spielräume:

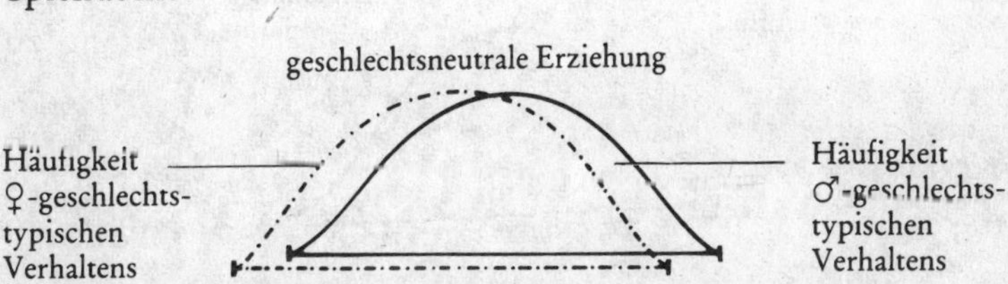


Damit wird der angelegte Verhaltensspielraum beider Geschlechter jeweils in Richtung des anderen Geschlechts besser »ausgenutzt«, und entsprechend vergrößert sich der gemeinsame Überschneidungsbereich. Der Mann realisiert seine Möglichkeiten im bislang verborgenen weiblicheren, die Frau im männlicheren Bereich.

Weder wird also nur die Frau vermännlicht, noch wird der Geschlechtsunterschied aufgehoben. Was geschieht, ist eine *Er-*

*weiterung* der Verhaltensmöglichkeiten und eine gewisse *Annäherung* der Erscheinungsbilder »männlich/weiblich«. Kurz gesagt: Geschlechtsunterschiede werden weniger ins Auge springen, aber noch deutlich zu erkennen sein.

## Antisexistische Erziehung

Über die geschlechtsneutrale Erziehung hinaus sind in bestimmten Verhaltensbereichen gezielte *antisexistische,* ausgleichende Erziehungstendenzen nötig, um – *entgegen* der alten Erziehungsrichtung – die Jungen in den weiblichen Bereich, die Mädchen in den männlichen »zu drücken«. Nötig, weil es in unserer Situation heute »gut« wäre, wenn z. B. die Jungen weniger aggressiv, die Mädchen besser in räumlicher Vorstellung wären, als es höchstwahrscheinlich auch noch nach geschlechtsneutraler Erziehung der Fall ist.

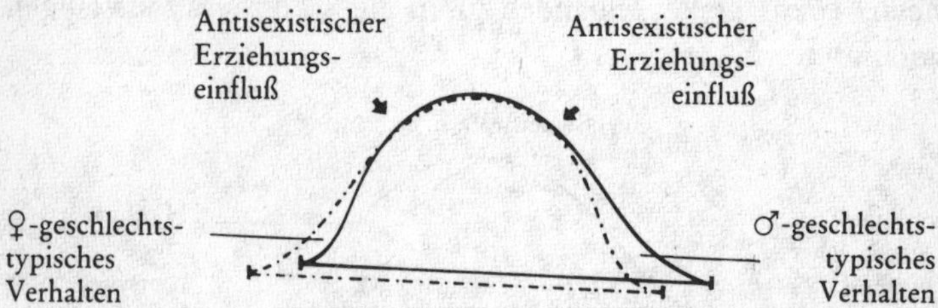


Wohlgemerkt: solche gezielten Versuche, die Geschlechter aufeinander hin zu formen, dürfen sich nur innerhalb des Spielraums angelegter Möglichkeiten abspielen, soweit sich diese durch ausgleichende *Förderung* realisieren lassen.
Die Grenzen wünschbarer antisexistischer Erziehung sind für jeden Vater und jede Mutter deutlich erkennbar: Sie verlaufen genau dort, wo – trotz ausgleichender Förderung – wegen der Größe des Unterschieds der biologischen Grundausstattung Jun-

gen und Mädchen sich noch immer verschieden verhalten. Genau dort, wo man – um eine weitere Angleichung zu erlangen, zu repressiven Dressurmethoden greifen müßte. Eine solche Erziehung wäre dann im wahrsten Sinn wider die Natur gerichtet. Man würde mit ihr vielleicht noch ein paar »Reserven« aus den Anlagen herausquetschen – allerdings nur unter dem Opfer der Zerstörung der kindlichen Persönlichkeit.

Wo die Tochter also weiterhin das Tanzen dem Fußball vorzieht, obwohl die Eltern mit ihr getobt und gerauft haben, wo der Sohn immer noch ein bißchen lieber Cowboy als Puppenvater spielt, obwohl die Eltern seine »Drinnen-Spiele« mehr ermutigt haben als die der Schwester – dort brauchen wir über die übrigbleibenden Verhaltensunterschiede nicht zu verzweifeln. Mit dem Restvorsprung an Wettkampf-, Risiko-, Aggressions- und Dominanzverhalten, das die meisten Jungen vermutlich auch bei einer ausgleichenden Erziehung noch zeigen, werden die selbstbewußter gewordenen Mädchen spielend fertigwerden. Wenn im vorigen Kapitel das supermännliche Verhalten auf diesen Gebieten und seine Überbewertung als Gefahr für den Bestand der Menschheit bezeichnet wurde, so heißt das nicht, daß auch bei wesentlich dichter zusammengerückten Erscheinungsbildern männlichen und weiblichen Verhaltens der männliche Pol nun schlichtweg als »böse« und als »abzuschaffen« zu bewerten ist. Nach wie vor wird es auch in unserer neuen ökologischen Situation viele Probleme geben, zu deren Lösung in erster Linie ein gewisses Maß an Aggressionsbereitschaft und Risikofreude gehören. Nur: Dieses Maß ist erstens geringer als das des Supermanns, und zweitens ist es als Erziehungsziel nicht von vornherein den Jungen vorbehalten. Mädchen, die aufgrund ihrer Dispositionen diesen Grad »männlicher« Qualitäten in sich entwickeln, sind genauso wichtig, wertvoll und notwendig wie Jungen, die aufgrund ihrer Dispositionen einen überdurchschnittlich hohen Grad »weiblicher« Qualitäten in sich entwickeln.

# Wie wir es tun können

Aus den voranstehenden Kapiteln ist eine Reihe von politischen Konsequenzen zu ziehen: Natürlich muß alles getan werden, um
- den Frauen berufliche Arbeit außerhalb des Haushalts zu ermöglichen;
- Mädchen auch in »Männerberufen«, Jungen in »Frauenberufen« tätig werden zu lassen;
- jede Form getrenntgeschlechtlicher Erziehung abzubauen (es gibt noch sehr viele Jungen- und Mädchenschulen in der Bundesrepublik);
- dem Mann die Beteiligung an Hausarbeit und Kindererziehung zu erleichtern (Halbtagsarbeit auch für Väter);
- die finanzielle Abhängigkeit der Frau und die Unterbewertung ihrer Arbeit für die Familie zu beenden (Hausfrauenrente);
- das Negativbild der Frau als passives Dummerchen oder Sexualobjekt aus den Massenmedien und Unterrichtswerken herauszudrängen und durch positive weibliche Leitbilder zu ersetzen;
- Frauen für gleiche Leistungen auch gleich zu bezahlen;
- in die Entscheidungsgremien von Politik, Wirtschaft und Wissenschaft mehr Frauen zu wählen; usw., usf.

Natürlich müssen wir solche politischen Forderungen an Parteien, Gewerkschaften, Regierungen, Verwaltungen noch wesentlich nachdrücklicher, lautstärker und häufiger vorbringen als bisher. Und sicher kommen wir ohne Anwendung der legalen »Druckmittel« der Demokratie (Aufklärungsaktionen, Initiativen, Streiks usw.) nicht weiter. In dieser Beziehung haben die vielen neuentstandenen Frauengruppen endlich Wind in den

gemütlich-reproduzierenden Mief mancher Hausfrauenvereine gebracht. Ein starker Druck der Aufklärung und Forderungen auf »die da oben« ist wichtig und unerläßlich. Aber ohne Bewußtseins- und Verhaltensänderungen derer »da unten« geht es leider auch nicht. Wenn es zum Beispiel nicht gelingt, das Selbstbewußtsein junger Frauen zu verbessern, nützt die von oben organisierte Öffnung der Männerberufe für Frauen kaum etwas.
So wendet sich das folgende Kapitel an den änderungswilligen einzelnen. Nicht, weil die politische Arbeit überflüssig wäre, sondern weil die Veränderung *auch* unten beginnen muß, bei mir, meinem Partner, meinem Kind.

## Ich – die Frau

### *Steigerung des Selbstwertgefühls*

Was ich vor allem brauche: eine bessere Meinung von mir und ein größeres Zutrauen zu meinen Fähigkeiten.
Selbstvertrauen ist kein Geschenk des Himmels, das man hat oder nicht hat. Es läßt sich ausprobieren, üben und regelrecht antrainieren wie eine sportliche Tätigkeit oder eine gesunde Ernährungsweise.
Ich mache mir klar: Meine Schwächegefühle, aber auch Abhängigkeit, Angst, Depressionen kommen daher, daß man mir immer wieder nichts zugetraut hat und alles, in das ich viel Mühe und Anstrengung investiere, einfach für unwichtig und »irgendwie« wertlos erklärt.
Ich mache mir klar: Viele von den sogenannten »weiblichen Schwächen« sind in Wirklichkeit Stärken, die mir und den Menschen viel mehr nutzen als manche männliche »Heldentat«. Wir Frauen entwickeln häufig eine größere Ehrlichkeit uns selbst und anderen gegenüber. Wir sind in der Lage, uns unsere Gefühle und Ängste bewußt zu machen, und wagen es, von ihnen zu sprechen. Wir können uns einfühlen, sind sensibel und kommunikativ. Wir sind klug *und* sozial.

Wir können Liebe geben *und* nehmen. Überhaupt können wir geben – auch Gleichgestellten. Nicht nur Stärkeren, die uns zwingen, und Schwächeren, denen wir uns überlegen fühlen. Wenn wir geben, demonstrieren wir damit keine Machtverhältnisse in einer Rangordnung, sondern äußern einfach Zuwendung und Anteilnahme.

Wir haben keine Angst vor Bindungen, kommen aber auch allein zurecht. Besser als mancher Mann.

Wir sind stark und ausdauernd.

Wir sind in mancher Hinsicht schon heute freier als der Mann: frei von inneren Zwängen, und fühlen uns nicht dauernd genötigt, uns beweisen und »produzieren« zu müssen. Nichts treibt uns, immer und überall Erster zu sein und den anderen unterzukriegen. Der andere ist nicht immer gleich mein potentieller Gegner. Vielleicht ist er mir sympathisch, vielleicht kann ich mit ihm zusammen mehr erreichen.

Die Männer haben mit ihrem supermännlichen Tun bis heute so viele Risiken und so großes Unglück über die Welt gebracht, daß es nun wirklich allerhöchste Zeit wird, daß wir uns einmischen. Wir sind nicht mehr das schwächere Geschlecht. Im Gegenteil: *Auf uns kommt es an,* wenn die Welt, unsere Kinder, wir noch eine Chance haben wollen!

Tun Sie solche Gedankengänge nicht als Allgemeinplätze ab, die Ihnen in ihrer konkreten Situation nicht helfen. Sich bewußt zu werden, daß die sogenannten weiblichen Schwächen in Wahrheit Stärken sind, die die Menschheit heute dringender denn je braucht, ist ein erster wichtiger Schritt.

Gehen Sie ihn, kommen Sie unweigerlich auf die Frage: Wieso habe ich bisher eigentliche Stärken immer als Schwächen empfunden? Und genauso zwangsläufig stoßen Sie auf die Antwort:

Wir sind immer so abgewertet worden. Und irgendwann in der Entwicklung vom kleinen Mädchen zur jungen Frau hat sich die dauernde Geringschätzung so in uns hineingefressen, daß wir dann selber meinen, wir könnten nichts und seien weniger wert. Das können Sie ändern. Die Einsicht in die Notwendigkeit dazu war der erste Schritt, aber es darf nicht der letzte bleiben. Ihm muß der zweite in die Praxis folgen, sonst bleiben Sie in der Tat in leeren Sprüchen stecken.

Trainieren Sie Selbstbewußtsein. Es gib viele Wege dazu.

Wir können hier nur ein paar herausgreifen.

Wie oft erleben Sie Situationen wie diese: Sie stehen in einer Schlange wartender Menschen. Da drängelt sich jemand vor. Sie ärgern sich und möchten ihm sagen, daß Sie das unverschämt finden. Aber irgendwie ist Ihnen das peinlich. Also tun Sie nichts und ärgern sich noch mehr – über sich und ihre Schwäche. Oder: Sie sitzen in einer Versammlung und haben den Eindruck, es werde hier immer nur um die Sache herumgeredet. Man müßte jetzt aufstehen und sagen: »...« – Warum tun Sie's nicht? Ihr Herz schlägt schneller, Ihnen wird warm – Sie bleiben sitzen: Die gucken dann ja alle auf mich; und was, wenn ich dummes Zeug rede?

»Selbstbewußtsein trainieren« hieße nun in diesen beiden Fällen: Üben, dem Drängler die Meinung zu sagen, und lernen, den Blick der anderen auszuhalten und ihnen Ihren Standpunkt klarzumachen. Wie aber können Sie das üben, wenn Sie doch gerade davor Hemmungen haben?

### *»Selbsttherapie«*

Übungen im Alleingang sind möglich und mögen, weil man »nur« sich dazu braucht, als die am einfachsten zu realisierenden erscheinen. Aber, obwohl es gute und leichtverständliche Anleitungsbücher auch für solche Übungen gibt[259], man darf von einer Selbsttherapie nicht allzuviel erwarten. Gerade *weil* man sie alleine durchführt, kommen die Lernprozesse meist nicht ausreichend zustande – fehlt einem doch das hierfür so nötige Feedback, die Rückmeldung des anderen auf die eigene Handlung.

Dennoch können Selbst-Übungen einen Anfang markieren, mit dem Sie sich selbst signalisieren, daß Sie die Schwelle überschritten und begonnen haben, Ihr Verhalten zu ändern. Sie können von hier aus weiterkommen zu Übungen mit anderen, zum »Ausprobieren« in der Wirklichkeit.

1. Selbsterfahrung in der Vorstellung:

a) Sie schließen die Augen und stellen sich eine Situation wie die oben beschriebene Drängler-Situation vor. Sie erleben Ihre eigene Selbstunsicherheit, die Frustration, etwas sagen zu wollen und nicht zu können, das »Blei« in den Gliedern und den Ärger im Bauch. Konzentrieren Sie sich ganz auf dieses Gefühl: das ist es, was Sie überwinden wollen: *Selbstunsicherheit.* Öffnen Sie die Augen und gehen Sie ein paar Schritte umher.

b) Erneut die Augen schließen, Vorstellung derselben Situation. Diesmal aber werden Sie wütend. Sie schreien den Widersacher an, durchbohren ihn mit Ihrem Blick, stampfen mit dem Fuß auf, schütteln ihn und ballen die Fäuste. Konzentrieren Sie sich ganz auf dieses Gefühl: Das ist Aggression, Anspannung, Angriff, Durchsetzen um jeden Preis – das darf nicht mit unserem Ziel »Selbstsicherheit« verwechselt werden.

c) Augen auf, Abschütteln der Vorstellung.

d) Bevor Sie sich zum dritten Mal in die Vorstellung der Situation versenken, werden Sie sich über folgende vier Fragen ganz klar:

- Was will ich erreichen?
- Welche Rechte habe ich in dieser Situation?
- Was muß ich tun, um dem anderen zu zeigen, daß ich ihm zuhöre?
- Wie kann ich dem anderen (ohne »Du-Angriff«) in Form einer Ich-Botschaft offen und freimütig, ohne indirekte Umwege sagen, was ich fühle und was ich will?

Wenn wir begriffen haben, wie wichtig diese vier Punkte sind: Wissen, was wir *wollen* und welche *Rechte* wir haben; aufmerksam *zuhören* können, in Form klarer *Ich-Botschaften* fest und ruhig eigene Gefühle, Meinungen und Absichten äußern, sind wir schon ein Stück weiter.

Und nun die herausfordernde Situation zum dritten Mal. Diesmal aber riskieren Sie in Gedanken, dem Störenfried ganz direkt zu sagen, was Sie denken. Dabei versuchen Sie – in Gedanken –

entspannt zu bleiben (Anspannung ist das Zeichen von Selbstunsicherheit oder Aggression), mit dem Angesprochenen Blickkontakt zu halten (ohne ihn anzustarren), gerade und aufrecht zu stehen und ruhig, ohne Hetze zu reden. Wenn Ihr »eingebildeter« Opponent Ihnen antwortet, hören Sie ganz ruhig (wichtig!) zu. Augen auf: Wie haben Sie sich gefühlt? Was fiel Ihnen besonders schwer?

2. Training im Ein-Mann-Spiel:
   Nun versuchen Sie diese Szene, wie Sie sie eben in Gedanken durchgespielt haben, laut und mit Gesten und Mimik durchzuspielen. Auch, wenn Sie sich dabei komisch vorkommen; es sieht ja (noch) keiner. Sie spielen abwechselnd Ihre (selbstbewußte) Rolle und die des herausfordernden Partners.
   Versenken Sie sich ganz in beide Rollen und denken »als Sie selbst« immer wieder

a) an das, was Sie eigentlich wollen,
b) an Ihre Rechte,
c) ans Zuhörenkönnen,
d) daran, Ich-Botschaften zu senden.

Und immer wieder: Ruhe, Entspannung, Offenheit!

Trainieren Sie, Ihrem Gegenspieler solange bestimmte Sätze zu sagen, bis Sie sich dabei ganz ruhig und sicher fühlen. [Wenn Sie merken, daß Sie aus Ihrer Verkrampfung nicht herauskommen, brechen Sie ab, versuchen es ein andermal – oder (besser) gleich in einer Gruppe.]

Bei Ihren Übungen fangen Sie am besten mit Situationen an, die noch nicht die allerhöchsten Anforderungen an Ihr Selbstbewußtsein stellen. Wenn Sie ein paar davon durchgespielt haben, können Sie sich steigern bis hin zu Szenen, bei deren Vorstellung Ihnen sonst vielleicht der Angstschweiß ausgebrochen wäre, beispielsweise: Sie schlagen Ihrem Chef mit freundlichen Worten vor, den Kaffee für ihn und für sich von nun an umschichtig zu kochen, denn Ihre Arbeit dürfe ja auch nicht liegen bleiben.

Spielen Sie Ihre Szenen ruhig realistisch durch, legen Sie sich einige Requisiten zurecht, wechseln Sie den Stuhl, wenn Sie den Part des anderen übernehmen.

Hinterher die Auswertung nicht vergessen: Wie habe ich mich gefühlt? Was fiel mir leichter, was schwerer?

3. Üben an der Wirklichkeit:

   Nun verlagern Sie Ihr Trainingsgebiet nach draußen. Auch hier fangen Sie wieder ganz klein an. Sie probieren einmal, einige von den neuen Fertigkeiten und Einsichten in die Praxis umzusetzen.

   Da ist zum Beispiel eine Ware zu reklamieren. Oder Sie haben sich schon oft darüber geärgert, daß der alte Herr von nebenan seinen Hund immer wieder auf dem Gehsteig das große Geschäft erledigen läßt, ohne sich weiter um den Dreck zu kümmern.

   Eine solche Situation nehmen Sie sich (vorbereitet durch die vier Fragen) einmal vor, um mit »echtem Partner« Ihr Können auszuprobieren.

Lassen Sie sich durch Mißerfolge, alte Angst, neue Übertreibungen nicht entmutigen. Werden Sie sich dann darüber klar, was Sie falsch gemacht haben. Und versuchen Sie es nochmal, vielleicht mit einer etwas leichteren Aufgabe, wobei Sie sich besonders auf Vermeiden der erkannten Fehler konzentrieren.

Klappt die Sache, gönnen Sie sich eine kleine Belohnung: Leisten Sie sich etwas, worauf Sie schon lange Lust hatten. Denken Sie dabei: Das habe ich mir verdient!

Zugegeben: Solche »Selbsttherapie« kostet Willen, Konzentration, Ausdauer.

Viel wirkungsvoller und motivierender ist die Arbeit an sich selbst, wenn man die Kräfte einer Gruppe nutzen kann.

### *Rollenspiele in der Gruppe*

Da viele Frauen unter Ihrem Problem mangelnder Selbstsicherheit leiden, Männer andererseits sehr schnell dazu neigen, mit Dominanzsignalen eine Scheinsicherheit vorzutäuschen, empfiehlt sich das Training in einer reinen Frauengruppe.

Zu einer solchen Gruppe reichen vier, fünf Frauen. Es müssen

nicht immer gleich »beste Freundinnen« sein – jemand kann auch eine Bekannte oder Interessierte mitbringen. Viel mehr als zehn bis zwölf sollten es nicht werden. Wichtig nur, sie wollen alle dasselbe: Ängste, Abhängigkeitsgefühle abbauen, Zutrauen zu sich gewinnen.
Sie berichten sich gegenseitig, was sie sich alles nicht zutrauen und wobei Sie sich unsicher fühlen. Schon dabei werden Sie eine gewisse Erleichterung bemerken, wenn Sie von anderen hören: »Genau, das kenn' ich. Es geht mir auch immer so.«
Und dann entscheiden Sie, welche der geschilderten Situationen gespielt werden sollen, wahrscheinlich wünscht sich jeder von Ihnen eine andere. Dabei fangen Sie – wie in der eben beschriebenen »Selbsttherapie« – nicht gleich mit dem für Sie Schwersten an. Die Rollen werden verteilt. Tische und Stühle für die Szene richtig hingestellt – und dann geht es los.
Nach dem Spiel tauschen Sie die Rollen und wiederholen die Handlung aus jeweils anderen Perspektiven.
Vielleicht kommen Sie sich das erstemal noch etwas albern vor, oder Sie sind aufgeregt. Aber Sie werden bald merken, wie man in eine richtige Spiellaune gerät – und da hören Sie sich dann plötzlich – es ist »ja nur ein Spiel« – Worte sagen, die Sie sich sonst nie zugetraut hatten.
Nach der Szene setzen Sie sich wieder alle zusammen und berichten sich gegenseitig, was Sie gefühlt, was Sie beobachtet haben, wie die Reaktionen der Mitspieler auf Sie wirkten usw. Diese auswertenden Gespräche sind sehr wichtig, lassen Sie sich viel Zeit dabei. Hören Sie sich zu, lassen Sie sich gegenseitig ausreden, nehmen sich gegenseitig ernst. Ermuntern Sie sich zum gegenseitigen Feedback:
Welche Gefühle regten sich im anderen, als ich das sagte oder das tat? Werden Sie sich darüber klar: Was fällt Ihnen besonders schwer? Wovor haben Sie Angst? Stellen Sie gemeinsam ein Trainingsprogramm auf.
Wenn die Gruppe es nicht allein schafft, lassen Sie sich helfen. Es gibt gute Bücher zur Anleitung[260], oder Sie lassen sich von einem Psychologen für ein paar Stunden »Entwicklungshilfe« geben. (In

einer Universitätsstadt oder in deren Nähe kann man versuchen, sich einen Studenten oder einen gerade Examinierten für nicht allzuviel Geld vermitteln zu lassen.)

*Organisation einer selbstbestimmteren Tätigkeit*

Wer Selbstbewußtsein haben soll, muß wissen, daß er etwas wert ist und daß er etwas kann. Dazu gehören zwei Voraussetzungen:

1. die räumlich-zeitliche Möglichkeit, etwas Befriedigendes zu leisten;
2. die Anerkennung durch andere Menschen.

Sie haben recht: Räumlichkeit und Zeit für selbstgewählte Tätigkeiten sind nicht so einfach zu beschaffen. Aber sie sind auch nicht unerreichbar, wenn Sie nicht in allzu bedrückenden Umständen leben. Im allgemeinen dürfte es einer Mittelschicht-Frau gelingen, ihr Anrecht auf einen persönlichen Bereich durchzusetzen, und zwar sowohl räumlich als auch zeitlich.

Unterschätzen Sie nicht die aufbauende Wirkung, die ein eigenes »Revier« für befriedigende Tätigkeiten auf das Selbstbewußtsein ausübt.

Lassen Sie sich nicht die Küche als »Ihr Revier« zuweisen. Mag sein, daß Sie darin die Aufgabe des Kochens übernommen haben. Aber Ihr Mann putzt auch den Wagen in der Garage, ohne daß er deswegen diese als seinen Privatbezirk anerkennen würde, in dem er sich entfalten kann. Er wird einen Hobbyraum oder ein Arbeitszimmer, mindestens aber den Schreibtisch für sich in Anspruch nehmen. Auch die Kinder haben meistens ihre Zimmer oder wenigstens ihren Tisch in ihrer Ecke.

Und Sie? Ziehen Sie nicht mit der Beschäftigung, die Sie gerade vorhaben, wie ein geduldeter Fremdling im eigenen Haus von Ort zu Ort, aus dem Wohnzimmer raus, wenn Ihre Kinder gerade fernsehen wollen, vom Schreibtisch Ihres Mannes fort, wenn der gerade »was Wichtiges« zu tun hat?

Was immer Sie treiben möchten und wie Ihre Lebensumstände sind: Stehen Sie Ihre Bemühungen um ein eigenes Zimmer, einen

Werkraum oder eine Arbeitsecke (mit Regalen, Tisch und Schrank) durch!

Ob *er* Kassenwart im Angelverein oder Kreistagsabgeordneter ist, ob er nun stundenlang am Auto herumtüftelt, ein Buch schreibt oder sich aktiv als Umweltschützer engagiert, ob er sich beruflich weiterbildet oder Bilder malt: alles dies sind Beschäftigungen, die nicht zur Sicherung der wirtschaftlichen Existenz oder des sozialen Klimas der Familie unbedingt nötig sind. Man(n) tut so etwas, zugegeben oder nicht, vor allem, weil es einen selbst befriedigt und weil es einem hilft, sich in dieser *selbstbestimmten* Tätigkeit ein wenig selbst zu verwirklichen. Man(n) erlebt dabei (mit wechselnden Schwerpunkten) die eigene Fähigkeit, Vorstellungen in die Tat umzusetzen, Einfluß auf andere und auf Vorgänge zu nehmen, etwas zu schaffen, das Widerspruch oder Anerkennung, immer aber Aufmerksamkeit erhält. Und das ist ja auch gut so, und niemand will dem Mann seine Möglichkeiten zur Selbstverwirklichung nehmen.

Aber: Sie als Frau müssen dasselbe Recht auf einen Freiraum für eigenbestimmte Leistungen haben. Sie brauchen ihn, um Ihrem Ich ein paar selbstbereitete Erfolge zu gönnen.

Ringen Sie sich dazu durch, die Tätigkeit in Angriff zu nehmen, zu der Sie schon lange Lust hatten: Vielleicht möchten Sie raus, engagieren sich in einer Partei, einem Verein, gründen mit anderen Frauen eine Gruppe; vielleicht aber auch treibt es Sie mehr zu einer häuslichen Tätigkeit im Künstlerischen oder Kunsthandwerklichen; vielleicht auch greifen Sie Ihre (abgebrochene?) Ausbildung auf, besuchen Abendkurse.

Es ist nicht wahr, daß die Emanzipation nur über die Frauengruppe möglich ist. Das ist ein Weg, aber nicht der einzige. Manche Frau hat ihrem Selbstbewußtsein schon »einfach« dadurch auf die Beine geholfen, daß sie etwas scheinbar ganz Bürgerliches und Unpolitisches getan hat, etwa wieder anfing, Geige zu spielen, oder sich einen Werkraum für keramische Arbeiten einrichtete. Obgleich mancher über einen solchen Rat die Nase rümpfen wird (»Hier soll die Frau mal wieder mit ein bißchen ›Kultur‹ von ihren Problemen abgelenkt werden!«), zeigt die Erfahrung: Aktivitäten, *gleich welcher Art*, die man als befriedigend erlebt und die einem auch nur kleine Erfolgsgefühle vermitteln, enden fast nie im stillen Kämmerlein. Sie führen meist hinaus in einen größeren Kreis Gleichgesinnter. Und dort dann sind Sie wer, den man um seine Meinung fragt, mit dem man Pläne macht, mit dem man sich für etwas einsetzt. Das wirkt stärkend auf das Selbstbewußtsein und hilft, Abhängigkeitsgefühle und Minderwertigkeitskomplexe abzubauen, und zwar nachhaltiger, als es nur durch politische Aufklärung möglich wäre.

### *Außer-Haus-Beruf*

Ähnliches erleben Sie in einem Beruf, der Sie befriedigt und in dem Sie Anerkennung finden. Sie erfahren: Ich leiste etwas. Ich kann auf eigenen Füßen stehen. Ich werde nicht »versorgt«, bekomme kein Taschengeld.

Zwar gibt es keinen schöneren Beruf, keine befriedigendere Möglichkeit der Selbstverwirklichung, als Kinder aufzuziehen. Aber gemessen daran, welche soziale und finanzielle Geringschätzung ihrer Tätigkeit die »Nur«-Mutter bei uns erfährt, wie viele Abhängigkeitsgefühle in ihr herangezüchtet werden und wieviel mehr Leistung sie im Vergleich zum Nur-Außer-Haus-Berufstätigen erbringen muß – kann man zur Zeit keiner Frau verdenken, wenn sie in einen Außer-Haus-Beruf drängt. (Die Frauen, die es ihrer starken Persönlichkeit verdanken, daß sie all das nicht anficht, brauchen die nächsten Seiten nicht zu lesen).

Nicht sind die Mütter plötzlich verantwortungsloser geworden. Nur ertragen viele die immer größer werdende Differenz zwischen den Anforderungen draußen und drinnen nicht mehr: Die »Jäger« wollen nur noch 35 Wochenstunden jagen, die »Camp-Hüterinnen« mit zwei, drei kleinen Kindern kommen auch heute mit der doppelten Arbeitszeit nicht aus.

Die Buschmannfrauen der afrikanischen Kalahari tragen auf ihren weiten Wanderungen ihre Kinder in den ersten beiden Jahren alle Wege mit sich herum, im dritten Jahr zwei Drittel und im vierten

Jahr die Hälfte der Strecke. Dazu schleppen sie Wasser, Feuerholz, Nahrung. In einem Jahr legen sie etwa 2400 Kilometer zurück. Das tun sie, ohne zu klagen, denn ihre harte Umwelt läßt ihnen nur eine Überlebenschance, wenn sie sich auf die Kinder, die Männer aber mit aller Kraft und mit ihrem ganzen Einsatz auf die Jagd konzentrieren. In dem Moment, in dem die Umwelt sich so radikal verändern würde, daß der Mann nur Fleischkonserven einzusammeln brauchte und die technischen Möglichkeiten hätte, Kinder zu »säugen«, just in dem Augenblick würden auch die Kalahari-Frauen ihre Last absetzen und eine gleichere Verteilung der Arbeit verlangen.

Männer, die das nicht rechtzeitig begreifen, gehören vielleicht zu den immer zahlreicher werdenden Ehemännern, die plötzlich, etwas verdattert, allein dastehen und sich ungläubig fragen: Wie kann nur eine Mutter Mann und Kinder verlassen?

Kurz und gut: Spätestens dann, wenn Ihre Kinder im Kindergarten- und Schulalter sind, versuchen Sie, wenigstens halbtags, wieder in Ihren Beruf hineinzukommen.

Aber schon das gelingt nicht richtig ohne solidarisches Verhalten Ihres Partners. Oft genug läuft die sogenannte »Mitarbeit« der Frau nur darauf hinaus, daß diese nun zwar ein wenig »mitjagen« darf, aber der entlastete »Jäger« denkt nun nicht im geringsten daran, seinerseits im »Camp« mitzuarbeiten. Das heißt, viele Frauen müssen ihre Chance zur Aufbesserung ihres Selbstwertgefühls teuer mit einer zusätzlichen Belastung bezahlen.

Nun beißt manche Frau die Zähne zusammen und nimmt die doppelte Belastung auf sich. Aber nicht einmal diese »Freiheit« hat sie, solange sie ein Kind in den ersten Lebensjahren hat. Das uneinsichtige Verhalten ihres Partners und unser Wirtschaftssystem lassen ihr nur die Wahl, entweder ihr Kind durch Kinderkrippen, Zugehfrauen und hospitalisierenden Bezugspersonenwechsel kaputtzumachen oder eben ihr Selbstwertgefühl weiter verkümmern zu lassen.

Eine ständig wechselnde Zahl von Frauen akzeptiert diese Alternativen zwischen Skylla und Charybdis nicht mehr und steigt völlig aus: Soll *er* nur sehen, wie er alles allein schafft! In Einzelfällen mag diese Radikalkur gut anschlagen: *Sie* baut sich auf, *er* entdeckt, daß auch er Kinder aufziehen kann. Aber normalerweise wird er, völlig unvorbereitet auf diesen Schritt, gar nichts lernen. Er wird das Kind möglichst schnell irgendwohin abschieben, den »Fehler« nur bei ihr suchen und nach einer neuen Partnerin Ausschau halten, mit der »es besser klappt«.

### *Frauengruppen*

*Sie* befreit sich. Frauen beginnen, über ihre Situation nachzudenken. Sie reden miteinander darüber, entwickeln Solidarität. Sie bekommen Mut, helfen sich: Aufklärung, praktische Hinweise und Hilfe, gemeinsame Aktionen. Die Frauenhäuser sind nur ein spektakuläres, von allen zur Kenntnis genommenes Ergebnis dieser Arbeit. Noch wichtiger und wirksamer aber ist die beginnende Bewußtseinsveränderung, die sich bei vielen Frauen abzeichnet: Wir sind wer, wir leisten was, wir finden Beachtung, wir mischen uns ein.

Eine unbestreitbar positive Entwicklung.

Aber auf eine Gefahr der Methode muß hingewiesen werden: Das Prinzip der reinen Frauengruppen führt allzuleicht dazu, daß die Frauen den Männern »davonlaufen«. Das ist zunächst nicht vordergründig-körperlich gemeint. Es meint den zunehmenden Vorsprung in ihrem Bewußtsein: Sie lernen – unter Ausschluß der Männer – immer mehr über sich, ihre Fähigkeiten, ihre Möglichkeiten. Den Mann lassen sie auf seinem alten, untauglich gewordenen Rollenverständnis sitzen. So kann sich dann (nach einiger Zeit Frauengruppenarbeit) eine Frau soweit von dem fortentwikkelt haben, was ihr Partner noch fassen kann, daß nur noch die Trennung bleibt.

Das ist mir richtig! wird manche Frau einwerfen, erst unterdrükken und verachten die uns, und dann sollen wir uns auch noch um ihre Emanzipation bemühen! Außerdem: Wenn wir Männer mit in unsere Gruppen ließen, führte das nur sehr schnell dazu, daß sie mit ihrem zwanghaften Dominanzverhalten wieder alles unter

Kontrolle zu bekommen versuchten. Wir können uns nur befreien, wenn wir uns diesen »Kraftmeiern« entziehen.
Daran stimmt einiges, und einiges ist falsch.
Richtig: Frauen können im allgemeinen leichter ihre Verhaltensmöglichkeiten im eher männlichen Bereich aktivieren und selbstbewußte Verhaltensweisen entwickeln, wenn die »unterdrückenden« Signale von männlichen Partnern und von Männern überhaupt fehlen. (Wir denken dabei wieder an das Verhalten der Mantelpavianweibchen.) Das ist auch der Grund, warum dieses Buch für unsere Rollenspielübungen (S. 221) zunächst Frauen als Spielpartnerinnen vorgeschlagen hat.
Falsch aber ist die Vorstellung, die Emanzipation der Männer könnte so als Nebenprodukt der Befreiung der Frau mit abfallen. Falsch erst recht ist die Hoffnung, die Frauen könnten sich ohne Männer, die Männer ohne Frauen wirklich »befreien«.
Für die Frauen mag es zunächst so aussehen, als wäre eine solche »Ein-Geschlecht-Emanzipation« möglich. Langfristig aber führen solche Versuche, nur »für sich« frei zu werden, unweigerlich zu einer Vertiefung der Kluft zwischen Männern und Frauen: Wir wissen, daß sich in getrenntgeschlechtlichen Gruppen sehr schnell gegen das andere Geschlecht gerichtete Gefühle breitmachen können, Weiberverachtung bei den einen, Wut gegen die Männer bei den anderen. Gegen das »Herauskommen« solcher Gefühle ist gar nichts einzuwenden. Nur vor Situationen der systematischen Trennung muß gewarnt werden, die verhindern, daß diese Gefühle aufgearbeitet und abgebaut werden. Vieles, was in der getrenntgeschlechtlichen Gruppe geschieht und gesprochen wird, kann Ressentiments gegen »die anderen« bestärken. Die Mißverständnisse und auch die gegenseitigen Repressionen nehmen zu. Männer werden mit reaktionären, aggressiven, supermännlichen Ausfällen versuchen, es »den Weibern« zu zeigen.
Allein schon die Bedeutung, die lesbische Aktionsgruppen innerhalb vieler Frauenzentren gewonnen haben, zeigt, wohin der getrenntgeschlechtliche Befreiungsversuch führen könnte. Lesben sind inzwischen »das Herz der heutigen autonomen Frauenbewegung« geworden,[261] schreibt Ernest Borneman. »Ehe nicht

alle Frauen lesbisch sind, wird keine Revolution stattfinden«, weissagt gar die amerikanische Radikalfeministin Jill Johnston.[262] Der Verdacht ist nicht ganz von der Hand zu weisen, daß Bewegungslesben weniger ihren heterosexuellen Schwestern helfen wollen, als sie gegen die Männer aufzubringen, um sich – sicher unbewußt – für die in ihrer Kinderzeit erlittene Fehlprägung zu rächen.

### *Den Mann »nachholen«*

Das Fazit daraus: Machen Sie mit in Frauengruppen (oder gründen Sie eine). Nutzen Sie eine *Anfangsphase ohne Männer* und deren Dominanzverhalten, um sich über sich und Ihre Fähigkeiten klarzuwerden und ein wenig Selbstbewußtsein zu trainieren. *Aber: »Holen« Sie dann Ihren männlichen Partner »nach«.* Arbeiten Sie mit anderen Paaren zusammen, oder versuchen Sie es auch allein mit ihm, oder sorgen Sie dafür, daß Ihre Frauengruppe nach der Anfangsphase von ein paar Monaten die Arbeit mit und an Männern aufnimmt.
Wenn Sie sich nur ein bißchen Ihrer eigenen Fähigkeiten bewußt geworden sind, werden Sie sich von männlichem Dominanzgebaren auch nicht mehr so einengen lassen. Sie werden auf einmal können, was ein kleines Mädchen in unserem Kindergartenexperiment tat, als ein Junge mit seinen Farbkreiden so viel von dem gemeinsamen Zeichenkarton für sich beanspruchte, daß für sie kaum noch Platz blieb: Sie zog eine dicke Mittellinie und sagte lachend, aber bestimmt: Das ist deine und dies ist meine Hälfte! Der Junge reagierte erstaunt, aber einsichtig. Ihm war erst in diesem Augenblick seine unsoziale Drängelei bewußt geworden. Die Jungen brauchen's halt ganz deutlich.
Die Männer auch. Sie müssen es ihnen sagen. Sie müssen den Mut zu solchen »Mittellinien« finden, die Bereiche und »eigene Reviere« abgrenzen. Sie werden überrascht sein, wie Ihr Partner nach einiger Zeit solche Grenzziehung akzeptieren wird, wenn sie nur konsequent und selbstbewußt genug geschieht. Die mimi-

schen, gestischen und sprachlichen Zeichen, mit denen man »seine Reviere« verteidigt, stellen sich nahezu automatisch ein, wenn Ihr Selbstbewußtsein größer geworden ist. Man kann sie aber auch zusätzlich im Rollenspiel üben. Dazu gehören u. a.:

- Beim Sprechen nicht die Augen niederschlagen.
- Durch Interesse zeigen, daß man zuhören kann. Aber:
- Beim Zuhören sehr langweiliger Angelegenheiten nicht immer die größte Aufmerksamkeit mimen, ruhig mal weggucken oder sich mit etwas anderem beschäftigen.
- Gesten beim Reden etwas weiter ausholen.
- Mut zum Raum um Sie herum: Man muß Beine und Arme nicht ängstlich anlegen, wenn man mit anderen kommuniziert.
- Keine fahrigen, nervösen Bewegungen! Ruhe und Entspannung!
- Mit verschränkten Armen und ausgestreckten Beinen kann man »Barrieren« aufbauen, die den »Angriff« des anderen abblocken.
- Wenn Sie etwas Wichtiges sagen: Aufrichten oder aufstehen!
- Etwas lauter sprechen lernen (ohne zu schreien). Wenn Sie Probleme mit der Lautstärke haben: besonders deutlich artikulieren. Durch »messerscharf« gesprochene Worte kann man die lautstärkste Brüllerei an Nachdruck übertreffen.
- Wenn der andere Ihnen ins Wort fällt: ruhig weiterreden.

Zunächst wird ihr Partner auf Ihr wachsendes Selbstbewußtsein wahrscheinlich verwirrt, frustriert oder aggressiv reagieren. Und darum ist es wichtig, ihn möglichst bald in die Entwicklung mit einzubeziehen, ehe Ihr Vorsprung zu groß wird. Stellen Sie sich nur einmal vor, Sie übten die eben beschriebenen Techniken bis zur Perfektion und überfielen ihn plötzlich und unvorbereitet mit Ihrem neuen Können. Das würde wahrscheinlich Ihrem »Revier«, nichts aber Ihrer Partnerschaft nützen. Denn die Aussicht, daß ihm schon jetzt ein Licht aufgeht, ist sehr gering. Wahrscheinlich denkt er nur: Mit der stimmt doch was nicht!
Sie müssen ihm rechtzeitig sagen, unter vier Augen oder in der Gruppe: »Solche Dominanz-Signale engen den anderen ein. Männer senden sie häufiger als Frauen. Auch ich fühle mich durch

deine Verhaltensweisen eingeengt. Ich werde dir jetzt öfter sagen, wenn das der Fall ist. Und ich werde ebenfalls solche Signale einsetzen, denn wir Frauen ›können‹ das auch. Ich werde das aber nicht tun, um dich an die Wand zu drücken, sondern nur, um selber Luft zum Atmen zu behalten. Laß uns gemeinsam daran arbeiten, daß *wir beide* mit möglichst wenig solcher Signale auskommen!«

Die allerbeste Methode, Männern ihr Pfauenverhalten bewußt werden zu lassen, ist der Humor. Mit ihm läßt sich manche Wahrheit sagen, ohne den anderen aggressiv zu machen. Gemeint ist hier nicht beißender Witz, der die Schwachpunkte des anderen geißelt, sondern jene liebevolle Art, die es versteht, den anderen zum Lachen über sich selbst zu bringen. So kann der Mann auch durch das Erlebnis spielerischen Übertreibens und Parodierens von Dominanzverhalten in die Lage versetzt werden, zu seinem eigenen Paschaverhalten einen belustigten Abstand zu gewinnen. Allerdings klappt das wohl immer noch am besten unter vier Augen oder in einer Gruppe, deren Mitglieder einander gut vertraut sind.

Es wäre jedoch auch wünschenswert, daß vor allem Frauen Methoden entwickeln, um den stolzen Hähnen im Bundestag und auf Schützenfesten, auf militärischen Versammlungen und bei Wahlkämpfen zu zeigen, wie wenig ernst sie im Grunde deren Gespreiztheiten und Ranggehabe nehmen können. Wie schnell würde ein wetternder Politiker Abstand von seinem eigenen Drohritual finden, machten seine Frau oder andere Frauen ihm deutlich, daß sie ihn in seiner Erregung »so richtig niedlich« fänden, und könnten sie sich dazu aufraffen, ihm freundlich-belustigt in die Parade zu lachen, statt beeindruckt Ernst mitzuspielen.

Im Umgang mit stürmischen Liebhabern werden viele Frauen ihre Macht schon selbst erlebt haben: Sie können durch unkonventionelle, d. h. *belustigte* oder *logische,* Reaktionen den so selbstsicher Balzenden aus seinen Emotionen herausreißen. Mit dieser Technik gilt es nun auch, dem Dominanzverhalten zuleibe zu rücken – im privaten und politischen Raum.

Mantelpavianweibchen dürften nicht auf Abbau des Paschaverhaltens hoffen, denn zu starr ist dieses in den tieferen Schichten des Gehirns triebfixiert, zu gering der »einsichtige« Einfluß der lernfähigen Neuen Großhirnrinde. Nun ist das Revier- und Dominanzverhalten auch des Menschen, wie wir gesehen haben, nicht unabhängig von den Programmen aus der Tiefe. Aber ungleich einflußreicher als bei den höchsten Menschenaffen ist beim Menschen die flexible Neue Großhirnrinde dem festverschalteten Triebsystem überlagert. So hat der Mann eine Chance, sein Paschabenehmen einzuschränken, wenn er nur die Notwendigkeit und die Vorteile des weniger dominanten Verhaltens einsieht.

Wie wichtig die Beteiligung des Lern- und Einsichtsvermögens der intelligenten Großhirnrinde für den Mann ist, um mit dem Pascha in sich fertigzuwerden, zeigen Beobachtungen Pietropintos: Je höher der Bildungsgrad eines Mannes ist, desto eher akzeptiert er eine selbstbewußte Frau und desto leichter gewöhnt er sich zum Beispiel daran, daß die Empfängnisverhütung zu gleichen Teilen Aufgabe des Mannes wie der Frau ist, und desto bereiter ist er, Bettprobleme offen mit der Partnerin zu besprechen.[263]

Man darf nicht die Augen davor verschließen: Der Unterschichtmann ist (noch?) nicht so ansprechbar, seine Geschlechterrolle zu überdenken. Also hat die Unterschichtfrau auch weniger Aussicht, mit dem hier empfohlenen partnerschaftlichen Vorgehen zum Erfolg zu kommen. (So sind die Geschlechtsunterschiede in der Unterschicht heute noch wesentlich größer als in der Mittelschicht.)

Um so weniger aber darf man deswegen die Chance vertun, den Mittelschichtmann zur Mitarbeit an der Rollenerweiterung zu gewinnen. Denn wie die Frau heute schon, so kann morgen der Mann der Mittelschicht ein neues Rollenverständnis vorbereiten. Zwar wird auch er nur wenig dazu beitragen können, die kleinen und großen Patriarchen und Machos der Unter- und Oberschicht wirklich zu ändern. Aber er kann durch seine eigene Bereitschaft zum Umlernen mit am Aufbau neuer Leitbilder arbeiten, die ihrerseits dafür sorgen, daß weniger Machos und Patriarchen nachwachsen.

### *Frau-Mann-Gruppen*

Horst-Eberhard Richter hat ermutigende Erfahrungen mit gemischtgeschlechtlichen Experimentiergruppen sammeln können: Diese lassen, so Richter, »immerhin erste Schritte ablesen, mit denen Frau und Mann bereits konkrete Versuche machen, sich jeder für sich und zugleich miteinander zu verändern«[264]. Bezeichnenderweise haben auch in den von Richter und seinen Mitarbeitern betreuten Gruppen zunächst die Frauen die Führung übernommen, aber – und das stimmt hoffnungsvoll – die Männer haben sich mitziehen lassen. Richter gibt einen Überblick über den »typischen« Verlauf einer solchen Gruppenarbeit:

»In einer Gruppe, die teils aus Paaren, teils aus Einzelmitgliedern besteht und zusammen mit zwei Psychoanalytikern regelmäßige Sitzungen abhält, kommen nach ziemlich langer Zeit Gespräche über sexuelle Schwierigkeiten auf. Eine Frau beginnt davon zu sprechen, daß sie kaum je zum Orgasmus gelange. Eine andere schildert, daß sie ebenfalls lange Zeit nie etwas empfunden habe, daß es aber in letzter Zeit viel besser geworden sei. Auch zwei weitere Frauen bekennen, daß es für sie sehr schwierig sei, sich in der Sexualität mit ihren Gefühlen voll zu entfalten. In den nächsten Sitzungen bemühen sie sich nun genauer zu begreifen, woher diese Schwierigkeiten kommen. Sie reden über ihre sexualfeindliche Erziehung. Zwei Frauen schildern die großen Ängste und Selbstvorwürfe, in die sie durch unerwünschte voreheliche Schwangerschaften versetzt worden seien. Die anwesenden Männer lauschten höchst interessiert. Sie stellen auch die eine oder andere Frage an die Frauen, aber nie an die eigene Partnerin. Ein Mann, dessen Ehefrau ihr Leiden an ihrer Orgasmusunfähigkeit besonders ausführlich und bewegt geschildert hat, schweigt verdrossen. Manchmal macht er bagatellisierende Einwürfe. Alle Männer benehmen sich jedenfalls so, als seien in dieser Gruppe sexuelle Schwierigkeiten eine reine Frauensache. Als ginge es nur darum, was die potenten und selbstsicheren Männer beitragen könnten, um den armen frigiden Frauen ihr Los zu erleichtern. Die Gespräche setzen sich zwischen den Sitzungen fort. Eine Frau berichtet von mancherlei Ratschlägen, die sie inzwischen von verschiedenen Männern der Gruppe erhalten habe. Vor allem habe man ihr mehr Onanie empfohlen. Als dies

eine Weile so gegangen ist, stellt sich plötzlich heraus, daß auch die scheinbar sexuell so intakten Männer allerhand Nöte mit der Potenz haben. Einer hat eine Affäre mit einer neuen Partnerin begonnen und war im entscheidenden Augenblick impotent. Ein anderer gesteht zu, daß er nur dann potent sein könne, wenn er sich der Frau sozial überlegen fühle. Dies bestätigt ein dritter, der sich, wie er sagt, mit seinen Gefühlen lediglich richtig lösen könne, wenn die Frau unter ihm stehe. Dazu müsse die Frau eine unbekümmerte Triebhaftigkeit haben und viel Aktivität zeigen. Dann könne er seine Ängste und Hemmungen überwinden.
Ähnliches ist ja nun auch gerade in der Gruppe geschehen. Der Initiative der Frauen ist es zu danken, daß die Männer schließlich überhaupt den Mut gefunden haben, über ihre Sexualität zu reden. Die Frauen haben erst ihre scheinbare Unterlegenheit dargeboten. Sie konnten damit anfangen, ihr Leiden auszudrücken. Sie zeigten sich schwach. Durch diese vorausgeschickte Demutsgeste der Frauen fühlten sich die Männer am Ende sicher genug, etwas vom eigenen Leiden zu zeigen. Und nun ergibt sich nachträglich ein ganz anderer Eindruck über das Kräfteverhältnis: die Frauen erscheinen als die mutigen und stärkeren, die das Thema offen ansprechen können, während die Männer viel mehr Angst haben und sich von den Frauen führen lassen müssen. Immerhin, im Schlepptau der Frauen helfen sie, das eigentliche Problem sichtbar zu machen: weil sie sich, getreu der herkömmlichen Männlichkeits-Ideologie, den Frauen partout überlegen fühlen wollen, übernehmen sie sich und sind potenzunsicher – während die Frauen insgeheim gegen den männlichen Überlegenheitsanspruch rebellieren und deshalb unwillkürlich frigide bleiben, als Ausdruck ihres unbewußten Protests.«[265]

In diesem Beispiel wird ganz deutlich, was von den Befürworterinnen getrenntgeschlechtlicher Emanzipationsgruppen so sehr unterschätzt wird: die Wirksamkeit des weiblichen Vorbildes auf das männliche Verhalten. Die Männer bekommen richtiggehend demonstriert, welche Vorteile es heute hat, sich und seine Gefühle nicht verstecken zu müssen, dem anderen zuzuhören, sich aussprechen zu dürfen, sich helfen zu lassen, nicht dauernd Überlegenheitssignale senden zu müssen. Diese Männer erleben hier – vielleicht als Vorläufer eines großen Umorientierungsprozesses – zum ersten Mal bewußt die »weiblichen Schwächen« als Stärken. Was sich hier im kleinen Kreis abspielt, muß in den nächsten Jahrzehnten im übertragenen Sinne in unserer Gesellschaft auch im großen ablaufen: die Neuorientierung auch an »weiblicheren« Leitbildern. In Lesebuchtexten, Fernsehfilmen oder Reports des

Tagesjournalismus werden positive weibliche Vorbilder den Jungen auf der Schulbank und dem Mann an Schreibtisch und Fließband Nutzen und Vorteile der Erweiterung der engen, traditionellen Männerrolle direkt vor Augen führen und attraktiver machen – so wie es die Frauen in den Richterschen Kleingruppen ihren Männern gezeigt haben.

Die Männer müssen die Grenzen ihres »überkompensatorischen Aktivitätskomplexes« erkennen, wie Richter schreibt, und auf die Möglichkeiten der Frau richtig »neidisch« werden. Dann werden sie »mit den Frauen darin wetteifern wollen, im Haus und im Umgang mit den Kindern möglichst viel von einem Klima der Intimität, der Geborgenheit und nicht entfremdeter Kontakte zu profitieren«.[266]

Am schnellsten werden gemischt geschlechtliche Gruppen an sich erfolgreich arbeiten können, wenn – wie in den Richterschen Kleingruppen – Psychologen, Familientherapeuten oder auf dem Gebiet des Kommunikationstrainings ausgebildete Gruppenleiter der Gruppe über Anfangsschwierigkeiten hinweghelfen. (Vielleicht gelingt es Ihnen, über das Psychologische Institut einer Universität, über familientherapeutische Einrichtungen Ihrer Stadt oder über eines der auf Kommunikationstraining spezialisierten Institute[267] einen Trainer vermittelt zu bekommen. Vielleicht auch hilft Ihnen ein Ferien- oder Wochenendseminar, den Anfang zu finden.)

Sicher aber ist auf der anderen Seite die Zahl derer, die einen Abbau herkömmlicher Rollenverteilung drängend anstreben, viel zu groß, als daß sie alle ihre Bereitschaft so lange zurückstellen könnten, bis sich endlich ein Fachmann für sie findet. Es hilft nichts: Auch wenn viele Fehler gemacht werden, müssen Männer und Frauen sich jetzt zusammensetzen, um ihre Emanzipation gemeinsam in die Hand zu nehmen. (Auch hier sei noch einmal auf die vorhandene praktische Literatur für das Kommunikationstraining »zum Selbermachen« verwiesen – eine Krücke zwar, aber eine hilfreiche.)[268]

*Umdenken*

In den vergangenen Jahrhunderten, Jahrtausenden, Jahrhunderttausenden zahlte es sich für uns Männer, unsere Familien, unsere Sippen aus, wenn wir (und unsere Erziehung) alles in uns mobilisierten, was das bedingungslose Durchsetzungsvermögen erhöhte: Aggressivität, Risikobereitschaft, Rangstreben, bedingungslose Loyalität den Zielen der Jägergruppe (der Firma, des Soldatentrupps) gegenüber, Fixierung an ein zu »erjagendes« Objekt ohne Rücksicht auf Verluste.
Ich, der Mann, habe die Bereitschaften dazu in mir und kann sie nicht von heute auf morgen loswerden. Ich bin ihnen aber auch nicht hilflos ausgeliefert wie ein Affenmann:

1. Ich kann mir diese »männlichen«Bereitschaften *bewußt* machen und mich immer wieder fragen, ob sie mir, meiner Familie und meiner Gesellschaft heute noch immer etwas einbringen. Komme ich zur Einsicht, daß sie – bedingungslos eingesetzt – Ende des zweiten Jahrtausends nach Christi mir und anderen eigentlich mehr schaden als nutzen, kann ich versuchen, sie durch meinen Verstand unter Kontrolle zu halten und sie nur noch bedingt und reflektiert einzusetzen. Ich kann das üben und lernen. Wie ich es gelernt habe, daß es vorteilhafter ist, nur 120 km/h als 150 km/h zu fahren. (Auch wenn es manchmal »juckt«, es den anderen zu zeigen. Ich werde damit fertig, weil ich den Vorteil des beherrschten Fahrens einsehe.)
2. Ich habe auch »weiblichere« Bereitschaften in mir, als ich bislang gezeigt habe, hatte bisher nur Scheu, sie zu aktivieren. Ich könnte mich auch mal hingeben, meine Gefühle offenbaren, müßte nicht immer der »Täter« sein, könnte mal die anderen »kommen« lassen, müßte nicht immer das Risiko eingehen, könnte mir statt dessen ruhig meine Angst davor gestehen. Ich kann das alles tun und üben wie neue Sprachen, für die ich auch Lernbereitschaften in mir trage. Ich muß nur wirklich begreifen, daß diese neu aktivierten Verhaltensbereiche mir und den Meinen nützlich sind.

Begreife ich es?
Ich bin dabei, es zu tun. Sogar in der Politik, Wirtschaft und Wissenschaft scheint inzwischen hin und wieder die Erkenntnis aufzuleuchten, daß heute mit Gesprächen, Offenheit, Kompromissen und Risikokalkulationen mehr zu erreichen ist als mit Draufgängertum, einsamen Beschlüssen und forschen Befehlen. Auch für Politiker und Wirtschaftler ist die Welt heute komplexer geworden. Auch sie beginnen (vereinzelt) zu begreifen, daß Feinfühligkeit, Rück-Sicht, Kommunikationsbereitschaft den immer enger werdenden Maschen des Wirkungsnetzes unserer Umwelt oft gerechter werden als der sogenannte »männliche« Zugriff.
Auch in meinem privaten Bereich und für meine Person erkenne ich allmählich die heutigen Grenzen »supermännlichen« und die Vorteile »weiblicheren« Verhaltens. Anders als der Steinzeitjäger erhöhe ich weder als Autofahrer noch als Wirtschaftsmanager noch als Büroangestellter meine Überlebenschance, wenn ich eine größere Aggressivität oder Objektbesessenheit entwickele als mein Widersacher. Im Gegenteil: Ich sterbe wahrscheinlich früher als er an den Folgen eines Autounfalls oder eines Herzinfarkts. Ich kann für mich, meine Gesundheit und mein Wohlbefinden viel mehr erreichen, wenn ich nicht immer den Helden spielen muß.
Ich bemerke auch, daß in dem Maße, wie ich den Supermann zu Hause abbaue, meine Frau Verhaltensweisen entwickelt, die ich ihr früher kaum zugetraut hätte (oder die sie sonst erst als meine Witwe entwickelt hätte): Sie wird selbstbewußter, hilft mir häufiger bei wichtigen Entscheidungen, ist mir weniger »lästig«, sie wird mehr ein Partner, mit dem ich Dinge besprechen kann, die ich sonst nur mit Männern verhandelt habe.
Glauben Sie nicht, meine Herren, daß diese Erkenntnisse, die hier etwas suggestiv in die Ich-Form gesetzt worden sind, für Sie zu spät kommen, um noch etwas bei Ihnen zu verändern. Sicherlich ist es für die meisten männlichen Leser in der Tat zu spät, um eine *wirklich symmetrische* Partnerbeziehung (S. 242 ff.), einschließlich Kinderversorgung, Haushalt und Beruf, zu realisieren: Der

wirtschaftliche Vorsprung des Mannes ist in den meisten Ehen schon zu groß, Gewohnheiten, Denkweisen und Umwelt-Abhängigkeiten zu fixiert, um für die allermeisten Angehörigen der Generationen über dreißig eine symmetrische Ehe noch in Frage kommen zu lassen. Das ist aber kein Grund, nicht wenigstens die bestehenden Verhältnisse *ein wenig symmetrischer* zu gestalten. Kein Vorwand, den Verhaltensspielraum der Geschlechter nicht, so gut es geht, auszudehnen, als Frau Selbstbewußtsein, als Mann Sensibilität und Kommunikationsfähigkeit zu trainieren. Keine Ausrede, nicht als Frau – wenigstens teilweise – außerhalb des Hauses beruflich tätig zu werden, nicht als Mann – wenigstens teilweise – aktiver bei der Kindererziehung und im Haushalt mitzuarbeiten.

### *Partnerübungen*

Es gibt eine Reihe geeigneter Partnerübungen. Zu zweit oder in der Gruppe durchgeführt, erweitern sie die Verhaltensmöglichkeiten beider Geschlechter »zur Mitte hin« und nähern diese so einander an. Gleichzeitig fördern sie die Bereitschaft, den anderen in seiner Verschiedenartigkeit zu akzeptieren. Die Kommunikationspsychologie hat wirkungsvolle Trainingsmethoden entwikkelt, um Interessierten den Durchbruch zu ausgewogeneren Partnerschaften zu erleichtern, als sie sie noch von ihren Eltern vorgelebt bekommen haben. Sie hier aufzuzählen oder auch nur anzudeuten, würde den Rahmen dieses Buches sprengen. Sie bezwecken alle im Prinzip, sich und seine Wirkung auf den Kommunikationspartner besser wahrzunehmen, sich seine Verhaltensmöglichkeiten bewußt zu machen und ihren Spielraum auszunutzen, wenn es der gegenseitigen Verständigung nutzt. Sie schulen das Selbstbewußtsein *und* die Fähigkeit, den Partner zu akzeptieren. Ein paar Übungen[269] als Beispiele:

1. Beide Partner stellen sich voreinander auf. Der eine spielt Sender, der andere Empfänger. Der Sender spricht ein paar Minuten, was ihm in den Sinn kommt. Der Empfänger setzt

sein angesprochenes Interesse/Desinteresse in Bewegung um: Fühlt er Anteilnahme, nähert er sich – fühlt er sich gelangweilt, entfernt er sich. Dann werden die Rollen getauscht.
Im Anschluß bespricht man seine Gefühle und Beobachtungen beim Senden und Empfangen: Welches Kommunikationsverhalten langweilt den Partner, welches zieht ihn an? Usw. Und schließlich überträgt man das Experiment auf seinen Alltag: Gebe ich meinem Partner eigentlich immer so deutlich zu verstehen, wenn er mich langweilt? Achte ich umgekehrt auf seine Interesse-/Desinteresse-Signale?

2. Ein Partner wäscht und massiert dem anderen die Füße. Ruhig, entspannt, mit viel gegenseitigem Feedback. Man versucht dabei, in sich hineinzufühlen: Kann ich geben, kann ich nehmen? Kann ich mich fallenlassen?

3. Beide Partner üben nach festen Regeln (Ich-Botschaften, keine wertenden Du-Aussagen), sich mehr über sich und die Wirkung des anderen auf sich zu sagen. Ein Beispiel: Der eine sagt dem anderen etwa fünf Minuten lang Sätze, die anfangen mit »Ich schätze an dir ...« (keine Zwischenerklärungen, keine Entschuldigungen, keine Zwischenfragen).
Danach kurzer Reaktionstausch über das, was die Partner beim Sprechen und Hören fühlten. Dann die entsprechende Übung mit Sätzen, die beginnen mit »Mich ärgert an dir ...«. Und auch hiernach wieder ein Reaktionsaustausch über die Gefühle wahrend des Experiments.
Als letztes dann wird das Experiment ausgewertet, und man versucht sich klarzumachen, was eigentlich der eigene Ärger über den anderen für einen selbst bedeutet: Stören einen wirklich die Konsequenzen seines Verhaltens – oder ärgere ich mich nur darüber, daß er sich anders verhält als ich? Gebe ich eigentlich oft und deutlich genug ein Feedback davon, wie sein Handeln auf mich wirkt? Reagiere ich auf Rückmeldungen meines Partners – und wenn ja, wie?

4. Man setzt sich gegenüber und versucht, sich in den Partner hineinzuversetzen: Man spricht so, als sei man dieser, und man ahmt auch Körperhaltung und Gesten des anderen nach. Nach

einem etwa 10 Minuten langen Gespräch mit vertauschten Rollen wertet man wieder aus: Was hat der Partner meiner Meinung nach in mir richtig getroffen, wo sieht er mich anders, als ich mich sehe? Was würde es für mich bedeuten, wenn ich für eine gewisse Zeit die Rolle meines Partners zu übernehmen hätte?

5. Man spielt verschiedene, vorher kurz abgesprochene Szenen mit jeweils wechselnden Rollen: als Tyrann, als Märtyrer, als Nörgler, als Verdränger, als Friedensengel usw. Danach wieder Aussprache: Wie habe ich mich gefühlt, was habe ich an dir wahrgenommen?
Durch das freimütig geäußerte Feedback der Partnerin und die Stimmung in der Gruppe motiviert, können Männer durch solche Übungen einen Grad an Einfühlsamkeit, Kommunikationsfähigkeit und Ehrlichkeit (sich selbst und anderen gegenüber) entwickeln, den sie sich vorher niemals zugetraut hätten.

*Vater-Sein*

Trotz aller neuen Möglichkeiten zur Emanzipation des Mannes mit Hilfe von Gruppenarbeit oder Partnerübungen: Die einfachste und schönste Art, seiner männlichen Emanzipation einen Schritt näherzukommen, bleibt der Weg über sein Baby. Nach neueren amerikanischen Untersuchungen ist der berufstätige Mann – durch Verkürzung der Arbeitszeit – heute etwa 26 Wochenstunden während der Wachzeit des Babys zu Hause. Väter der Mittelschicht spielen bereits acht Stunden davon mit ihrem Kind, und Väter fast aller Schichten erleben sich interessierter und verständnisvoller ihrem Kind gegenüber, als sie das von ihren eigenen Vätern meinen.[270]
Das ist ein ermutigender Wandel. Aber dieser Prozeß muß noch weitergehen. Denn bei der Pflege des Kindes übernehmen nur erst sehr wenige Väter (meist nur der Mittelschicht) einen festen Anteil. An eine regelrechte Teilung der Pflege und Erziehungsarbeit allerdings denkt kaum einer.

Die Forschung der letzten Jahre hat – für viele überraschend – festgestellt, wie positiv es sich auf das Kind auswirkt, wenn der Vater mehr in die Pflege des Babys mit einbezogen wird. An dieser Stelle aber ist für uns die Rückwirkung des Babys auf den Vater noch wichtiger: Je intensiver und je früher Väter mit ihren Kindern Kontakt haben (möglichst schon vom Moment der Geburt an), desto ansprechbarer werden sie durch das »Baby-Schema«: von ihren positiven Gefühlen dem Kind gegenüber bis hin zum Pupillenreflex. Wir können ergänzen: Je ausgiebiger der weitere Pflege- und Zuwendungskontakt zwischen Vater und Kind ist, desto stärker *erlebt der Vater etwas, was bislang nur Frauen vorbehalten war* und »ihr Wesen« mitgeprägt hat:

- die Lust, zu besänftigen, Kummer und Triebe zu stillen, »Frieden« zu stiften, zu versorgen;
- den Drang zu kommunizieren: im liebevoll-sinnlosen Pflege- (= »Putz«-)Gespräch (S. 174), im Streicheln, im Wiegen, im »Kontakt-haben-Wollen«;
- das Hineinhören und -fühlen in das kleine Menschlein und das Warten auf Antwort und Feedback;
- die Empfängnisfähigkeit für all die vielen versteckten Signale des Babys;
- die Freude, in seinen eigenen Reaktionen und Signalen vom Baby »verstanden« zu werden;
- die innere Anteilnahme an der Entwicklung eines anderen Menschen;
- das Entstehen einer tiefen Bindung, die in ihrer Absolutheit alles andere unwichtiger erscheinen läßt.

Es gibt einfach keine bessere und wirksamere Methode für den Mann, »weiblichere« Verhaltensmöglichkeiten in sich zu befreien und so sein Verhaltensrepertoire um »weibliche Stärken« zu erweitern, als sich selbst so stark in die Erziehung seiner Kinder zu integrieren, wie es ihm nur immer möglich ist. Und das gar nicht nur deswegen, um seiner Frau »zu helfen«, sondern um sich selbst einen Gefallen zu tun und um hinterher *mehr zu können* als vorher. Der Mann kann dadurch seinen Rückstand der Frau gegenüber in den folgenden Bereichen in einem beachtlichen

Maße wieder aufholen: Kommunikationsverhalten, Umgang mit eigenen und fremden Gefühlen, Sensibilität, Bindungsfähigkeit, Ansprechbarkeit durch Kinder allgemein. Wahrscheinlich – das ist eine wohlbegründete Vermutung – lernt der Mann auch durch den intensiven Kontakt mit Babys und Kindern, eigene Aggressionen besser zu meistern und unabhängiger von den Gruppenzwängen seiner »Jägerhorde« zu werden.

## Wir – die Partner

### *Symmetrische Partnerschaft*

Aus einer längere Zeit bestehenden Partnerschaft (mit herkömmlicher Aufgabenteilung) heraus zu einem wirklich symmetrischen Verhältnis zu finden, ist wohl nur als Ausnahme möglich. Alles, was solche Paare bei gutem Willen »nur« erreichen können, ist eine möglichst weitgehende Annäherung an das Ideal. Aber das ist schon sehr viel.

Doch Männer und Frauen, die noch/wieder ungebunden sind und vor einer neuen Partnerschaft stehen, können eine symmetrische Beziehung eingehen. Es wird sich dabei vorwiegend um jüngere Leute handeln, denen das alte Rollenschema zu eng geworden ist, oder um Menschen, die bereits eine traditionelle Partnerschaft hinter sich haben und in ihr die Unzulänglichkeit der traditionellen Aufgabenteilung erkannt haben; um selbstbewußtere Frauen also und Männer, die bereit (geworden) sind, ihre Verhaltensmöglichkeiten auch in ihren »weiblicheren« Bereichen zu aktivieren und einzusetzen. Solche in ihrer Emanzipation »Fortgeschrittene« haben die große Chance, eine Partnerschaft zu realisieren, die beiden Partnern und den Kindern gleich gerecht wird: die symmetrische Partnerschaft.

Was hier im folgenden beschrieben wird, ist kein theoretisches Zukunftsmodell, das sich nur schön anhört, aber in der Praxis nicht funktioniert. Es handelt sich um eine heute bereits von vielen verwirklichte Lebensform, über die schon die ersten positi-

ven Forschungsergebnisse vorliegen:
»Eine Untersuchung mit Paaren, die es sich zum Ziel gemacht haben, sowohl Kinderbetreuungs- und Haushalts-, als auch Berufspflichten gemeinsam wahrzunehmen, läßt keine Schwierigkeiten von Vätern bei der Betreuung der Kinder ablesen, im Gegenteil: Väter betrachten die für den Kontakt mit dem Kind zur Verfügung stehende Zeit als Chance, bessere Beziehungen zu ihren Kindern aufzubauen.«[271]
Voraussetzung für eine solche Partnerschaft ist die Entschlossenheit, Pflichten und Entfaltungsmöglichkeiten drinnen und draußen *von Anfang an* gleich aufzuteilen und dieses System auch beizubehalten, wenn sich Kinder einstellen und wenn die Karrierechancen des einen (meist des Mannes) dadurch eingeschränkt scheinen.
Solange keine Kinder da sind, ist diese Partnerschaftsform noch verhältnismäßig (!) einfach zu realisieren: Beide Partner sind voll in ihrem Beruf tätig und teilen sich den Haushalt (möglichst nach genauen, wenn auch flexiblen Abmachungen, z. B.: Prinzip des umschichtigen Wechsels der anfallenden Arbeiten). »Haushalt« ist heute so einfach geworden, daß man ihn zu zweit gut neben seinem Beruf schaffen kann. Alleinstehende können das auch.
Die Probleme beginnen eigentlich erst, wenn ein Kind kommt. Für Arbeitnehmer des öffentlichen Dienstes (und das sind bei uns sehr viele) und Freiberufliche sind sie aber heute oft lösbar. Entweder beide Partner beantragen eine »halbe Stelle«. Es gibt solche günstigen Kombinationsmöglichkeiten (er: vormittags eine halbe Lehrerstelle, sie: nachmittags im Finanzamt; sie: vormittags in einem Architekturbüro, er: nachmittags am Postschalter usw.). Oder beide machen nacheinander von der Möglichkeit des öffentlichen Dienstes Gebrauch, sich bei Wegfall der Dienstbezüge, aber bei Aufrechterhaltung des Anspruchs auf den Arbeitsplatz, beurlauben zu lassen. Solange man Kinder unter 16 Jahren hat, ist heute eine Beurlaubung bis zu sechs Jahren möglich. Es spricht für aufgeklärte Partner nichts dagegen, sich diese Zeit zu teilen. Sie übernimmt für zwei bis drei Jahre die Hauptrolle bei der Ernährungsarbeit, er bleibt nach Möglichkeit betei-

ligt (26 Wachstunden des Babys pro Woche!), ist aber draußen vollberuflich tätig. Dann geht sie nach »draußen«, und er übernimmt die Hauptarbeit zu Hause. Es spricht auch nichts gegen die umgekehrte Reihenfolge.

Natürlich wird er (oder sie) auf diese Weise zwei oder drei Jahre »verspätet« Oberstudienrat oder Obersekretär – aber wie unwesentlich ist das doch im Vergleich zu dem, was man allgemeinhin der Frau zumutet: nach 15 oder 20 Jahren Haushalt wieder »Anschluß« an ihren Beruf zu finden (was kaum möglich ist), auf eine unqualifizierte Tätigkeit umzusteigen oder ihr Leben lang für den Ehemann Küchen- und Putzdienste zu leisten, auch wenn die Kinder schon groß sind.

Für Arbeitnehmer in Industrie und Wirtschaft ist dieses Modell heute wesentlich schwieriger oder gar nicht zu verwirklichen. Hier müssen wir den chauvinistischen Männergewerkschaften tüchtig Dampf machen, daß sie außer ihren Lohn- und Freizeitforderungen, die in erster Linie den Männern zugute kommen, endlich auch die Forderung nach dem (unbezahlten) längeren Mutter- und Vaterurlaub in ihr Programm aufnehmen.

Gegenüber der *alten* Aufgabenteilung hat die symmetrische Partnerschaft den Vorzug, unter den gewandelten Bedingungen unserer zivilisierten Umwelt die Entfaltungschancen für beide Partner gleich und gerecht zu verteilen. Gegenüber anderen *neuen* Modellen (kollektive Wohnformen, Tagesmütter) hat die symmetrische Partnerschaft den Vorteil, auch den Bedürfnissen des Kindes voll gerecht zu werden: Es gibt nicht zu viele wechselnde Pflegepersonen, sondern zwei feste Bezugspersonen, und das Kind hat eine konstante Umgebung, sein Zuhause. Es ließe sich zeigen, daß die Beteiligung des Vaters an der Babypflege darüber hinaus auch auf das Kind sehr positive Rückwirkungen hat: Die Kinder überwinden schneller die Trennungsangst, »fremdeln« kürzer und schwächer, passen sich schneller an und sind eher in der Lage, unbekannte Menschen in ihr Bezugssystem aufzunehmen.[272]

Die wichtigste Auswirkung der symmetrischen Partnerschaft auf das heranwachsende Kind aber liegt in der unproblematischer werdenden Geschlechtsidentifikation des männlichen Kindes.

Wir haben vorne (S. 97) gesehen, daß viele männliche Probleme in der Einstellung zu seinem und dem anderen Geschlecht mit darauf zurückzuführen sind, daß der Junge (anders als das Mädchen) im allgemeinen mit dem Erlebnis fertig werden muß, daß seine Bezugsperson, seine Mutter, nicht in allen Bereichen (eben im Geschlechtsbereich) »anders« ist als er. Er muß sich in diesem Teilgebiet von der Mutter »lösen« und sich hierin an einer anderen Identifikationsfigur (meistens der Vater) neu orientieren. Dieser Prozeß ist schmerzhaft und sehr störanfällig: Die Lösung von der Mutter gelingt nicht immer; Macho oder Muttersöhnchen oder Homosexueller können so vorprogrammiert werden.
Anders, wenn der Vater von Anfang an mit der Mutter zusammen als Bezugsperson und Identifikationsmodell zur Verfügung steht. Es ist zu erwarten, daß Jungen aus symmetrischen Partnerschaften weniger Störungen des genannten Typs entwickeln, weil ihnen hier – wie vordem nur den Mädchen – das »Abstandnehmen« von der Hauptbezugsperson erspart bleibt oder doch entscheidend leichter gemacht wird.
Die symmetrische Partnerschaft vereinigt so viele Vorzüge in sich, daß sie - bei weiter voranschreitender Emanzipation – als einziges Modell einer Partnerschaft zwischen Mann und Frau langfristig Überlebenschancen hat. Jedenfalls für die, die dann überhaupt noch bereit sind, sich längere Zeit an einen anderen Menschen zu binden und mit ihm Kinder aufzuziehen.

*Sexuelle Partnerschaft*

Eigentlich sollte man meinen, daß eine symmetrische Partnerschaft zwischen Mann und Frau in der Sexualität viel leichter zu realisieren sei als im ökonomischen Bereich. Bedarf es hierfür doch keiner Unterstützung durch Gewerkschaften, Arbeitgeber und Gesellschaft. Um so erstaunlicher ist es, wie viele Schwierigkeiten und Mißverständnisse zwischen den Geschlechtern es – trotz aller Aufklärung und Liberalisierung – im Bett immer noch gibt.

Andererseits haben diese Schwierigkeiten heute nun nicht etwa zugenommen. Sie werden nur offener besprochen. Eher als ihre Großmutter vor 60 Jahren macht heute die Enkelin ihrer Enttäuschung und ihrem Unmut vernehmlich Luft, wenn ihr männlicher Partner ein paar wild-rammelnde Beckenstöße mit dem verwechselt , was sie unter körperlicher Liebe versteht. Doch aus der gestiegenen Bereitschaft der Frau, dem Mann ein deutlicheres, unter Umständen vernichtendes Feedback seiner sexuellen Wirkung auf sie zu geben, darf man nun nicht gleich das Ende der Heterosexualität prophezeien, nach dem von manchen Feministinnen vertretenen Motto: Nur Homosexuelle und Lesben können ein befriedigendes Geschlechtsleben führen, weil sie die Bedürfnisse und Möglichkeiten des jeweils eigenen Geschlechts am besten kennen. Im Gegenteil: die Geschlechter haben – in diesem Ausmaß zum ersten Mal in der Geschichte – durch die Enttabuisierung der Sexualität die große Chance, voneinander zu lernen und Möglichkeiten ihres Sexualverhaltens in Bereichen zu aktivieren, die vorher von Rollenschemata verdeckt waren. Ein orientalischer Pascha, der seine Haremsdamen reihum »gebraucht«, ohne auf deren Bedürfnisse zu achten, hat keinen Anlaß und keine Möglichkeit, aus seinem starren Schema eines gewissen verengt-männlichen Verhaltens herauszukommen. Das aber kann ein Büroangestellter in Hamburg, Stockholm oder New York, dessen selbstbewußte Partnerin ihm mit einem »So-nicht-mein-Lieber!« die gelbe oder gar die rote Karte zeigt.

Und wirklich, die Geschlechter nutzen diese Chance. Die Untersuchungen der jüngsten Zeit belegen ganz eindeutig, daß viele Männer ihre Rolle im Bett zum »weiblichen« Pol hin erweitern, daß sie sensibler und hingabebereiter werden, daß sie nicht immer der »Täter« sein müssen, daß Zärtlichkeit bei ihnen einen höheren Stellenwert einnimmt als bei ihren Vätern, daß auch sie anfangen, Sexualität als Kommunikation mit *zwei* Sendern und *zwei* Empfängern zu begreifen, und daß die Befriedigung ihrer Partnerin auch ihre eigene Befriedigung erhöht.[273] Entsprechend nutzen Frauen ihre Möglichkeiten auch mehr in ihrem »männlichen« Bereich. Sie ergreifen häufiger die Initiative, sind aktiver gewor-

den, sagen selbstbewußter, was sie und wie sie es möchten.
Solche wünschenswerten Annäherungen der Verhaltensweisen auch im sexuellen Bereich scheinen sich vor allem bei jüngeren Leuten und bei Menschen mit einem höheren Bildungsgrad anzubahnen. Denn Umweltveränderungen greifen bei noch flexibleren Jüngeren natürlich schneller als bei den Älteren, deren Anpassungsfähigkeit durch eingefahrene Gewohnheiten schwerfälliger geworden ist. Ähnliches läßt sich von dem Gegensatzpaar »niedriger Bildungsgrad – hoher Bildungsgrad« sagen: Je mehr *gelernt* worden ist, je größer die Einflußmöglichkeit der Neuen Großhirnrinde auf die starren Programme der tieferen Hirnschichten wird, um so anpassungsfähiger und flexibler ist der Mensch *innerhalb seiner Dispositionsgrenzen.*
Diese letzten drei Worte sind besonders wichtig, um – je nach Standpunkt – utopische Hoffnungen oder grundlose Ängste zu zerstreuen: Auch bei optimaler Annäherung der Verhaltensweisen der Geschlechter im Sexualbereich wird diese nie so weit gehen, daß sie identisch werden. Dazu haben die angelegten Verhaltensspielräume, wenn auch in weiten Mittelbereichen überlappend, doch zu deutlich verschiedene Schwerpunkte. »Annäherung: ja – Abschaffung jeden Unterschieds: nein«, das ist keine ideologische Forderung, sondern eine nüchterne Bestandsaufnahme soziobiologischer Möglichkeiten und Notwendigkeiten. Um die Sensorik, Motorik, Triebstärke, Phantasietätigkeit, Orgasmusmechanismen der männlichen und weiblichen Sexualität in einer Art neutraler Legierung völlig zu verschmelzen, bedürfte es allerschwerster sozialer und medizinischer Manipulation am Heranwachsenden bis hin zu Hormonbehandlungen des Ungeborenen, um seine Vorprogrammierung tieferer Gehirnschichten des limbischen und Zwischenhirnbereichs zu beeinflussen. Eine solche Menschenformung erscheint heute unnötig, sinnlos, absurd. (Wie diese Möglichkeit allerdings im Jahre 2500 beurteilt wird, wissen wir nicht.)
Zugegeben: Auch bei einem emanzipierten heterosexuellen Paar mit angenäherten Verhaltensweisen werden die »biologisch« fundierten Differenzen noch immer für größere Spannungen und

Unterschiede im Bereich der Sexualität sorgen, als sie normalerweise zwischen homosexuellen Partnern bestehen. *Aber:* Spannung ist nicht nur Quelle von Konflikten (natürlich ist sie das auch). Spannung ist doch ebenso die Grundlage jeder lustvoll erlebten *Ent*spannung und damit auch die Quelle von Glück und Befriedigung.

Notwendige Voraussetzung allerdings ist die Fähigkeit, solche Spannungen auszuhalten. Heterosexuelle, die das können, haben zwar keine Veranlassung, über Homosexuelle, die dazu nicht in der Lage sind, die Nase zu rümpfen. Denn ihre Fähigkeit, Spannungen zwischen zwei verschiedenen Polen als lustvoll und befriedigend erleben zu können, ist den Heterosexuellen ohne eigenes Zutun und Verdienst in ihrer Klein-Kindzeit angeprägt worden. Andererseits sollten nun aber die Homosexuellen den Heterosexuellen nicht einreden wollen, deren Vermögen, die Andersartigkeit des anderen Geschlechts als »reizvoll« und beglückend zu empfinden und zu brauchen, sei eine verachtenswerte Schwäche, die man überwinden müsse, um frei zu sein.

Und so gehört zu einer symmetrischen heterosexuellen Partnerschaft außer der Bereitschaft, sich dem Partner soweit wie möglich zu *nähern*, auch die Akzeptierung seines *Anders-Seins*. Partner, die sich klargemacht haben, daß es Bereiche gibt, in denen sie verschieden empfinden, reagieren, handeln, können endlich aufhören, sich oder den anderen dauernd zu bedrängen, so zu sein, wie man es selber für sich als »richtig« empfindet. Man kann sich auf der Basis der akzeptierten Verschiedenartigkeit gegenseitig »Geschenke« machen, Kompromisse finden – und die Vorwürfe und Pressionen gegeneinander beenden.

Konkret: Ein Mann braucht seiner Frau nicht gleich Triebschwäche, Frigidität oder gar gegen ihn gerichtete Feindseligkeit vorzuwerfen, wenn sie nicht so oft »Lust hat« wie er. Umgekehrt braucht sie nicht zu glauben, sie sei mit einem geilen Bock verheiratet, wenn er öfter »will« als sie. Männer »wollen« eben aus vielen Gründen öfter als Frauen, daran scheint man über ein gewisses Maß hinaus nichts ändern zu können. Das ist die Sachlage, punktum. Aber: Was machen wir daraus, ohne daß entweder

sie sich dauernd »vergewaltigen« lassen oder er seinen Trieb immer wieder unterdrücken muß?
Außer Scheidung oder der modischen Flucht in eine Scheinhomosexualität gibt es noch eine verblüffend naheliegendere Lösung, die zugleich einfach als auch so anspruchsvoll ist, daß sie nur von emanzipierten oder teilweise emanzipierten Partnern gefunden werden kann: *Kompromisse.*
Die Spannweite möglicher Kompromisse z. B. für das angesprochene Problem liegt zwischen den vielen Möglichkeiten, daß mal er mit einem »Na gut!« verzichtet, mal sie mit einem »Na gut!« ihn sich tummeln läßt, mal er sich selbst befriedigt, mal sie mit Hand anlegt. Es sind viele solcher Kompromisse möglich – wichtig ist nur, daß auf längere Sicht hin die Bedürfnis-Konten beider Partner ausgeglichen bleiben und keiner das seine auf des anderen Kosten überzieht. Solche gemeinsamen Lösungen sind auch in anderen sexuellen Bereichen möglich, in denen trotz gegenseitiger Annäherung noch unterschiedliche Empfindungen und Reaktionen bleiben werden. Etwa, wenn er stärker optisch orientiert bleibt, für sie das taktile Element die große Bedeutung behält. Oder – und das ist ja für viele Feministinnen der Hauptaufhänger – wenn er gern »stößt«, sie aber klitorale Zärtlichkeiten bevorzugt. Es gehört zu den Irrationalismen unserer aufgeklärten Tage, daß über eben diesen Unterschied zwischen männlicher »Penetrationslust« und weiblichem Klitoralbedürfnis dicke Bücher vollgeschrieben werden mußten, ja, daß man (frau) beides zu einem unvereinbaren Gegensatz hochstilisieren konnte, der eigentlich nur noch den Ausweg in die Homosexualität zuläßt. Dabei füllt die mögliche partnerschaftliche Lösung dieser Frage wenige Zeilen:
*Zunächst kommt sie* (manuell, oral, oder wie auch immer – dies ist kein Ratgeber für sexuelle Techniken) *zu ihrem Recht, dann er zu seinem.* Bei etwas Übung und Einfühlungsvermögen kann man sogar Gleichzeitigkeit der Orgasmen erreichen (was aber überhaupt nicht nötig ist). Wichtig ist erstens: Er muß begreifen, daß die Stimulation der Klitoris durch ihn weder ein sozialer Gnadendienst am Schwächeren noch ein »Vorspiel« ist. Es ist dies schlicht

die *eine Hälfte des Aktes.* Und zweitens: Sie darf sich nicht einreden lassen, daß der Mann mit dem Eindringen des erigierten Penis in ihre Scheide irgendeinen Herrschaftsanspruch symbolisch demonstriere und realisiere. (Wie dieses Mißverständnis »erigierter Phallus = Zepter« zustande kommt, haben wir schon auf S. 40 f. gesehen.) Die sogenannte Penetration hat beim normalen Mann nichts mit Machtansprüchen zu tun und ist schlicht die *andere Hälfte des Aktes.* Die beiden »Hälften« bezeichnen nicht unbedingt eine chronologische Reihenfolge. Im allgemeinen aber empfiehlt sich doch, ihrem Orgasmus den »Vortritt« zu lassen. Denn im Gegensatz zu seinem Sexualprogramm hat sie nach ihrem ersten Höhepunkt noch lange ihr Pulver nicht verschossen, sondern verspürt beim nachfolgenden oder fortdauernden Peniseindringen mindestens ein wohliges Gefühl, unter Umständen sogar Folgeorgasmen. Meistens ist daher nach ihrem (ersten) Orgasmus der Penis in der Scheide willkommener als vorher.
In der einen Hälfte »gibt« er mehr und sie »nimmt« mehr, in der anderen Hälfte tauschen sie die Rollen: er »bekommt« und sie »gewährt«: eine Lösung, die sich an Ausgewogenheit und Gerechtigkeit mit jeder homosexuellen Beziehung messen kann und die dennoch mehr Spannung kennt.
Wie wir es schon im Kapitel über »Partnerübungen« gehört haben: auch in der Sexualität sind Feedback und die Bereitschaft, auf Rückmeldungen des anderen zu hören, die Grundbausteine partnerschaftlichen Verhaltens.

## Unsere Kinder: Junge und Mädchen

Wenn Märchen langsam, aber unaufhaltsam ihren alles überstrahlenden Zauberglanz verlieren und immer häufiger an der Wirklichkeit gemessen werden, etwa von einem Alter zwischen acht und zehn Jahren an, beginnen Kinder auch, den Wert ihres Geschlechts bewußt zu erleben. Die Wissenschaft nennt diesen Lebensabschnitt zwischen acht und zwölf nicht ohne Grund die Phase des kritischen Realismus. Das kleine Mädchen hat von

Prinzessinnen und Feen geträumt und mit Hilfe solcher Frauengestalten sein Selbstbewußtsein aufgebaut. Es erkennt allmählich, auf wie schwachen Fundamenten dieses eigentlich steht, wenn es sehen muß, wie die Frauen der realen Umwelt ausschließlich minderbewertete Arbeiten vollbringen dürfen, nicht so viel gelten wie die Männer und dementsprechend ein geringes Selbstwertgefühl entwickelt haben. Und das wirkt prägend und hemmend auf das Selbst- und Leistungsbewußtsein der Heranwachsenden zurück. Darum hängt gerade in dieser Phase viel von Ihrer, der Mutter, Einstellung zu sich selber, Ihrem Wert und Ihrer Leistung ab. Sie können Ihrer Tochter auch dadurch helfen, daß Sie sie möglichst oft mit selbstbewußten, selbstsicheren, erfolgreichen Frauen zusammenbringen, einer Ärztin, einer Direktorin, einer Juristin, einer Lehrerin, einer Technikerin, zum Beispiel. Nutzen Sie gerade in diesem Alter jede sich bietende Gelegenheit, von erfolgreichen Frauen zu sprechen. Drücken Sie Ihre Bewunderung und Hochachtung aus, wann immer Sie von Erfolgen hören, die Frauen im Sport, in der Wissenschaft, in der Politik oder auch »nur« im Alltag vollbracht haben. Benutzen Sie häufiger Ausdrücke wie »*Die* schafft's, *die* kann was!«, »Wurde auch Zeit, daß da mal 'ne Frau ran kam!« usw. Unterschätzen Sie nicht die selbstsuggestive Wirkung solcher immer wiederkehrender Sprachwendungen. Bereits durch die Hebung des Zutrauens Ihrer Tochter zu den Fähigkeiten einer Frau werden Sie mithelfen, daß Depressionen, Ängste, Abhängigkeitsgefühle und Minderwertigkeitsgefühle für sie eine geringere Rolle spielen werden als heute noch für viele Frauen.
Auch den Sohn kann man durch die Befolgung eines einfach zu verstehenden (aber leider nicht ganz so einfach zu realisierenden) Ratschlags vor einem typisch männlichen Symptomkomplex weitgehend bewahren: vor der männlichen Anfälligkeit gegen Störungen in der späteren sexuellen Orientierung. In dem Maße, in dem der Vater von Anfang an stärker als gleichberechtigte Bezugsperson in die Entwicklung des Kindes integriert wird, kann der Junge seine erwachende Sexualität problemloser bewältigen. Darüber hinaus ist es besonders wichtig, das Kind sexuelle

Belange nie als schmutzig oder erniedrigend erleben zu lassen. Wir können so die Jungen vor dem für die Geschlechter-Partnerschaft so schädlichen Macho-Komplex (S. 48) beschützen: Der Junge, und später der Mann, haben es dann nicht mehr nötig, die Frauen in die Gruppe der mutterähnlichen Heiligen (ohne Sexualität) und die der mutterunähnlichen Nutten (auf die er seine Sexualität projizieren darf) aufzuteilen.
Die ersten praktischen Konsequenzen dieses Buches für eine Emanzipation von Junge und Mädchen heißen also:
1. Mehr Selbstbewußtsein für Mädchen als bisher!
2. Weg vom »Hure-Madonnen-Komplex« des Jungen!
Aber das kann nur die Grundlage für die weitere mögliche Annäherung der Geschlechter innerhalb ihrer angelegten Spielraumgrenzen sein.
Für alle Eltern, die bei dieser so nötigen Annäherung von Mann und Frau mithelfen wollen, ist *jeder Sexismus verboten*: Babys und Kleinkinder beider Geschlechter müssen das gleiche Spielzeug angeboten bekommen. Aussprüche wie »Das ist Männersache!«, »Davon verstehen wir Frauen nichts!«, »Mathematik ist nun mal nichts für Mädchen!«, »Ein Mädchen muß anständig sein!« haben in einer emanzipatorischen Erziehung natürlich genausowenig Platz wie der berühmte Junge, der nicht weinen darf, weil er ein Junge sei, oder das Mädchen, das sich nicht schmutzig machen soll, weil es eben ein Mädchen sei. So weit ist die Sache klar.
Was aber beim geschlechtsneutralen Spielzeugangebot noch verhältnismäßig einfach ist – Junge und Mädchen gleich zu behandeln –, das stellt sich beim motorischen, verbalen, taktilen und stimulativen Umgang mit Baby und Kleinkind schon als äußerst diffizil heraus. Wir haben gesehen, daß hier ein komplexes Rückkopplungssystem zwischen Kind und Erzieher dafür sorgt, daß sich beide gegenseitig »erziehen« und sich keiner den Reaktionen des anderen ganz entziehen kann. Wenn männliche Babys im allgemeinen wirklich auf andere Reize positiv reagieren als weibliche und Vater und Mutter damit für jeweils anderes Verhalten belohnen, dann dürfte es so gut wie unmöglich sein, beiden

Geschlechtern gegenüber absolut identische Verhaltensweisen zu entwickeln. Das aber darf doch kein Hinderungsgrund sein, als Erzieher nicht *wenigstens bewußt zu versuchen*, sich den Jungen und Mädchen gezielt und verstärkt in jenen Bereichen zuzuwenden, in denen sie *»Nachhilfe«* zu gebrauchen scheinen, um ihre Möglichkeiten voll zur Entfaltung zu bringen. Es ist unbedingt nötig, mehr als bisher allgemein üblich,

- mit weiblichen Babys und Kleinkindern mehr zu toben und sie motorisch mehr zu »stressen«. Mädchen sind nicht zerbrechlicher als Jungen (eher schon träfe das Gegenteil zu);
- weiblichen Babys und Kleinkindern optische Reize (vom Mobile über dem Bettchen bis zum Luftballon oder bunten, großen Holzperlen an den Gitterstäben) zu bieten und sie beim Pflegen und Herumtragen möglichst ausgiebig optisch zu stimulieren (Gegenstände zeigen und zum Greifen ermutigen);
- mit männlichen Babys und Kleinkindern zu schmusen, sie zu streicheln (dabei eigenes Wohlbehagen ausdrücken!) und besonders auch den Drei-, Vierjährigen gern und häufig in den Arm nehmen;
- mit männlichen Babys und Kleinkindern betont viel zu sprechen, auch und gerade, wenn man das Gefühl hat, die »maul faulen Kerle« antworten überhaupt nicht.

In diesen Bereichen also sind über die angestrebte Geschlechtsneutralität hinaus antisexistische Erziehungshaltungen zu entwickeln. Deren Mittel aber dürfen nur Ermutigung und positive Bekräftigung sein. Denn nur Lob, Zuwendung, Aufmerksamkeit, Belohnungen aller Art sind geeignet, ohne problematische Nebenwirkungen die Verhaltensmöglichkeiten des Jungen in deren weiblicheren Bereichen, die des Mädchens in den männlicheren Bereichen zu aktivieren. Strafreize, Liebesentzug, Repressionen und Sanktionen vertiefen nur den Graben zwischen den Geschlechtern.

Nehmen wir als Beispiel die Aggression: Die männliche Disposition für Aggression ist um so vieles größer, daß auch bei »nur« geschlechtsneutraler Erziehung der Junge und spätere Mann noch immer wesentlich aggressiver sein wird als Mädchen und

Frau. Will man die Geschlechter auf diesem Gebiet noch ähnlicher werden lassen, würden noch intensivere Strafreize gegen männlich aggressive Akte nichts bewirken als eine Steigerung derselben oder die Zerstörung der Ich-Persönlichkeit durch den nötigen Grad der Repression. Ein solcher Erziehungsterror wäre wirklich »wider die Natur«. Wohl aber ist es zu rechtfertigen, die auch beim Mann vorhandenen Dispositionen für Aggressionskontrolle und sozial erwünschteres Verhalten dadurch stärker zu aktivieren, daß man nicht-aggressive, sozial erwünschte Verhaltensweisen wie Kommunikation, Kompromißbereitschaft, Bindungs- und Nähe-Verhalten, verbalen und taktilen Kontakt *besonders positiv* verstärkt durch Zuwendungen aller Art. Dies ist keine Erziehung »wider die Natur«, sondern im Gegenteil ein Befreien allzuleicht verdeckt bleibender, »natürlicher« Anlagen. Damit wird der Junge nicht »kastriert«: Sein Verhaltensspielraum wird in den weiblichen Bereich hinein *erweitert.*

Ähnlich verhält es sich beispielsweise bei der Förderung der räumlichen Vorstellung des Mädchens und des sprachlichen Verständnisses des Jungen. Auch hier wird man, wenn überhaupt, nur über Ermutigung und positive Förderung der entsprechenden »unterentwickelten« Fähigkeiten eine Annäherung der Geschlechter erreichen können, nicht aber mit Druck und Zwang gegen vorhandene Vorteile.

Eine solche antisexistische Erziehung diskutiert unterschiedliche biologische Grundausstattungen der Geschlechter nicht einfach ideologisch fort, sondern geht bewußt von ihnen aus, um Gemeinsamkeiten durch gezielte Förderung im *überlappenden Mittelbereich* der Anlagen zu stärken und die Geschlechter so zueinander zu bringen. Dazu gehört gerade die Erkenntnis, daß die scheinbar gleiche Erziehermaßnahme für beide Geschlechter durchaus etwas Verschiedenes bewirken kann.

Um das noch einmal an einem sehr praktischen Beispiel zu demonstrieren: Aus der unterschiedlich schnellen Reife von Jungen und Mädchen folgt, daß die gleiche Schulanforderung an beide Geschlechter bei Zehn-, Elfjährigen vor allem im schriftlich/mündlich-sprachlichen Bereich für Mädchen im allgemeinen angemessen, für Jungen aber eine Überforderung darstellen kann. Eine sehr weitgehende Konsequenz wäre: Für Jungen ist das Einschulungsalter ½ Jahr heraufzusetzen. Da die Politiker aber nicht so weit gehen werden, sollten wenigstens die Eltern mit der Einschulung von sogenannten »Kann-Kindern« ganz besonders vorsichtig sein, wenn es sich dabei um Jungen handelt.

## Ausblick

Durch die wünschbare geschlechtsneutralere und antisexistische Erziehung *werden die Verhaltensunterschiede zwischen Mann und Frau nicht verschwinden – aber die Geschlechter werden sich einander ähnlicher verhalten, als sie es heute tun.* Dafür gibt es bereits die ersten gesicherten Anzeichen.[274] Und das gesteigerte Selbstbewußtsein des Mädchens und der Frau wird es dann nicht mehr zulassen, die *noch wahrnehmbaren weiblicheren Qualitäten* vieler Frauen (und einiger Männer) zu verachtenswerten Schwächen umzuwerten. Sie werden als *Stärken* begriffen werden und Grundlage für neue, weiblichere Leitbilder der Gesellschaft sein, die diese für ihr Überleben in den nächsten Jahrzehnten unbedingt braucht. Unsere biologischen Grundausstattungen jedenfalls lassen das zu.

# Anmerkungen

1 MONEY, J., & EHRHARDT, A.: Männlich Weiblich. Die Entstehung der Geschlechtsunterschiede, Reinbek b. Hamburg 1975.

2 MÖBIUS, P. J.: Über den physiologischen Schwachsinn des Weibes, Halle $^{8}$1905, Faks., München 1977, S. 29, 34, 36, 41.

3 SCHWARZER, A.: Der ›kleine Unterschied‹ und seine großen Folgen. Frauen über sich – Beginn einer Befreiung, Frankfurt 1977, S. 94, 205, 206.

4 BORNEMAN, E.: Das Patriarchat. Ursprung und Zukunft unseres Gesellschaftssystems, Frankfurt 1975.

5 LAWICK-GOODALL, J.: Wilde Schimpansen. 10 Jahre Verhaltensforschung am Gombe-Strom, Reinbek b. Hamburg 1971, S. 148.

6 Ebd., S. 149.

7 PHOENIX, C. H., GOY, R. W., & YOUNG, W. C.: Sexual behavior: general aspects. In: MARTINI, L., & GANONG, W. F. (Eds.), Neuroendocrinology, Vol. II, New York 1967.

8 TIGER, L., & FOX, R.: Das Herrentier. Steinzeitjäger im Spätkapitalismus, München 1976, S. 51.

9 WICKLER, W.: Stammesgeschichte und Ritualisierung. Zur Entstehung tierischer und menschlicher Verhaltensmuster, München 1975, S. 259.

10 KUMMER, H.: Social Organization of Hamadryas Baboons, Chicago 1968.

11 Referiert nach: DRÖSCHER, V. B.: Sie töten und sie lieben sich. Naturgeschichte sozialen Verhaltens, Hamburg 1974.

12 OMARK, D. R., & EDELMAN, M.: Peer group social interactions from an evolutionary perspective, Philadelphia 1973, zit. nach: MACCOBY, E. E., & JACKLIN, C. N.; The Psychology of Sex Differences, Stanford (Calif.) 1974, S. 553.

13 Studie im Auftrag des SPIEGEL; veröffentlichte Ergebnisse in: Der Spiegel 25–28, 1978.

14 Zitiert nach: PACKARD, V.: Die sexuelle Verwirrung. Der Wandel in den Beziehungen der Geschlechter, Wien, Düsseldorf 1969.

15 The Ladies Book, L. A. GODEY and Company, Philadelphia 1832, zit. nach PACKARD, a.a.O. [Anm. 14].

16 Wie auch die folgenden Angaben nach: PROSS, H.: Die Männer. Eine repräsentative Untersuchung über die Selbstbilder von Männern und ihre Bilder von der Frau, Reinbek b. Hamburg 1978.

17 Ebd., S. 145.

18 SCHWARZER, a.a.O. [Anm. 3], S. 159.

19 PROSS, a.a.O. [Anm. 16], S. 172.

20 Zitate der letzten Absätze aus: Frauenoffensive, in: BELOTTI, E. G.: Was geschieht mit kleinen Mädchen?, München 1971, S. 171; SCHWARZER, a.a.O. [Anm. 3], S. 72, 250; SCHEU, U.: Wir werden nicht als Mädchen geboren – wir werden dazu gemacht. Zur frühkindlichen Erziehung in unserer Gesellschaft, Frankfurt 1977; Der Spiegel 27, 1978, S. 139.

21 SCHWARZER, a.a.O. [Anm. 3], S. 60, 195, 206 bzw. S. 75, 144, 157, 169.

22 In: BELOTTI, a.a.O. [Anm. 20], S. 165.

23 ANDREA, GUIDO, MARCELLO, ROBERTO: Der letzte Mann. Machismus und Feminismus. Die Krise der Rolle des Mannes. 4 Bekenntnisse, Reinbek b. Hamburg 1978.

24 EIBL-EIBESFELDT, I.: Der vorprogrammierte Mensch. Das Ererbte als bestimmender Faktor im menschlichen Verhalten, Wien/München/Zürich 1973; WICKLER, a.a.O. [Anm. 9].

25 SCHWARZER, a.a.O. [Anm. 3], S. 206, 208, 209.

26 Ebd., S. 207.

27 KELLY, J.: Sister love: An exploration of the need for homosexual experience, in: The Family Coordinator, Oktober 1972, S. 473 ff.

28 BUNCH, C., & BROWN, R. M.: What every lesbian should know, 1972, in: emma 3, 1978, S. 21 (Auszüge).

29 emma 3, 1978, S. 17 ff.

30 SCHWARZER, a.a.O. [Anm. 3], S. 211.

31 PROSS, a.a.O. [Anm. 16], S. 129.

32 PIETROPINTO, A., & SIMENAUER, J.: Abschied vom Mythos Mann. Report über das männliche Sexualverhalten, Frankfurt 1978.

33 ANDREA, GUIDO, MARCELLO, ROBERTO, a.a.O. [Anm. 23], S. 101 f.

34 PIETROPINTO, a.a.O. [Anm. 32], S. 167, S. 43 f.

35 SCHEU, a.a.O. [Anm. 20], S. 13.

36 SCHWARZER, a.a.O. [Anm. 3], S. 62.

37 Ebd., S. 193.

38 MONEY, a.a.O. [Anm. 1], S. 121 f.

39 VOGEL, C.; Geschlechtstypisches Verhalten bei nichtmenschlichen Primaten, Vortrag 21.9.77, zit. nach: ALLEMANN-TSCHOPP, A.; Geschlechterrollen, Bern/Stuttgart/Wien 1979, S. 48.

40 Belege gesammelt bei MACCOBY, a.a.O. [Anm. 12], S. 20 ff.

41 MOSS, H. A.: Sex, Age, State as Determinants of Mother-Infant Interaction, in: DANZIGER, K.: Readings in child socialization, New York 1973, S. 285 ff.

42 Hierzu: MORRIS, D.: Der nackte Affe, München/Zürich 1968; MONEY, a.a.O. [Anm. 1], S. 217, 239; MACCOBY, a.a.O. [Anm. 12], S. 19 f.

43 MERZ, F.: Lehrbuch der Differentiellen Psychologie, Bd. III, Geschlechterunterschiede und ihre Entwicklung, Göttingen/Toronto/Zürich 1979.

44 Belege bei: MACCOBY, a.a.O. [Anm. 12], S. 24 ff.

45 Ebd., S. 38.

46 ANASTASI, A.: Differential psychology, New York 1958.

47 GOLDBERG, S., & LEWIS, M.: Play behavior in the year-old infant: early sex differences, in: Child Development 40, 1969, S. 21 ff.

48 JACKLIN, C. N., et al.: Barrier behavior and toy preference: sex differences in the year-old child, in: Child Development 44, 1973, S. 196 ff.

49 BRONSON, W. C.: Exploratory behavior of 15-month-old infants in a novel situation, 1971, zit. nach: MACCOBY, a.a.O. [Anm. 12], S. 419f.
50 Zahlreiche Belege hierfür und für das folgende bei: MACCOBY, a.a.O. [Anm. 12], S. 280ff.
51 ERIKSON, E.: Kind und Gesellschaft, Stuttgart 1965.
52 MACCOBY, E., & JACKLIN, C. N.: Geschlechtsunterschiede, in: Psychologie heute, April 1975.
53 HALVERSON, C. F., & WALDROP, M. F.: The relations of mechanically recorded activity level to varieties of preschool play behavior, in: Child Development 44, 1973, S. 678ff.
54 Belege bei MACCOBY, a.a.O. [Anm. 12], S. 147; für das folgende: ebd., S. 207f.
55 SLOVIC, P.: Risk-taking in children: age and sex differences, in: Child Development 37, 1966, S. 169ff.
56 DANNHAUER, H.: Geschlecht und Persönlichkeit, Berlin 1973, zit. nach: ALLEMANN-TSCHOPP, a.a.O. [Anm. 39], S. 61.
57 SZAL, J. A.: Sex differences in the cooperative and competitive behaviors of nursery school children, Stanford University 1972, nach: MACCOBY, a.a.O. [Anm. 12], S. 248.
58 RUBLE, D. N.: Social comparison between young children in achievement situations, in: Developm. Psych. 12, 1976, S. 192ff.
59 DWECK, C. S., & BUSH, E. S.: Sex differences in learned helplessness: I. Differential debilitation with peer and adult evaluators, in: Developm. Psych. 12, 1976, S. 147f.
60 MARTIN, J. C.: Univers. Calif., 1973, zit. nach: MACCOBY, a.a.O. [Anm. 12], S. 141.
61 MACCOBY, a.a.O. [Anm. 12], S. 254.
62 OMARK, D. R., et al.: Dominance hierarchies in young children, Chicago 1973, zit. nach: MACCOBY, a.a.O. [Anm. 12], S. 256ff.
63 Allein MACCOBY, a.a.O. [Anm. 12], führt an die 100 Untersuchungen an.
64 BIERHOFF-ALFERMANN, D.: Psychologie der Geschlechtsunterschiede, Köln 1977.
65 MACCOBY, a.a.O. [Anm. 12], S. 228; vgl. Anmerkungen zu Beobachtungen Margaret MEADS auf S. 119 dieses Buches.
66 MERZ, a.a.O. [Anm. 43], S. 155.
67 BOGO, N., et al.: Ego defenses and perceptual styles, in: Perceptual and Motor Skills 30, 1970, S. 599ff.
68 STERN 25, 1978.
69 Repräsentative Stichprobe des Verkehrszentralregisters, veröffentlicht durch die Kraftfahrervereinigung Deutscher Beamter (KVDB), Bad Windsheim 1978.
70 MACCOBY, a.a.O. [Anm. 12], S. 229ff.; hier auch Belege für das folgende.
71 GUILFORD, J. P.: The nature of human intelligence, New York 1967.
72 »Genauso gut«: MACCOBY, a.a.O. [Anm. 12]; »besser«: BUFFERY, A. W. H., & GRAY, J. A.: Sex Differences in the Development of Spatial and Linguistic Skills, in: Gender Differences, hrsg. von OUNSTED, C., & TAYLOR, D. C., Edinburgh/London 1972.
73 WALBERG, H. J.: Physics, femininity, and creativity, in: Developmental

Psychology 1, 1969, 47–54.
74 Belege – auch für das folgende – bei MACCOBY, a.a.O. [Anm. 12], S. 76ff.
75 Ebd., S. 93ff.
76 GOODENOUGH PITCHER, E.: Male and female, in: Atlantic Monthly 3, 1963.
77 MACCOBY, a.a.O. [Anm. 12], S. 59.
78 Ebd., S. 59 u. 60.
79 WITRYOL, S. L., & KAESS, W. A.: Sex differences in social memory tasks, in: J. Abnormal and Social Psychology 54, 1957, S. 343ff.
80 MACCOBY, a.a.O. [Anm. 12], S. 214.
81 Ebd., S. 201ff.
82 Ebd., S. 207.
83 Ebd., S. 207.
84 BAKER-MILLER, J.; Die Stärke weiblicher Schwächen, Frankfurt 1977.
85 MACCOBY, a.a.O. [Anm. 12], S. 210.
86 ZUNICH, M.: Childrens' reactions to failure, in: J. Genetic Psychology 104, 1964, S. 19ff.
87 HOFFMAN, M. L.: Sex differences in empathy and related behaviors, in: Psychol. Bull. 84, 1977, S. 712ff.
88 Belege bei: MACCOBY, a.a.O. [Anm. 12], S. 222f., 247ff., 211f., 159, 259.
89 BAKER-MILLER, a.a.O. [Anm. 84], S. 127.
90 PIETROPINTO, a.a.O. [Anm. 32], S. 209, Tab. 8.
91 EICHNER, K., & HABERMEHL, W.: Der RALF-Report. Das Sexualverhalten der Deutschen, Hamburg 1978, S. 161–170 (zit. RALF); Der Spiegel 26, 1978, S. 78.
92 HITE, S.: Hite-Report. Das sexuelle Erleben der Frau, München 1977.
93 PIETROPINTO, a.a.O. [Anm. 32], S. 118.
94 RICHTER, in: ZEIT-Magazin 48, 1977.
95 PIETROPINTO, a.a.O. [Anm. 32], S. 268f.
96 RALF [Anm. 91], S. 104.
97 RICHTER (1977), a.a.O. [Anm. 94].
98 Umfrage des STERN, veröffentlicht in: STERN 23, 1978; vgl. KINSEY, A. C., et al.: Das sexuelle Verhalten des Mannes, Frankfurt 1964; vgl. KINSEY, A. C., et al.: Das sexuelle Verhalten der Frau, Köln 1963; PACKARD, a.a.O. [Anm. 14].
99 PIETROPINTO, a.a.O. [Anm. 32], S. 41.
100 RALF [Anm. 91], S. 62, 207.
101 PIETROPINTO, a.a.O. [Anm. 32], S. 266; vgl. HITE, a.a.O. [Anm. 92]; KINSEY, a.a.O. [Anm. 98]; RALF-Rep. [Anm. 91]. Der RALF-Report kommt für die Zahl der Frauen mit Orgasmen zu höheren Ergebnissen, zu 69 %. Die Zahl ergibt sich daraus, daß er nicht zwischen »gelegentlichem« und »regelmäßigem« Orgasmus unterscheidet.
102 RALF [Anm. 91], S. 102, 244.
103 PIETROPINTO, a.a.O. [Anm. 32], S. 473.
104 STERN 23, 1978; PIETROPINTO, a.a.O. [Anm. 32], S. 420; RALF [Anm. 91], S. 78.
105 STERN 23, 1978; vgl. hierzu ähnliche Aussagen des RALF-Reports, a.a.O. [Anm. 91].

106 Belege bei MACCOBY, a.a.O. [Anm. 12], S. 151.
107 BIERHOFF-ALFERMANN, a.a.O. [Anm. 64], S. 98.
108 Belege bei MACCOBY, a.a.O. [Anm 12], S. 139.
109 VEROFF, J., et al.: The achievement motive in high school and college age women, in: J. Abnormal and Social Psychology 48, 1953, S. 108 ff.
110 Belege bei MACCOBY, a.a.O. [Anm. 12], S. 147.
111 RUBLE, a.a.O. [Anm. 58]; DWECK, C. S., & BUSH, E. S.: Sex differences in learned helplessness: I. Differential debilitation with peer evaluators, in: Merrill-Palmer Quarterly 22, 1976, S. 105 ff.
112 HEINRICH, P.: Zur Sozialpsychologie der Geschlechterpräferenzen, Meisenheim am Glan 1974
113 Belege bei MACCOBY, a.a.O. [Anm. 12], S. 153 ff.
114 Ebd., S. 254.
115 MONAHAN, L., et al.: Intrapsychic versus cultural explanations of the ›fear of success‹ motive, in: J. Personality and Social Psychology 29, 1974, S. 60 ff.
116 Statistiken bei GOLDBERG, H.: Der verunsicherte Mann. Wege zu einer neuen Identität aus psychotherapeutischer Sicht, Düsseldorf, Köln 1977.
117 RICHTER, H.-E.: Lernziel Solidarität, Reinbek b. Hamburg 1974; GOLDBERG, H., a.a.O. [Anm. 116].
118 RICHTER (1974), a.a.O. [Anm. 117].
119 Ebd., S. 43.
120 Ebd., S. 38.
121 Ebd., S. 45.
122 MACCOBY, a.a.O. [Anm. 12], S. 186 f.
123 Ebd., S. 183.
124 CHESLER, Ph.: Men drive women crazy, in: Psychology today 5, H. 2, 1971.
125 GROVE, W. R.: The relationship between sex roles, marital status and mental illness, in: Social Forces 9, 1972, S. 34 ff.
126 RICHTER (1974), a.a.O. [Anm. 117], S. 36.
127 BAKER-MILLER, a.a.O. [Anm. 84], S. 123.
128 KINSEY, 1963, a.a.O. [Anm. 98]; KINSEY, 1964, a.a.O. [Anm. 98]; GIESE, H., & SCHMIDT, G.: Studentensexualität, Reinbek b. Hamburg 1968.
129 BUDA, B.: Psychologie der Sexualität, Frankfurt 1977.
130 ROSENKRANTZ, P. S.: in: BROVERMAN, I. K., et al., Sex-role stereotypes: A current appraisal, in: J. soc. Issues 28, 1972, S. 59 ff.
131 BROVERMAN, I. K., BROVERMAN, D. M., CLARKSON, F. E., ROSENKRANTZ, P. S., & VOGEL, S. R.: Sex-role stereotypes and clinical judgements of mental health, in: J. Consulting Clinical Psychology 34, 1970, S. 1 ff.
132 SEWARD, G. H., & LARSON, W. R.: Adolescent concepts of social sex-roles in the United States and the two Germanies, in: Hum. Developm. 11, 1968, S. 217 ff.
133 Vgl. BIERHOFF-ALFERMANN, a.a.O. [Anm. 64].
134 BEM, S., in: MACCOBY, a.a.O. [Anm. 12], S. 284.
135 MACCOBY, a.a.O. [Anm. 12], S. 289 ff.; WESLEY, F., & WESLEY, C.: Das Rollen-Diktat. Zur Psychologie der Geschlechter, Frankfurt 1978, S. 82 f.
136 Viele Belege bei: LEHR, U.: Eltern-Kind-Beziehung in der ersten Lebenszeit, in: Zeitschrift für Geburtshilfe und Perinatologie 5, 1978, S. 324.
137 SLABY, R. G. (1974), referiert nach MACCOBY, a.a.O. [Anm. 12], S. 290.

138 MACCOBY, a.a.O. [Anm. 12], S. 213.
139 Ebd., S. 296f.
140 KOHLBERG, L., & ZIGLER, E.: The impact of cognitive maturity on the development of sex-role attitudes in the year 4–8, in: Genetic Psychology Monographs 75, 1967, S. 84–165.
141 Bild der Wissenschaft 5, 1978, S. 91–99.
142 RUDOLPH, H.: Soziale Wahrnehmung und Erziehungsstile, Weinheim 1976; GOODENOUGH, E. W.: Interest in persons as an aspect of sex difference in the early years, in: Genetic Psychology Monographs 55, 1957, S. 287–323; FLING, S., & MANOSEVITZ, M.: Sex-typing in nursery school children's play interests, in: Developmental Psychology 7, 1972, S. 146–52; LANSKY, L. M.: The family structure also affects the model: sex-role attitudes in parents of preschool children, in: Merrill-Palmer Quarterly 13, 1967, S. 139–50.
143 GOODENOUGH (1957), a.a.O. [Anm. 142].
144 MACCOBY, a.a.O. [Anm. 12], S. 277f., S. 283ff.
145 Vgl. für das folgende die vielen Belege bei MACCOBY, a.a.O., S. 307ff.
146 SCHEU, a.a.O. [Anm. 20], S. 53.
147 LEHR, a.a.O. [Anm. 136], S. 326.
148 RICHTER, H.-E.: Eltern, Kind und Neurose. Die Rolle des Kindes in der Familie, Reinbek b. Hamburg 1974 (b), S. 166.
149 PHILLIPS, S.: Adelphi-Univers., New York 1978, nach: Publizistische Arbeitsgemeinschaft f. Medizin, München, in: Lübecker Nachrichten, 5.11.78.
150 SANDER, L.: Twenty-four hour distributions of sleeping and waking over the first month of life in different infant caretaking systems. Paper presented at the meeting of the Society for Research in Child Development, Philadelphia 1973 (MACCOBY, S. 574); MOSS, a.a.O. [Anm. 41]; KORNER, A. F.: Neonatal startles, smiles, erection, and reflex sucks as related to state, sex and individuality, in: Child Development 40, 1969, S. 1039–1053.
151 MERZ, a.a.O. [Anm. 43], S. 128.
152 LEHR, a.a.O. [Anm. 136], S. 321.
153 MOSS, a.a.O. [Anm. 41], S. 290; so auch: LEWIS, M.; State as an infant-environment interaction: Analysis of mother-infant-behavior as a function of sex, in: Merrill-Palmer Quarterly 18, 1972, S. 95ff. Einige Untersucher dagegen haben keine (deutlichen) Unterschiede gefunden; MACCOBY, a.a.O. [Anm. 12], S. 307ff.
154 MOSS, a.a.O. [Anm. 41], S. 298.
155 LEHR, a.a.O. [Anm. 136], S. 321.
156 GOLDBERG & LEWIS, a.a.O. [Anm. 47].
157 SCHEU, a.a.O. [Anm. 20], S. 63.
158 MOSS, a.a.O. [Anm. 41], S. 298.
159 LÉZINE, I., & BRUNET, O.: I primi anni del bambino, Rom 1966 (Untersuchung aus den fünfziger Jahren).
160 GOLDBERG & LEWIS, a.a.O. [Anm. 47].
161 LEHR, a.a.O. [Anm. 136], S. 320.
162 MACCOBY, a.a.O. [Anm. 12], S. 310ff.; LEHR, a.a.O. [Anm. 136], S. 321.
163 MOSS, a.a.O. [Anm. 41], S. 295; LEWIS, M.: State as an infant-environment

interaction, a.a.O. [Anm. 153]; GOLDBERG & LEWIS, a.a.O. [Anm. 47].
164 SCHEU, a.a.O. [Anm. 20], S. 53.
165 WATSON, J. S.: Operant conditioning of visual fixation in infants under visual and auditory reinforcement, in: Developm. Psychol. 1, 1969, S. 508.
166 LEWIS, M., & FREEDLE, R.: Mother-infant dyad: the cradle of meaning, University of Toronto, 1972, nach: MACCOBY, a.a.O. [Anm. 12], S. 77.
167 KAGAN, J., & LEWIS, M.: Studies of attention in the human infant, in: Merrill-Palmer Quarterly 11, 1965, S. 95ff.
168 BEAUVOIR, S. de: Das andere Geschlecht, Hamburg 1952.
169 NEWSON, J., & NEWSON, E.: Four years old in an urban community, Harmondsworth 1968; BAUMRIND, D., & BLACK, A. E.: Socialization practices associated with dimensions of competence in preschool boys and girls, in: Child Development 38, 1967, S. 291 ff.; SEARS, R. R., et al: Patterns of child rearing, Evanston (Ill.) 1957.
170 Belege bei MACCOBY, a.a.O. [Anm. 12], S. 330.
171 Ebd., S. 332.
172 Ebd., BIERHOFF-ALFERMANN, a.a.O. [Anm. 64].
173 MINTON, C., KAGAN, J., LEVINE, J. A.: Maternal control and obedience in the two-year-old, in: Child Development 42, 1971, S. 1873 ff.; MACCOBY, a.a.O. [Anm. 12], S. 334.
174 MACCOBY, a.a.O. [Anm. 12], S. 322.
175 Ebd., S. 27f.
176 MEYERS, W. J., & CANTOR, G. N.: Observing and cardiac responses of human infants to visual stimuli, in: J. Experimental Child Psychology 5, 1967, S. 16ff.
177 KAGAN, J., & KOGAN, N.: Individuality and cognitive performance, in: MUSSEN (Ed.), Carmichael's manual of child psychology, New York 1970.
178 DAWSON, J. L. M.: Cultural and psychological influences upon spatial-perceptual processes in West-Africa, in: International J. Psychology 2, 1967, S. 115ff.
179 SCHILDKAMP-KÜNDIGER, E.: Frauenrolle und Mathematikleistung, Düsseldorf 1974.
180 SEXTON, P.: How the american boy is femininized, in: Psychology today 1, 1970, S. 23ff.
181 MACCOBY, a.a.O. [Anm. 12], S. 323.
182 LAMBERT, W. E., et al.: Child training values of English Canadian and French Canadian parents, in: Canadian J. Behavioral Science 3, 1971, S. 217ff.; SERBIN, L. A., et al.: A comparison of teacher response to the pre-academic and problem behavior of boys and girls, in: Child Development 44, 1973, 796ff.
183 MACCOBY, a.a.O. [Anm. 12], S. 323ff.
184 MEAD, M.: Male und Female, Harmondsworth [7]1975.
185 Zum angesprochenen Komplex: BROWN, R.: Sozialpsychologie, New York 1965; BOOTH, T.: Growing up in society, London 1975; KÜRTHY, T.: Geschlechtsspezifische Sozialisation, I und II, Paderborn 1978; MERZ, a.a.O. [Anm. 43], S. 80.
186 MACCOBY, a.a.O. [Anm. 12], S. 345.
187 EIBL-EIBESFELDT, a.a.O. [Anm. 24], S. 53.

188 MORRIS, a.a.O. [Anm. 42], S. 158f.
189 HESS, E. H.: Das sprechende Auge, München 1977, S. 49, 149.
190 BIERHOFF-ALFERMANN, a.a.O. [Anm. 64].
191 MORRIS, D.: Der Mensch, mit dem wir leben, München/Zürich 1978, S. 104f.
192 Ebd., S. 238.
193 SCHWARZER, a.a.O. [Anm. 3], S. 179.
194 CLARK, M. M.: Reading difficulties, Harmondsworth 1970.
195 WERRY, J. S., & QUARRY, H. C.: Prevalence of Behavior Symptoms in younger Elementary School Children, in: American Journal of Orthopsychiatry 1, 1971, S. 50.
196 GOLDBERG, H. (1976), a.a.O. [Anm. 116].
197 BRADY, J. v.: Ulcers in ›Executive Monkeys‹, in: Scientific American 10, 1958, S. 95–100.
198 SACKET, G. P. (1971), nach: MACCOBY, a.a.O. [Anm. 12], S. 170.
199 WINTER, R.: Biological Superiority – Female or Male, in: Science Digest, August 1971, S. 50.
200 SCHEU, a.a.O. [Anm. 20], S. 90.
201 MORRIS (1978), a.a.O. [Anm. 191], S. 232.
202 JENNI, D. A., & JENNI, M. A.; Carrying behavior in humans: Analysis in sex differences, in: Science 194, 1976, Nr. 4267, S. 859f.
203 MACCOBY, a.a.O. [Anm. 20], S. 66.
203a GHENT, L., 1961, referiert nach: JONAS, D. F. und JONAS, A. D. Das erste Wort. Wie die Menschen sprechen lernten, Hamburg 1979.
204 Zit. nach PACKARD, a.a.O. [Anm. 14], S. 337.
205 MERZ, a.a.O. [Anm. 43], S. 174.
206 Ebd., S. 136.
207 KIMURA, D.: Functional asymmetry of the brain in dichotic listening, in: Cortex 3, 1967, S. 163–78.
207a JONAS, a.a.O. [Anm. 203a], S. 30f.
208 MERZ, a.a.O. [Anm. 43], S. 174f.
209 Ebd., S. 175.
210 WEISS, V., in: Biologie in unserer Zeit, Februar 1974, S. 29.
211 MONEY, a.a.O. [Anm. 1], S. 101.
212 Ebd., S. 242f.
213 MERZ, a.a.O. [Anm. 43], S. 62, 63, 72.
214 CLEMENS, L.: Michigan State University, in: Die Zeit, 14. 1. 1972.
215 WARD, I., in: Science 175, 1972, S. 82ff.
216 MONEY, a.a.O. [Anm. 1], S. 67.
217 SCHEU, U.: ›Brigitte‹ und die natürliche Weiblichkeit, in: emma, März 1977.
218 RALF [Anm. 91], S. 102.
219 ALLEMANN-TSCHOPP, a.a.O. [Anm. 39], S. 92.
220 MERZ, a.a.O. [Anm. 43], S. 157f.
221 MACCOBY, E.: Geschlechterunterschiede, in: Psychologie heute, April 1975.
222 SCHEU, ›Brigitte‹ ..., a.a.O. [Anm. 217].
223 CREUTZFELDT, O., & ARNOLD, P. M.: Vortrag auf dem 29. Kongreß der Deutschen Gesellschaft für Psychologie vom 22.–26. September 1974, und mündliche Mitteilung.

224 Übersichten bei: MONEY, a.a.O. [Anm. 1], S. 213ff.; ALLEMANN-TSCHOPP, a.a.O. [Anm. 39], S. 96; MERZ, a.a.O. [Anm. 43], S. 122ff.
225 ALLEMANN-TSCHOPP, a.a.O. [Anm. 39], S. 95.
226 Ebd., S. 95; außerdem: Der Spiegel 2, 1979, S. 153.
227 ALLEMANN-TSCHOPP, a.a.O. [Anm. 39], S. 96.
228 vgl. auch: MORRIS (1968), a.a.O. [Anm. 188], S. 112.
229 MERZ, a.a.O. [Anm. 43], S. 123.
230 TIGER & FOX, a.a.O. [Anm. 8], S. 139.
231 PETERSEN, A. C.: Physical androgyny and cognitive functioning in adolescence, in: Developm. Psychol. 12, 1976, S. 523ff.; vgl. die Interpretationen bei MACCOBY, a.a.O. [Anm. 12], S. 124f., und bei MERZ, a.a.O. [Anm. 43], S. 175f.
232 TIGER & FOX, a.a.O. [Anm. 8], S. 132.
233 Ebd., S. 139.
234 MORRIS (1978), a.a.O. [Anm. 191].
235 Der Spiegel 20, 1978.
236 Nach PIETROPINTO, a.a.O. [Anm. 32], S. 446.
237 HITE, a.a.O. [Anm. 92], S. 154.
238 Der Spiegel 27, 1978.
239 BAKER-MILLER, a.a.O. [Anm. 84], S. 80f.
240 RALF-Rep., a.a.O. [Anm. 91], S. 56, 202.
241 PIETROPINTO, a.a.O. [Anm. 32], S. 41.
242 MONEY, a.a.O. [Anm. 1], S. 241.
243 KINSEY (1963), a.a.O. [Anm. 98]; MASTERS, W. H., & JOHNSON, V. E.: Die sexuelle Reaktion, Reinbek b. Hamburg 1970; PIETROPINTO, a.a.O. [Anm. 32]; HITE, a.a.O. [Anm. 92], RALF-Rep., a.a.O. [Anm. 91].
244 SHERFEY, M. J.: Die Potenz der Frau. Wesen und Evolution der weiblichen Sexualität, Köln 1974.
245 HITE, a.a.O. [Anm. 92], S. 141.
246 Ebd., S. 130f.
247 Ebd., S. 420.
248 PIETROPINTO, a.a.O. [Anm. 32], S. 87.
249 SEARS, R. R., et al.: Identification and child rearing, Stanford 1965.
250 HESS, a.a.O. [Anm. 189].
251 Ebd., S. 104.
252 PAPOUŠEK, H.: Wie das Baby die Mutter erzieht, Interview in: Brigitte 11, 1978.
253 MONEY, a.a.O. [Anm. 1], S. 245f.
254 FTHENAKIS, W. E., & MERZ, H.: Schon das Kleinkind braucht den Vater, in: Bild der Wissenschaft 5, 1978.
255 KUMMER, H.: Sozialverhalten der Primaten, Berlin 1975.
256 RICHTER (1974a), a.a.O. [Anm. 117], S. 52.
257 TIGER, a.a.O., S. 141.
258 RICHTER (1974a), a.a.O [Anm. 117], S. 53.
259 Etwa: BLOOM, L. Z.: Die selbstsichere Frau. Das Training zur Selbstbehauptung, München 1977. (Das folgende Kapitel »Selbsttherapie« faßt wesentliche Vorschläge des Buchs zusammen.)
260 THOMAS, C.: Die Hausfrauengruppe, Reinbek b. Hamburg 1978.

261 BORNEMAN, E., zitiert nach: Quick 51, 1978, S. 26.
262 Ebd.
263 PIETROPINTO, a.a.O. [Anm. 32], S. 343, 226, 223.
264 RICHTER (1974a), a.a.O. [Anm. 117], S. 53.
265 Ebd., S. 54.
266 Ebd., S. 58.
267 ZIST (Penzberg b. München) oder ISKO (Hamburg 26, Sievekingsallee 86).
268 VOPEL, K., & VOPEL, R.: Ich und du. Ein Kommunikationstraining für Partner, Hamburg 1975; PIERITZ, R.-J., & SPAHN, C.: Partnerschaftskurs, München 1978.
269 Alle Beispiele nach: VOPEL, a.a.O. [Anm. 268].
270 Bild der Wissenschaft 5, 1978, S. 94.
271 Untersuchung von GRØNSETH, E.: Work-sharing families, Institute of Sociology, Skriftserie nr. 22, Oslo 1975, referiert von ALLEMANN-TSCHOPP, a.a.O. [Anm. 39], S. 101.
272 Bild der Wissenschaft 5, 1978, S. 98, und: LAMB, M., The role of the father in the child development New York u. a. 1976.
273 PIETROPINTO, a.a.O. [Anm. 32].
274 KELLER, H.: Männlichkeit – Weiblichkeit. Praxis der Sozialpsychologie, Bd. 8, Darmstadt 1978, S. 87.

# Register

# Cheryl Benard
# Edit Schlaffer

**Die ganz gewöhnliche Gewalt in der Ehe**
Texte zu einer Soziologie von Macht und Liebe
rororo aktuell 4358

**Liebesgeschichten aus dem Patriarchat**
Von der übermäßigen Bereitschaft der Frauen, sich mit dem Vorhandenen zu arrangieren
rororo sachbuch 7843

**Der Mann auf der Straße**
Über das merkwürdige Verhalten von Männern in ganz alltäglichen Situationen
rororo sachbuch 7305

**Die Grenzen des Geschlechts**
Anleitung zum Sturz des Internationalen Patriarchats
rororo sachbuch 7775

sachbuch rororo

C 2112/1